Arthur E. Powell: DER ASTRALKÖRPER

Arthur E. Powell

DER ASTRAL KÖRPER

Der Gefühlskörper des Menschen und seine Fähigkeiten

Aquamarin Verlag

1. Auflage 2013

Titel der Originalausgabe:
The Astral Body

Voglherd 1 • D-85567 Grafing
Deutsche Übersetzung von Dr. Edith Zorn
Umschlaggestaltung: Annette Wagner
Druck: C.H. Beck • Nördlingen
ISBN 978-3-89427-645-4

INHALT

KAPITEL 1

Allgemeine Beschreibung

Bevor wir auf eine ausführliche Untersuchung des Astralkörpers und der damit verbundenen Phänomene eingehen, wollen wir uns einen kurzen Überblick verschaffen, um den gesamten Sachverhalt im Hinblick auf seine einzelnen Aspekte zu erfassen.

Beim Astralkörper handelt es sich um einen Träger, der, hellseherisch betrachtet, dem physischen Körper ähnelt und von einer farbig aufblitzenden Aura umgeben wird. Seine Substanz, mittels derer Gefühle, Leidenschaften, Wünsche und Emotionen zum Ausdruck gebracht werden, besitzt einen höheren Feinheitsgrad als die Materie. Sie wirkt als Brücke oder Übertragungsmedium zwischen dem physischen Hirn und dem Geist, der seinerseits in einem noch höheren Träger – dem Mentalkörper – tätig ist.

Obwohl jeder Mensch einen Astralkörper besitzt und benutzt, sind sich nur wenige seiner Existenz bewusst oder können ihn beherrschen und voll bewusst in ihm wirken. Bei den meisten handelt es sich um kaum mehr als eine unvollständig ausgebildete Anhäufung von Astralmaterie, deren Bewegungen und Aktivitäten der Mensch selbst – das Ego – kaum zu zügeln vermag.

Der Begriff »Ego« wird in diesem Buch im Sinne von sich wiederverkörpernder Individualität verstanden, nicht wie in der modernen Psychologie als vergängliche Persönlichkeit. Andere hingegen verfügen über einen sorgfältig aufgebauten Träger, der sein eigenes Leben führt und seinem Besitzer viele nützliche Kräfte verleiht.

Während der physische Körper schläft, führt ein unentwickelter Mensch ein träumerisch verschwommenes Dasein in seinem verhältnismäßig primitiven Astralkörper und erinnert sich beim Erwachen seiner physischen Hülle kaum oder gar nicht an seinen Schlafzustand.

Ein entwickelter Mensch hingegen führt ein aktives, interessantes und nützliches Astralleben, während sein physischer Körper im Schlummer liegt. Die Erinnerung daran kann unter bestimmten Voraussetzungen in das physische Hirn herabgebracht werden. Das Leben eines solchen Menschen gestaltet sich nicht mehr als eine Reihe von bewusst gelebten Tagen und Nächten des Vergessens, sondern wird zu einem Dasein ununterbrochener Bewusstheit, das sich abwechselnd in der physischen und der Astralwelt abspielt.

Als Erstes lernt er, sich in seinem Astralkörper, der sich frei bewegen kann, mit großer Schnelligkeit weit von seinem physischen Körper zu entfernen. Diese Tatsache erklärt weitgehend eine große Anzahl so genannter »okkulter« Phänomene wie »Erscheinungen« aller Art, die Kenntnis von niemals zuvor gesehenen Orten und so fort.

Da der Astralkörper schlechthin als Träger der Gefühle und Emotionen wirkt, ist es sehr wichtig, seine Zusammensetzung und die Art und Weise seines Wirkens zu verstehen, um die zahlreichen Aspekte der menschliche Psyche im Hinblick auf den Einzelnen wie auf die Gemeinschaft zu begreifen. Außerdem liefert ein solches Verständnis die einfache Erklärung für die Mechanismen vieler von der modernen Psychoanalyse aufgedeckten Phänomene.

Um das Leben begreifen zu können, in das der Mensch nach seinem physischen Tod eintritt, muss man den Aufbau und die Natur des Astralkörpers sowie seine Möglichkeiten und Begrenzungen kennen. Die vielen Formen von »Himmel«, »Hölle« und »Fegefeuer«, an die die Anhänger unzähliger Religionen glauben, finden ihre natürliche Einordnung und werden klar, sobald wir das Wesen des Astralkörpers und der Astralwelt verstehen.

Eine solche Kenntnis trägt auch zum Verständnis zahlreicher Phänomene, die sich bei medialen Sitzungen zutragen, sowie gewisser geistiger Heilungsmethoden bei. Viele mathematisch formulierte Theorien bezüglich der so genannten vierten Dimension finden ihre Bestätigung in der Untersuchung astraler Phänomene, die von Menschen beschrieben wurden, die diese beobachteten.

Eine Untersuchung des menschlichen Astralkörpers erschließt uns somit weite Bereiche und erweitert in beachtlichem Maße eine Vorstellung, die nur auf der irdischen Welt und den rein physischen Sinnen basiert. Im weiteren Verlauf werden wir sehen, dass diese Sinne trotz ihres unschätzbaren Wertes keineswegs die Grenze dessen bilden, was die Körper des Menschen ihn über die Welten lehren können, in denen er lebt. Sobald der Mensch die Wirkungsweise der Astralkräfte erkennt, offenbart sich ihm eine neue Welt innerhalb der alten. Wenn er ihren Sinn richtig zu deuten weiß, wird er sein eigenes Leben und die gesamte Natur mit einem umfassenden Blick betrachten, und die nahezu unbegrenzten Möglichkeiten, die in ihm schlummern, werden sich ihm enthüllen. Früher oder später wird aus dieser Erkenntnis unvermeidlich der Impuls und dann die unerschütterliche Entschlossenheit hervorgehen, diese Welten zu beherrschen und sich über sein irdisches Schicksal zu erheben, um in Einklang mit dem höchsten Willen in der Evolution zu arbeiten.

Wir wollen nun den Astralkörper und die zahlreichen damit verbundenen Astralphänomene eingehender betrachten.

KAPITEL 2

Zusammensetzung und Aufbau

Die Astralmaterie besitzt sieben Dichtegrade, die den sieben Ebenen der physischen Materie entsprechen, die folgendermaßen angeordnet sind: fest, flüssig, gasförmig, ätherisch, superätherisch, subatomar, atomar.

Die Begriffe Atom, atomar, subatomar und Molekül werden in besonderem Sinne verwendet und beziehen sich nicht auf ein chemisches Atom oder Molekül. Das Gleiche gilt für die Ausdrücke Äther und ätherisch.

Die Astralebenen wurden bisher nicht mit Namen belegt. Sie werden entweder von eins bis sieben, von der feinsten bis zur gröbsten Stufe nummeriert oder mittels ihrer Zugehörigkeit zu den jeweiligen physischen Ebenen beschrieben. Spricht man etwa von der festen Astralmaterie, so ist damit die siebte oder niedrigste Ebene gemeint.

Die sehr viel feinere Astralmaterie durchdringt die physische Substanz. Jedes physische Atom schwimmt daher in einem Meer von Astralmaterie, die es umgibt und jeden Zwischenraum im physischen Stoff ausfüllt. Man weiß, dass sich selbst in der dichtesten Materie die Atome niemals berühren. Der zwischen zwei benachbarten Atomen liegende Raum ist sehr viel größer als das einzelne Atom selbst. Die Physik hat vor langer Zeit schon einmal die These aufgestellt, dass es einen Äther gebe, der alles, was unter den Begriff Substanz fällt, die härteste Festsubstanz wie das feinste Gas, durchdringt. Ebenso wie sich dieser Äther völlig ungehindert zwischen den einzelnen Partikeln der dichtesten Materie bewegt, wird sie von der Astralmaterie durchdrungen, die sich ihrerseits vollkommen frei zwischen den Ätherteilchen bewegt. Ein Wesen, das in der Astralwelt lebt, mag denselben Raum beanspruchen wie ein Wesen in der physischen Welt. Sie wären einander jedoch nicht bewusst und würden ihre gegenseitige Beweglichkeit keineswegs behindern. Ohne dieses Grundkonzept klar zu erfassen, bleibt eine große Anzahl astraler Phänomene unverständlich.

Das Prinzip gegenseitiger Durchdringung erklärt, dass die einzelnen Naturreiche nicht räumlich voneinander getrennt, sondern hier und jetzt um uns herum existieren. Um sie wahrnehmen und untersuchen zu können, bedarf es daher keiner räumlichen Veränderung. Man muss nur seine inneren Sinne für sie öffnen. Bei der Astralwelt oder Astralebene handelt es sich also eher um einen Zustand als um einen Ort.

Ein physisches Atom kann nicht direkt in Astralatome zerlegt werden. Wenn die Kraft, die die (ungefähr) vierzehn Milliarden »Bläschen im Hohlraum« in das physische Grundatom wirbelt, mittels Willensanstrengung über die Schwelle der Astralebene zurückgestoßen wird, verschwindet das Atom und gibt die »Bläschen« frei. Dieselbe Kraft, die nun auf einer höheren Ebene wirkt, bringt sich dann nicht durch ein einziges Astralatom, sondern durch eine Gruppe von neunundvierzig Astralatomen zum Ausdruck.

Ein ähnliches durch die Zahl neunundvierzig wiedergegebenes Verhältnis besteht zwischen den Atomen zweier benachbarter Naturebenen. Ein Astralatom enthält 49^5 oder 282.475.249 »Bläschen«, ein Mentalatom 49^4 Bläschen und so fort.

Es gibt Grund zu der Annahme, dass es sich bei den Elektronen um Astralatome handelt. Nach Ansicht der Physiker enthält ein chemisches Wasserstoffatom wahrscheinlich siebenhundert bis eintausend Elektronen. Nach hellsichtiger Forschung enthält ein chemisches Wasserstoffatom achthundertzweiundachtzig Astralatome. Es mag ein Zufall sein, was aber wohl kaum anzunehmen ist.

Es gibt zwei Arten physischer Grundatome, männliche und weibliche. Das männliche Atom wird von einer Kraft aus der Astralwelt durchströmt, die in die physische Welt fließt. Durch das weibliche Atom fließt eine physische Kraft hinaus in die Astralwelt, wo sie verschwindet.

Die Astralmaterie entspricht mit seltsamer Genauigkeit der physischen Materie, die sie durchdringt, wobei jede Form physischer Substanz die in der Dichte übereinstimmende Astralsubstanz anzieht. Feste physische Materie wird also von so genannter fester Astralmaterie durchdrungen; flüssige physische Substanz von flüssiger astraler, also dem Stoff der sechsten Unterebene. Ähnlich verhält es sich mit dem Gas und den vier Dichtegraden der Äthersubstanz. Jede Ebene wird von dem entsprechenden Dichtegrad der Astralmaterie durchdrungen.

Genauso wie sich der physische Körper in allen seinen Formen, seien sie fest, flüssig, gasförmig oder ätherisch, aus physischer Materie zusammensetzen muss, sollte der Astralkörper Bestandteile aller sieben astralen Unterebenen enthalten, obwohl die Verhältnisse in den einzelnen Fällen stark voneinander abweichen mögen.

Da der Astralkörper des Menschen aus der Substanz aller sieben Dichtegrade besteht, vermag er die Vielfalt des Begehrens voll auszukosten, die höchste und die niedrigste Wunschebene zu durchleben. Die besondere Art, in der die Astralmaterie reagiert, ermöglicht es ihr, als Hülle zu dienen, in der das Selbst die Sinneswahrnehmung erfahren kann.

Neben der üblichen Materie der Astralebene trägt auch das so genannte dritte Elementarreich oder die Elementaressenz der Astralebene weitgehend zur Zusammensetzung des Astralkörpers bei und bildet das so genannte »Wunschelemental«, auf das wir in späteren Kapiteln näher eingehen werden. Die entsprechend belebte Astralmaterie der höchsten oder atomaren Ebene wird auch als monadische Essenz bezeichnet.

Bei einem unentwickelten Menschen zeigt sich der Astralkörper als wolkige, lose aneinandergefügte und verschwommen umrissene Astralmasse, in der die Substanzen der niederen Grade vorherrschen. Er ist grob, von dunkler Farbe und dicht – oft so dicht, dass sich der Umriss des physischen Körpers fast in ihm verliert – und eignet sich dazu, auf die Impulse von Leidenschaft und Verlangen zu reagieren. Er reicht etwa fünfundzwanzig bis dreißig Zentimeter über den gesamten physischen Körper hinaus.

Ein durchschnittlich sittlicher und intelligenter Mensch besitzt einen weitaus größeren Astralkörper, der auf beiden Seiten etwa fünfundvierzig Zentimeter über die Physis hinausragt. Seine Umrisse sind klar und deutlich, und seine Substanz ist gleichmäßiger und feiner und verleiht ihm in seltenen Fällen ein gewisses Leuchten.

Im Falle eines geistig entwickelten Menschen findet man einen noch ausladenderen Astralkörper, der sich aus den feinsten Bestandteilen der einzelnen Astralebenen zusammensetzt, wobei die der höchsten Ebene vorherrschen.

Über die Vielschichtigkeit der Farbgebung wird in einem besonderen Kapitel gesprochen werden. An dieser Stelle sei jedoch erwähnt, dass die Farben eines unentwickelten Menschen grob und schmutzig erscheinen, die aber im Laufe der emotionalen, mentalen und geistigen Entwicklung allmählich heller werden. Das Wort »astral« geht auf die mittelalterlichen Alchemisten zurück. Es bedeutet »strahlend« und soll auf das leuchtende Erscheinungsbild der Astralsubstanz hinweisen.

Wie bereits erwähnt, durchdringt der Astralkörper die physische Hülle nicht nur, sondern umgibt sie wie eine Wolke von allen Seiten. Dieser die Körperbegrenzung überragende Teil wird gewöhnlich auch als astrale »Aura« bezeichnet.

Starke Gefühle bedeuten eine ausgedehnte Aura. Eine erweiterte Aura ist Voraussetzung für die Einweihung, und die »Qualifikationen« sollten darin sichtbar sein. Mit jeder Einweihung dehnt sich die Aura weiter aus. Die Aura des

Buddha soll in einem Umkreis von nahezu fünf Kilometern gestrahlt haben.

Da die Substanz des physischen Körpers auf die Materie des Astralkörpers eine sehr starke Anziehungskraft ausübt, drängen sich die meisten (etwa neunundneunzig Prozent) Astralteilchen im Randbereich des physischen Körpers zusammen, und nur die restlichen ein Prozent erfüllen die übrige Form und bilden die Aura.

Der Hauptanteil des Astralkörpers nimmt also genau die Form der physischen Hülle an, zeigt sich fest und deutlich und hebt sich recht klar von der umgebenden Aura ab. Man nennt ihn auch das astrale Gegenstück des physischen Körpers. Die genaue Entsprechung dieser beiden Körper betrifft aber nur die äußere Form. Es besteht keinerlei Ähnlichkeit hinsichtlich der Organfunktionen, was wir in dem Kapitel über die Chakras sehen werden.

Nicht nur der irdische Körper des Menschen, sondern alles Physische steht in ständiger Verbindung mit der entsprechenden Astralsubstanz und kann nicht von ihr getrennt werden. Nur eine übersinnliche Kraft vermag sie vorübergehend mit großer Anstrengung zu entzweien. Mit anderen Worten, jeder physische Gegenstand besitzt sein astrales Gegenstück. Da sich die Astralteilchen unaufhörlich und leicht wie die einer physischen Flüssigkeit bewegen, gibt es zwischen einem physischen Partikel und der in einem bestimmten Moment als sein Gegenstück wirkenden Astralsubstanz keine dauerhafte Bindung.

Da der astrale Anteil eines Gegenstands seine physische Form gewöhnlich ein wenig überragt, kann man Metalle, Steine und so fort von einer Astral-Aura umgeben sehen.

Wird ein Körperteil des Menschen durch Amputation entfernt, zeigt sich der innere Zusammenhalt der lebendigen Astralsubstanz stärker als die Anziehungskraft des abgetrennten Glieds. Das astrale Gegenstück bleibt also an seinem Platz. Da sich die Astralsubstanz daran gewöhnt hat, die Gestalt des betreffenden Körperteils anzunehmen, wird sie diese beibehalten, sich aber innerhalb der Grenzen der verstümmelten Form zurückziehen. Das gleiche Phänomen kann man bei einem Baum beobachten, von dem ein Ast entfernt wurde.

Im Falle eines leblosen Körpers, wie eines Stuhls oder einer Schale, fehlt diese Art individuellen Lebens, um den Zusammenhalt zu wahren. Wird ein physisches Objekt zerbrochen, spaltet sich auch sein astrales Gegenstück.

Abgesehen von den sieben materiellen Abstufungen, die der Einordnung der Feinheitsgrade dienen, gibt es eine ganz bestimmte Einteilung im Hinblick auf den Typ. In der theosophischen Literatur wird der Feinheitsgrad gewöhnlich als die horizontale und der Typ als die vertikale Einteilung bezeichnet. Die sieben Typen sind ebenso eng miteinander verwoben wie die Bestandteile der Atmosphäre. Jeder Astralkörper enthält alle sieben Materiearten. Ihr jeweiliges Verhältnis zueinander gibt Aufschluss über die Veranlagung des Menschen, ob es sich um einen hingebungsvoll oder philosophisch, künstlerisch oder wissenschaftlich, pragmatisch oder mystisch veranlagten Menschen handelt.

Der astrale Anteil unserer Erde und anderer physischer Welten sowie die rein astralen Planeten bilden gemeinsam den gesamten Astralkörper des Solaren Logos, was beweist, dass die alte pantheistische Auffassung zutrifft.

Jede der sieben Arten der Astralmaterie ist insgesamt gesehen bis zu einem gewissen Grad ein gesonderter Träger und kann auch als der Astralkörper einer untergeordneten Gottheit oder eines göttlichen Wesens betrachtet werden. Er stellt einen Aspekt der Gottheit dar und wirkt als eine Art Ganglion oder Kraftzentrum in ihm. Der Hauch eines Gedankens, einer Bewegung oder Veränderung in der untergeordneten Gottheit spiegelt sich sofort in irgendeiner Weise in der gesamten Materie des entsprechenden Typs wider. Solche übersinnlichen Änderungen treten periodisch auf. Vielleicht stehen sie in Einklang mit unserem Ein- und Ausatmen oder unserem Herzschlag auf der physischen Ebene. Man hat beobachtet, dass die Bewegungen der physischen Planeten einen Hinweis auf die Wirkungsweise der Einflüsse dieser Veränderungen liefern, deren vernunftmäßige Erklärung die Astrologie bietet. Jede Veränderung muss den einzelnen Menschen in gewisser Weise berühren, und zwar dem Anteil des jeweiligen Materietyps entsprechend, der in seinem Astralkörper vorliegt. Das heißt, die eine Veränderung wirkt sich auf seine Emotionen oder seinen Geist oder beide aus, während eine andere seine nervliche Erregung oder Reizbarkeit verstärkt und so fort. Es ist dieses Gleichmaß, das in Mensch, Tier, Pflanze oder Mineral bestimmte Grundeigenschaften festlegt, die sich niemals ändern und manchmal als Note, Farbe oder Strahl bezeichnet werden.

Diesen interessanten Gedankengang weiterzuführen, würde den Rahmen des Buches sprengen, weshalb der interessierte Leser auf die Werke von C.W. Leadbeater verwiesen sei.

Jeder Typ beinhaltet sieben Untertypen; es gibt also insgesamt neunundvierzig Untertypen.

Der Typ oder Strahl bleibt innerhalb des gesamten planetarischen Systems dauerhaft bestehen, so dass eine Elementaressenz des Typs A zur gegebenen Zeit Minerale, Pflanzen und Tiere des Typs A beseelen wird, woraus dann Menschen des gleichen Typs hervorgehen werden.

Ebenso wie die physische Hülle, verbraucht sich auch der Astralkörper langsam aber beständig, ersetzt die fortfallenden Partikel aber nicht durch aufgearbeitete Nahrungsmittel, sondern durch andere Teilchen der umgebenden Atmosphäre. Den neuen Teilchen wird bei ihrem Eintritt das Empfinden von Individualität übermittelt. Die im Astralkörper des Menschen enthaltene Elementaressenz fühlt sich zweifellos ebenfalls als eine Art Wesen und handelt entsprechend ihrer angeblich eigenen Interessen.

KAPITEL 3

Farben

Für den Hellseher besteht das Hauptmerkmal des Astralkörpers in seinem Farbenspiel. Diese Farben entsprechen Gefühlen, Leidenschaften und Emotionen, die in der Astralmaterie ihren Ausdruck finden.

Alle bekannten und viele noch unbekannte Farben existieren auf den einzelnen feinstofflichen Naturebenen. Mit jeder höheren Stufe werden sie zarter und leuchtender, so dass man von höheren Farboktaven sprechen kann. Da sich diese nicht auf Papier wiedergeben lassen, betrachte man die folgenden Darstellungen des Astralkörpers im Hinblick auf diese Tatsache.

Die Aufstellung führt die Hauptfarben und die dazugehörigen Emotionen auf:

Schwarz:	Dichte Wolken: Hass und Bosheit.
Rot:	Dunkelrote Blitze, gewöhnlich vor schwarzem Hintergrund: Ärger.
Scharlachrote Wolke:	Reizbarkeit.
Glänzendes Scharlachrot:	Auf dem gewöhnlichen Untergrund der Aura: Moralische Entrüstung.
Düsteres Blutrot:	Leicht zu erkennen, aber schwierig zu beschreiben: Sinnlichkeit.
Graubraun:	Glanzloses, hartes Graubraun: Selbstsucht; eine der üblichsten Farben des Astralkörpers.
Rotbraun:	Glanzlos, beinahe Rostfarbe: Geiz, gewöhnlich in Parallelstreifen um den Astralkörper gelegt.

Grünliches Braun:	Von dunkelroten und scharlachfarbenen Strahlen durchsetzt: Eifersucht. Bei einem »verliebten« Durchschnittsmenschen findet sich gewöhnlich eine große Menge dieser Farbe.
Grau:	Schwer, bleifarben: Niedergeschlagenheit. Wie das Rotbraun des Geizes, in Parallellinien verlaufend, was den Eindruck eines Käfigs vermittelt.
Fahlgrau:	Eine abscheuliche Farbe: Furcht.
Purpurrot:	Glanzlos und schwer: Selbstsüchtige Liebe.
Rosa:	Selbstlose Liebe: Besonders leuchtend und mit Lila gemischt: Geistige Liebe zur Menschheit.
Orange:	Stolz oder Ehrgeiz, oft mit Reizbarkeit verbunden.
Gelb:	Intellekt: Reicht von einem tiefen und glanzlosen Ton über ein strahlendes Gold bis zu einem klaren, leuchtenden Zitronen- oder Schlüsselblumengelb.
Trübes Ockergelb	zeigt an, dass diese Fähigkeit zu selbstsüchtigen Zwecken benutzt wird.
Helles Gummigutt	weist auf einen entschieden höheren Denktypus hin.
Schlüsselblumengelb:	Zeichen, dass sich die intellektuelle Kraft auf geistige Ziele richtet.
Gold:	Reiner, auf Philosophie oder Mathematik ausgerichteter Intellekt.
Grün:	Diese Farbe hat viele Bedeutungen und man muss sie genau studieren, um sie richtig interpretieren zu können; fast immer bedeutet sie Anpassungsvermögen.

Graugrün:	Schleimiges Aussehen, bedeutet Täuschung und Betrug.
Smaragdgrün:	Vielseitigkeit, Geschicklichkeit und Einfallsreichtum, selbstlos eingesetzt.
Blasses, leuchtendes Blaugrün:	Tiefe Sympathie und großes Mitgefühl durch die Kraft vollkommener Anpassungsfähigkeit.
Helles Apfelgrün:	Es scheint immer eine starke Lebenskraft anzuzeigen.
Blau: *Dunkel und klar:*	Religiosität; es kann zahlreiche Schattierungen aufweisen, die von einem reinen Indigo und tiefen Violett bis zu einem schmutzigen Graublau reichen können, was auf zahlreiche andere Eigenschaften schließen lässt.
Hellblau, wie Ultramarin oder Kobalt:	Hingabe an ein hohes geistiges Ideal. Eine violette Tönung deutet auf eine Mischung aus Zuneigung und Hingabe.
Leuchtendes Blaulila,	gewöhnlich von flimmernden goldenen Sternen begleitet: Erhabenes geistiges Streben.
Ultraviolett:	Höhere, reinere Entwicklungsform übersinnlicher Kräfte.
Ultrarot:	Niedere übersinnliche Kräfte eines Menschen, der sich mit böswilligen und selbstsüchtigen Formen der Magie abgibt.

Die Freude zeigt sich in einem allgemeinen Aufleuchten und Strahlen des Mental- und Astralkörpers sowie einem seltsamen Kräuseln der Körperoberfläche. Frohsinn perlt dahin und äußert sich in einer gleichbleibenden Heiterkeit.

Überraschung zeigt sich durch ein scharfes Zusammenziehen des Mentalkörpers, das sich gewöhnlich auf den physischen und den Astralkörper überträgt und den Farbstreifen des Gefallens stärker aufleuchten lässt, falls es sich um eine angenehme Überraschung handelt; ist diese unangenehm, vermehren sich die grauen und braunen Farbtöne. Das Zusammenziehen ruft oft unangenehme Gefühle hervor, die sich manchmal auf den Solarplexus niederschlagen und ein Schwäche- oder Krankheitsgefühl verursachen oder manchmal das Herz-Zentrum beeinträchtigen, indem sie starkes Herzklopfen hervorrufen und sogar den Tod herbeiführen.

Da die menschlichen Emotionen fast niemals isoliert auftreten, zeigen sich diese Farben selten vollkommen rein, sondern meistens in Schattierungen. Die Reinheit vieler Farben wird durch das harte Graubraun der Selbstsucht abgeschwächt oder das tiefe Orange des Stolzes getönt.

Um die umfassende Bedeutung der Farben zu verstehen, müssen noch einige weitere Punkte beachtet werden, nämlich das allgemeine Leuchten des Astralkörpers, sein relativ eindeutiger oder unklarer Umriss sowie die Strahlkraft der einzelnen Kraftzentren (siehe Kapitel 5).

Das Gelb des Intellekts, das Rosa der Zuneigung und das Blau der Hingabe findet man stets im oberen Teil des Astralkörpers; die Farben von Selbstsucht, Geiz, Betrug und Hass im unteren Teil. Die Sinnlichkeit schwimmt größtenteils dazwischen.

Daraus ergibt sich, dass bei einem unentwickelten Menschen der untere Abschnitt eher dicker als der obere ist, so dass der Astralkörper einem Ei gleicht, dessen Spitze nach oben weist. Bei einem stärker entwickelten Menschen ist das Gegenteil der Fall. Das kleinere Ende des Eies zeigt nach unten. Es besteht immer die Tendenz, die Symmetrie der ovalen Form stufenweise wiederherzustellen, so dass ein solches Erscheinungsbild nur vorübergehend ist.

Jeder als Farbe sichtbaren Eigenschaft ist ein spezieller Typ an Astralsubstanz zu eigen, und die durchschnittliche Lage dieser Farben hängt von der spezifischen Schwerkraft der jeweiligen Materiestufe ab. Üble oder selbstsüchtige Eigenschaften drücken sich grundsätzlich durch die vergleichsweise langsamen Schwingungen der groben Materie aus, während gute und selbstlose Eigenschaften durch feinstofflichere Substanzen ihren Ausdruck finden.

Glücklicherweise bleiben gute Emotionen länger bestehen als schlechte. Die Auswirkungen eines starken Gefühls der Liebe oder der Hingabe verweilen im Astralkörper noch lange nachdem der auslösende Faktor längst vergessen ist.

Wenn auch ungewöhnlich, so besteht die Möglichkeit, dass zwei unterschiedliche, aber gleich starke Schwingungen den Astralkörper durchziehen, wie etwa Liebe und Ärger. Die Nachwirkungen werden nebeneinander bestehen bleiben, nur die eine auf einer sehr viel höheren Ebene als die andere, weshalb sie länger verweilen wird.

Tiefe, selbstlose Zuneigung und Hingabe gehören zu der höchsten (atomaren) astralen Unterebene und spiegeln sich in der entsprechenden Materie der Mentalebene wider. Auf diese Weise berühren sie den Kausalkörper (höher mental), nicht den niederen mentalen Körper. Der Schüler sollte diesen Punkt besonders beachten. Das Ego, das auf der höheren mentalen Ebene angesiedelt ist, wird daher nur von selbstlosen Gedanken berührt. Niedere Gedanken beeinflussen nicht das Ego, wohl aber die »permanenten Atome« (siehe Kap. XXIV und XXV).

Eine Verstärkung der groben Farben des Astralkörpers, die niedere Emotionen andeuten und die keinen unmittelbaren Ausdruck im Kausalkörper finden, kann zu einer Schwächung derjenigen Farben führen, die die guten Eigenschaften darin widerspiegeln.

Um den Astralkörper wahrnehmen zu können, sollte man bedenken, dass sich die Teilchen, die ihn bilden, immer in rascher Bewegung befinden. In den meisten Fällen gehen die Farbwolken ineinander über, rollen fortwährend eine über die andere hin, tauchen auf und verschwinden. Die Oberfläche dieses leuchtenden Nebels erinnert an die Oberfläche brodelnd kochenden

Wassers. Die einzelnen Farben verharren deshalb nicht an einem Ort, gleiten aber immer wieder an eine bestimmte Stelle zurück.

Abbildungen der verschiedenen Erscheinungsformen des Astralkörpers finden sich in dem Buch »Der sichtbare und der unsichtbare Mensch« von C. W. Leadbeater.

Die Hauptmerkmale der drei Typen – der unentwickelte Mensch, der Durchschnittsmensch und der entwickelte Mensch – lassen sich folgendermaßen zusammenfassen.

Der unentwickelte Mensch: Ein großer Teil wird von der Sinnlichkeit eingenommen: Betrug, Selbstsucht und Gier; wilder Zorn zeigt sich durch glanzlose scharlachrote Flecken; von Zuneigung kann kaum die Rede sein, und was von Verstand und religiösen Gefühlen zu sehen ist, liegt auf niedrigster Stufe. Die Umrisse sind unregelmäßig und die Farben verschwommen, dick und schwer. Der gesamte Körper scheint ungeregelt, verworren und unbeherrscht zu sein.

Der Durchschnittsmensch: Die Sinnlichkeit ist weniger geworden, tritt aber immer noch in den Vordergrund, ebenso die Selbstsucht; man erkennt die Neigung, aus selbstsüchtigen Zwecken zu täuschen. Doch das Grün beginnt sich deutlich zu unterscheiden und die Falschheit geht allmählich in die Anpassungsfähigkeit über. Ärger ist noch immer vorhanden; Zuneigung, Intellekt und Hingabe treten stärker hervor und schwingen auf einer höheren Ebene. Insgesamt sind die Farben deutlich heller und treten klarer hervor, obwohl keine von ihnen vollständig rein ist. Die Umrisse des Körpers zeigen sich regelmäßiger und eindeutiger.

Der entwickelte Mensch: Unerwünschte Eigenschaften sind fast völlig verschwunden. Im oberen Bereich des Körpers findet sich ein lilafarbenes Band, das Hingebung an ein geistiges Ideal bedeutet. Über dem Kopf und ihn einhüllend leuchtet das gelbe Licht der Vernunft, darunter ein breites blaues Band der Hingabe. Unter diesem liegt das noch breitere rosa Band der Zuneigung, und im untersten Bereich des Körpers findet sich eine große

Wolke von Grün, das Mitgefühl und Sympathie ausdrückt. Die hellen, leuchtenden Farben treten in deutlich abgegrenzten Bändern auf, und der gesamte Astralkörper vermittelt den Eindruck, geordnet und vollkommen kontrolliert zu sein.

Je höher sich ein Mensch entwickelt, desto stärker gleicht seine Astralhülle dem Mentalkörper, bis dieser nur wenig mehr als dessen Widerspiegelung in der gröberen Materie der Astralebene ist. Das beweist, dass dieser Mensch seine Begierden geistig zu beherrschen versteht und sich nicht länger von Gefühlsausbrüchen fortreißen lässt. Er wird sicherlich manchmal erregt sein und verschiedenen nicht wünschenswerten Begierden nachgeben, aber er weiß jetzt, diese niederen Eigenschaften in den Griff zu bekommen.

Auf einer noch höheren Stufe der Entwicklung wird der Mentalleib ein Spiegel des Kausalkörpers werden, da der Mensch lernt, nur den Antrieben seines höheren Selbst zu folgen und sich von ihnen leiten zu lassen.

Mental- und der Astralkörper eines Arhat* besitzen kaum eigene Farben, sondern spiegeln den Kausalköper wieder, soweit ihre niederen Oktaven diesen zum Ausdruck zu bringen vermögen. Das perlmuttartig schillernde Leuchten lässt sich weder beschreiben noch bildlich darstellen.

Im Astralkörper eines entwickelten Menschen gibt es fünf Schwingungsebenen, während der Durchschnittsmensch mindestens neun aufweist, die von verschiedenen Schattierungen begleitet werden. Viele Menschen besitzen fünfzig oder hundert Schwingungen, was die gesamte Oberfläche in unzählige kleine Wirbel und Querströmungen aufbricht, die sich wild gegenseitig bekämpfen. Das führt vor allem beim westlichen Durchschnittsmenschen zu unnötigen Emotionen und Sorgen, die ihm viel von seiner Kraft rauben.

Ein Astralkörper, der in fünfzig verschiedenen Weisen

* Buddhistische Bezeichnung für einen Erleuchteten unterhalb der Stufe eines Meisters.

gleichzeitig schwingt, ist nicht nur hässlich, sondern auch eine arge Belästigung. Er gleicht einem physischen Körper, der unter starker Schüttellähmung leidet. Solche astralen Wirkungen sind ansteckend und beeinträchtigen alle empfindsamen Personen in ihrer Nähe, da sie ein schmerzhaftes Empfinden der Unruhe und Besorgnis vermitteln. Millionen von Menschen lassen sich unnötigerweise von allen möglichen törichten Begierden und Gefühlen beunruhigen, weshalb es einer empfindsamen Person so schwer fällt, in einer Großstadt zu leben oder sich unter die Massen zu mischen. Die fortwährenden astralen Störungen können sich sogar auf das ätherische Doppel auswirken und Nervenkrankheiten hervorrufen.

Die astralen Entzündungsherde gleichen Furunkeln im physischen Körper. Sie sind nicht nur unangenehm, sondern bilden auch Schwachstellen, durch die die Lebenskraft entweicht. Sie können sich schlechten Einflüssen nicht widersetzen und machen gute zunichte. Diesen Zustand findet man leider nur allzu häufig. Das einzige Heilmittel besteht darin, Sorge, Furcht und Ärger auszumerzen. Der geistige Schüler darf sich keine persönlichen Gefühle erlauben, die in irgendeiner Weise beeinflusst werden können.

Nur ein Kleinkind besitzt eine weiße oder nahezu farblose Aura, deren Farben sich erst mit den sich entwickelnden Eigenschaften zeigen. Der oft wunderschöne Astralkörper eines Kindes ist rein und klar und ohne die Flecken von Sinnlichkeit, Gier, Böswilligkeit und Selbstsucht. Auch die latenten Anlagen und Neigungen aus seinem letzten Dasein auf Erden, von denen einige böse, andere gut sein mögen, kann man vielleicht sehen und daraus auf die Möglichkeiten des bevorstehenden Lebens dieses Kindes schließen.

Das gelbe Licht der Vernunft nahe dem Kopf hat zu der Vorstellung eines Heiligenscheins geführt. Diese Farbe ist von allen Schattierungen des Astralkörpers die auffallendste und wird von einem noch wenig geschulten Hellseher am leichtesten wahrgenommen. Aufgrund der ungewöhnlichen Aktivität des

Intellekts kann das Gelb sogar in die physische Materie sinken und dadurch dem physischen Auge sichtbar werden.

Dem Astralkörper ist eine gewisse Regelmäßigkeit zu eigen, zu der sich seine einzelnen Bestandteile gewöhnlich anordnen. Eine plötzliche Gefühlsregung zwingt ihn, vorübergehend in einer bestimmten Frequenz zu schwingen, was erstaunliche Wirkungen hervorbringt. Die gesamte Astralsubstanz wird wie von einem heftigen Orkan hin- und hergeschleudert, so dass sich die Farben zeitweilig völlig vermischen.

Beispiele für dieses Phänomen finden sich in »Der sichtbare und der unsichtbare Mensch«:

Tafel (X) – Aufwallendes Liebesgefühl

Tafel (XI) – Aufwallendes religiöses Gefühl

Tafel (XII) – Heftiger Zornesausbruch

Tafel (XIII) – Starkes Furchtgefühl

Bei einem plötzlich aufwallenden reinen Liebesgefühl einer Mutter, die ihr Baby aufnimmt und küsst, ergreift eine heftige allgemeine Bewegung den Astralkörper, und die ursprünglichen Farben werden vorübergehend völlig überschattet. Bei eingehender Betrachtung fallen vier gesonderte Erscheinungen auf:

1) Gewisse farbige Windungen und Wirbel werden sichtbar, die wohl abgegrenzt sind, anscheinend aus festem Stoff bestehen und von innen heraus lebhaft leuchten. In Wirklichkeit handelt es sich dabei um einzelne Gedankenformen, die, von tiefen Gefühlen angeregt, aus dem Astralkörper auf den Gegenstand dieses Gefühls zustreben. Die wirbelnden Wolken lebendigen Lichtes sind schwierig darzustellen, aber ihr Anblick ist unsagbar lieblich.

2) Der Astralkörper ist von horizontal pulsierenden Linien rötlichen Lichtes überzogen, die aber wegen ihrer raschen Bewegung noch schwieriger wiederzugeben sind.

3) Eine Art rosenfarbiger Schleier bedeckt die ganze Fläche des Astralkörpers, so dass sein Inneres wie durch ein gefärbtes Glas gesehen wird.

4) Die gesamte Eiform wird von einer Purpurröte durchzogen, die sich allen anderen Farbtönen beimischt und sich an manchen Stellen wie kleine Schäfchenwolken zu Flocken zusammenballt.

Dieses Schauspiel dauert gewöhnlich nur einige Sekunden. Dann nimmt der Körper rasch wieder seine normale Lage ein, wobei sich die einzelnen Materiegrade aufgrund ihrer jeweiligen Schwerkraft in ihren üblichen Bereich einordnen. Jeder dieser Gefühlsausbrüche trägt ein wenig zur Erweiterung der Purpurfarbe im oberen Teil der Eiform bei und macht es dadurch dem Astralkörper ein wenig leichter, auf die nächste Gefühlswelle dieser Art zu reagieren.

Ähnlich verhält es sich mit wiederholter tiefer Hingabe. Im Astralkörper eines solchen Menschen zeigt sich bald ein großer blauer Farbbereich. Die Auswirkungen solcher Erregungen verstärken sich. Hinzu kommt, dass die Ausstrahlung lebhafter Schwingungen von Liebe und Freude sich positiv auf andere Menschen auswirken.

Wenn das Blau an die Stelle des Purpur tritt, ruft etwa ein plötzliches Aufwallen religiöser Hingabe bei einer Nonne, die in tiefer Kontemplation versunken ist, eine fast gleiche Wirkung hervor.

Im Falle heftigen Zorns wird der gewöhnliche Hintergrund des Astralkörpers von Windungen und Wirbeln schwerer, gewitterwolkenartiger, rußfarbener Massen verdunkelt, die das dunkle Feuer des Hasses von innen heraus erleuchten. Fetzen derselben schwarzen Wolke beflecken den ganzen Körper, während die feurigen Strahlen des unbeherrschten Zorns wie Blitze nach allen Seiten hin schießen. Diese fürchterlichen Strahlen können wie Schwerter in andere Astralkörper eindringen und dadurch anderen Menschen Schaden zufügen.

Jeder Zornesausbruch lässt die Astralsubstanz ein wenig rascher als zuvor auf diese höchst unerwünschten Schwingungen reagieren.

Ein plötzlicher Schrecken wird den gesamten Körper augenblicklich mit einem seltsamen fahlgrauen Nebel überziehen. Horizontallinien derselben Färbung entstehen und vibrieren mit solcher Geschwindigkeit, dass man sie kaum als getrennte Linien erkennen kann. Der Anblick ist unbeschreiblich hässlich. Alles Licht schwindet, und die blaugraue Masse erzittert hilflos, als sei sie aus Gallert.

Aufwallende Emotionen beeinflussen den Mentalkörper nur wenig, obwohl sie es ihm in diesem Augenblick fast unmöglich machen, das physische Gehirn anzusprechen, da der Astralkörper, der als Brücke zwischen der Mentalhülle und dem Gehirn wirkt, so einheitlich in einer einzigen Frequenz schwingt, dass er keine Wellenlänge zu übertragen vermag, die mit dieser nicht in Einklang steht.

Neben den Wirkungen, die durch vorübergehende Gefühlsausbrüche entstehen, gibt es eine Art von Einflüssen, die eine nachhaltige Wirkung zeigen und auf gewisse Neigungen und Charaktertypen zurückzuführen sind.

Wenn sich ein weniger entwickelter Mensch verliebt, verändert sich der gesamte Astralkörper in einer solch tiefgreifenden Weise, dass er kaum wiederzuerkennen ist. Selbstsucht, Falschheit und Habgier verschwinden, und der unterste Teil der Eiform ist von tierischer Leidenschaft erfüllt. Das Grün der Anpassung wird durch das seltsame Braungrün der Eifersucht ersetzt, und die starke Aktivität dieses Gefühls zeigt sich in den scharlachroten Zornesblitzen, die es durchziehen. Aber diese unerwünschten Veränderungen werden mehr als aufgewogen durch den schönen Purpurstreifen, der einen so großen Teil der Eiform einnimmt. Diese Farbe bildet im Moment das Hauptmerkmal und durchlichtet den gesamten Astralkörper. Der gewöhnliche trübe Ton ist unter ihrem Einfluss verschwunden, und sowohl die guten als auch die schlechten Farben sind alle leuchtender geworden und schärfer umgrenzt. Es ist eine Verstärkung der Lebenskraft nach allen Richtungen hin eingetreten. Das Blau der Hingabe hat sich deutlich verfeinert. Sogar ein wenig blasses Violett zeigt sich im obersten Bereich der Eiform, was die Fähigkeit erkennen lässt, auf ein wirklich hohes und selbstloses Ideal zu reagieren. Das Gelb des Verstandes ist für den Augenblick völlig verschwunden, was der Zyniker wohl als typisch für diesen Zustand bezeichnen würde.

Der Astralkörper eines gereizten Menschen weist gewöhnlich als hervorstechendes Merkmal einen breiten Streifen Scharlachrot auf und ist außerdem von kleinen Flecken der gleichen Farbe übersät, die wie Ausrufezeichen aussehen.

Bei einem Geizhals sind Gier, Selbstsucht, Falschheit und Schlauheit stark vertreten, während Sinnlichkeit fast ganz fehlt. Das Bemerkenswerteste aber sind die horizontalen, gleichlaufenden und fast rotbraunen Linien, die den ganzen Körper umgeben und den Menschen wie in einem Käfig gefangen halten.

Das Laster des Geizes scheint jede Entwicklung zu verhindern, solange es andauert, und lässt sich nicht so leicht wieder abschütteln, wenn es sich erst einmal einer Person bemächtigt hat.

Tiefe Niedergeschlagenheit ruft eine ähnliche Wirkung wie Geiz hervor. An die Stelle des Braun tritt jedoch ein Grau. Dem Betrachter bietet sich ein unbeschreiblich trüber und trauriger Anblick. Kein Gefühlszustand ist so ansteckend wie Niedergeschlagenheit.

Im Falle eines frommen, aber nicht sehr intelligenten Menschen nimmt der Astralkörper ein ganz bestimmtes Erscheinungsbild an. Ein Hauch von Violett deutet auf die Fähigkeit, einem hohen Ideal nachzustreben. Das Blau der Frömmigkeit ist ungewöhnlich stark entwickelt, Gelb hingegen ist nur spärlich vorhanden. Zuneigung und praktischer Sinn sind gut vertreten. Die Sinnlichkeit überschreitet bei weitem das gewöhnliche Maß; Heuchelei und Selbstsucht fallen stark ins Auge. Die Farben sind unregelmäßig verteilt und gehen ineinander über; ihre Umrisse sind verschwommen. Diese Merkmale deuten auf die unklaren Vorstellungen dieses frommen Menschen hin.

Übertriebene Sinnlichkeit ist oft mit einem frömmelnden Wesen verbunden. Dies mag daran liegen, dass sich solche Menschen vorwiegend von ihren Gefühlen leiten lassen, anstatt sie der Vernunft unterzuordnen.

Das genaue Gegenteil findet sich bei einer wissenschaftlich ausgerichteten Person. Die Frömmigkeit fehlt vollständig, die Sinnlichkeit liegt weit unter dem Durchschnitt, der Verstand aber zeigt einen ungewöhnlich hohen Entwicklungsgrad. Zuneigung und Anpassungsvermögen sind schwach vertreten und nicht von hohem Wert. Ein guter Teil Geiz, Selbstsucht und eine gewisse Neigung zur Eifersucht sind ebenfalls vorhanden. Ein riesiger Kegel von hellem Orange inmitten eines Goldgelb des Intellekts weist auf geistigen Hochmut und Ehrgeiz in Verbindung mit dem angeeigneten Wissen hin. Die wissenschaftliche, geordnete Denkungsweise wirkt sich auf die Verteilung der Farben in regelmäßige Streifen aus, deren Grenzlinien sich scharf und eindeutig abheben.

Der interessierte Leser möge das wunderbare Buch von Leadbeater, dem diese Informationen entnommen wurden, unbedingt selbst studieren.

Im Zusammenhang mit den Astralfarben soll darauf hingewiesen werden, dass Klang und Farbe die Kommunikationsmittel der eng mit dem menschlichen Astralkörper verbundenen Elementale bilden. Dem Schüler sind vielleicht hin und wieder verborgene Hinweise auf die Sprache der Farbe in Verbindung mit der Tatsache begegnet, dass im alten Ägypten Fehler bei der Abschrift der in Farben niedergeschriebenen heiligen Schriften mit dem Tode bestraft wurden. Für die Elementale sind Farben ebenso verständlich wie Worte für den Menschen.

KAPITEL 4

Funktionen

Die Funktionen des Astralkörpers lassen sich grob gesehen in drei Gruppen einteilen:

1) Empfindungsfähigkeit
2) Brücke zwischen Geist und physischer Materie
3) Unabhängiger Bewusstseins- und Handlungsträger.

Diese drei Aspekte wollen wir eingehender betrachten.

Wenn man den Menschen in »Prinzipien« einteilt, zum Beispiel in die Erscheinungsformen des Lebens, werden die vier niederen Prinzipien oft auch als das »niedere Quadrat« bezeichnet:

Physischer Körper
Ätherkörper
Prâna (Lebenskraft) oder Vitalität
Kâma (Begierde) oder Verlangen

Das vierte Prinzip, *Kâma*, stellt die Manifestation des Lebens im Astralkörper dar, der es auch gestaltet. Es zeichnet sich durch das Gefühl aus, das in seiner einfachsten Form sinnliche Wahrnehmung und in seiner vielgestaltigsten Ausprägung die Emotion ist. Dazwischen liegen zahlreiche Abstufungen. Man spricht auch vom Wunsch. Darunter versteht man etwas, das von einem Gegenstand angezogen oder abgestoßen wird, je nachdem ob er Freude oder Leid bereitet.

Kâma beinhaltet alle Gefühlsarten und kann als die leidenschaftliche oder emotionale Natur bezeichnet werden. Es bedeutet jede Form tierischen Verlangens, wie Hunger, Durst oder sexuelle Lust; alle Leidenschaften, wie die niederen Formen der Liebe, Hass, Neid oder Eifersucht. Es ist das Verlangen nach einem empfindungsfähigen Dasein, nach der Erfahrung materieller Freuden – »die Begierde des Fleisches, die Sinnenlust der Augen, der Lebensstolz«.

Kâma ist das Tier in uns, der »Affe und Tiger« von Tennyson, die Kraft, die uns am stärksten an die Erde bindet und durch die Sinnestäuschung die Sehnsucht nach Höherem in uns erstickt. Es ist der gröbste Aspekt in der Natur des Menschen, der ihn fest an sein Erdendasein fesselt. »Diese nicht-molekulare Materie ist das Geringste im ganzen menschlichen Körper, *Sthûla Sharîra*, unser gröbstes »Prinzip«, aber das eigentliche Zentrum, der wahrhaft tierische Kern. Unser Körper bildet nur die Hülle, das unverantwortliche Element, der Mittler, durch den das Tier in uns ein Leben lang wirksam ist.« (H.P. Blavatsky, Die Geheimlehre)

Kâma oder Verlangen nennt man auch die Widerspiegelung oder den niederen Aspekt des *Âtmân* oder Willens. Der Wille wird vom Selbst bestimmt, und das Verlangen durch Anziehung oder Abstoßung in Bewegung gesetzt. Verlangen ist entthronter Wille, der Gefangene, der Sklave der Materie.

Ernest Wood schreibt in seinem Buch »Die Sieben Strahlen«: »*Kâma* bedeutet reines Verlangen. Es ist der nach außen gerichtete Aspekt der Liebe; wahre Liebe ist die Liebe zum Leben, zum Göttlichen, und gehört dem höheren oder nach innen gerichteten Selbst an.«

In der vorliegenden Abhandlung werden die Begriffe Verlangen und Emotion gleichwertig verwendet. Streng genommen handelt es sich bei der Emotion um ein vom Intellekt durchsetztes Verlangen.

Der Astralkörper wird oft als *Kâma Rûpa* bezeichnet oder in alten Aufzeichnungen auch Tierseele genannt.

Das *Prâna* oder die Vitalität überträgt die von außen auf den physischen Körper auftreffenden Eindrücke als Schwingungen. Ohne *Kâma*, das Prinzip der Sinneswahrnehmung, das die Schwingung in ein Gefühl umwandelt, bliebe es bei der bloßen Bewegung auf der physischen Ebene. Freude und Schmerz treten erst dann auf, wenn das Astralzentrum erreicht worden ist. *Kâma* in Verbindung mit *Prâna* wird auch der »Atem des Lebens« genannt, das lebendige, empfindungsfähige Prinzip, das sich über jedes Körperteilchen erstreckt.

Bestimmte Körperorgane scheinen ganz besonders mit der Wirkungsweise des *Kâma* verbunden zu sein. Zu ihnen gehören die Leber und die Milz.

Im Mineralreich werden die ersten Bewegungen des *Kâma* in Form von chemischer Anziehungskraft sichtbar. Im Pflanzenreich zeigt es sich auf einer höheren Entwicklungsstufe und besitzt eine weitaus größere Fähigkeit, sich der niederen Astralsubstanz zu bedienen. Neigung und Abneigung treten im Pflanzenreich sehr viel stärker hervor als im Mineralreich. Zahlreiche Pflanzen entfalten einen großen Einfallsreichtum und Scharfsinn, um ihre Zwecke zu erreichen.

Pflanzen reagieren sofort auf liebevolle Pflege und werden von menschlichen Gefühlen sichtlich berührt. Bewunderung erfüllt sie mit Freude, und sie antworten darauf. Sie sind einer individuellen Anhänglichkeit ebenso fähig wie der Verärgerung und Abneigung.

Tiere besitzen die Fähigkeit, die niederen Stufen des Verlangens voll zu erleben; die höheren Stufen vermögen sie nur begrenzt zu erfahren. In Ausnahmefällen gelingt es einem Tier, eine ausgesprochen hochwertige Zuneigung oder Hingabe zu verwirklichen.

In seiner zweiten Funktion wirkt der Astralkörper als Brücke zwischen Geist und physischer Materie. Ein starker Eindruck auf die physischen Sinne wird innerlich vom *Prâna* weitergeleitet, durch die Aktivität der Sinneszentren, die im *Kâma* angesiedelt sind. Er wird zur Empfindung und wird dann erst vom *Manas* oder Geist wahrgenommen. Ohne die Mitwirkung des Astralkörpers gäbe es keine Verbindung zwischen der Außenwelt und dem menschlichen Geist, den physischen Eindrücken und deren Wahrnehmung durch den Geist.

Umgekehrt verhält es sich in gleicher Weise. Bringen wir die Mentalsubstanz in Bewegung, werden die hervorgerufenen Schwingungen der Astralsubstanz übermittelt. Diese beeinflusst die Äthermaterie, die ihrerseits auf den grobphysischen Stoff, die graue Gehirnmasse, einwirkt.

Der Astralkörper bildet also eine Brücke zwischen unserem physischen und unserem mentalen Dasein, indem er die Schwingungen von der physischen zur mentalen und von der mentalen zur physischen Ebene übermittelt. Seine Entfaltung findet hauptsächlich durch diesen ständigen Austausch statt.

Im Entwicklungsprozess des Astralkörpers zeichnen sich deutlich zwei Stufen ab. Der erste Schritt besteht darin, eine ziemlich hohe Ebene als Vermittler zu erreichen. In der zweiten Phase gestaltet sich ein unabhängiger Körper, in dem der Mensch auf der Astralebene tätig sein kann.

Die normale Gehirntätigkeit des Menschen entsteht durch das Zusammenwirken von *Kâma* und *Manas* oder Geist. Diese Einheit wird auch oft als *Kâma-Manas* bezeichnet. H.P. Blavatsky nennt sie den »rationalen, doch irdischen oder physischen Intellekt des Menschen, den die Materie einschließt und bindet und der ihrem Einfluss unterliegt«. Es ist das »niedere Selbst«, das, auf dieser Ebene der Illusion wirkend, glaubt, das wahre Selbst oder Ego zu sein und dem »Irrtum der Trennung« anheimfällt, wie es in der buddhistischen Philosophie heißt.

Kâma-Manas, also *Manas* mit Verlangen, interessiert sich für die äußeren Dinge.

Es gehört zur menschlichen Persönlichkeit und wirkt im und durch das physische Gehirn. Eine Erinnerung an frühere Leben ist daher erst dann möglich, wenn sich das Bewusstsein über den Gehirnmechanismus erhebt. Dieser Mechanismus wird im Zusammenspiel mit dem des *Kâma* jedesmal neu gestaltet und steht daher in keiner unmittelbaren Beziehung zu vergangenen Leben.

Manas allein vermag die Moleküle der physischen Gehirnzellen nicht zu beeinflussen. Erst die Vereinigung mit

Kâma ermöglicht es ihm, sie ihn Bewegung zu setzen und das »Gehirn-Bewusstsein« mit seinem Erinnerungsvermögen und den uns geläufigen geistigen Funktionen hervorzubringen. Es handelt sich dabei um das niedere *Manas* (die Materie der vier Unterebenen der Mentalebene), das sich mit *Kâma* verbindet. In der westlichen Philosophie ist dieses *Kâma-Manas* ein Teil des Begriffs Geist, wie ihn dieses System versteht. *Kâma-Manas*, das die höhere mit der niederen Natur des Menschen verbindet, bildet das Schlachtfeld des Lebens und spielt auch während der Existenz nach dem Tode eine wesentliche Rolle.

Der Hinduismus spricht von den fünf Hüllen des Menschen. *Manas* und *Kâma* sind so eng miteinander verwoben, dass alle Manifestationen von Intellekt und Verlangen durch eine Hülle vertreten werden.

1.	*Ânandamayakosha*	Hülle der Glückseligkeit	*Buddhi*
2.	*Vijnânamayakosha*	Hülle des Unterscheidungsvermögens	höheres *Manas*
3.	*Manomayakosha*	Hülle von Intellekt u. Verlangen	niederes *Manas* / *Kâma*
4.	*Prânamayakosha*	Hülle der Vitalität	*Prâna*
5.	*Annamayakosha*	Hülle der Nahrung	dichter, physischer Körper

Bei Manu stehen *Prânamayakosha* und *Ânandamayakosha* auf einer Stufe und werden als *Bhûtâman*, das Elemental-Selbst oder der tätige Körper, bezeichnet.

Vijnânamayakosha und *Manomayakosha* bilden den Gefühlskörper, den er *Jîva* nennt. Es ist der Körper, mit dem der Wissende Freude und Schmerz empfindet.

In ihrer äußeren Beziehung stehen *Vijnânamayakosha* und *Manomayakosha*, besonders *Manomayakosha*, in Verbindung zur Deva-Welt. Es heißt, die Devas sind in den Menschen »eingetreten«, was sich auf die Gottheiten bezieht, die den Vorsitz über die Elementale führen. Ihre Hauptaufgabe besteht darin, die Empfindungen im Menschen zu verursachen, indem sie von innen her die äußeren Eindrücke in Sinneswahrnehmungen oder ihr Erkennen umwandeln. Die Verbindung zu all diesen niederen Devas macht den Menschen, wenn er sie völlig beherrscht, zum Meister in jedem Bereich des Universums.

Da *Manas* oder der Geist die grobstofflichen Gehirnpartikel nicht beeinflussen kann, projiziert es einen Teil seiner selbst, das heißt niederes *Manas* kleidet sich in Astralsubstanz und durchdringt mit Hilfe der Äthermaterie das gesamte Nervensystem des Kindes, bevor es geboren wird. Diese Projektion des *Manas* wird häufig auch seine Widerspiegelung, sein Schatten oder sein Strahl genannt und ist unter anderen sinnbildlichen Namen bekannt. H.P. Blavatsky schreibt in »Schlüssel zur Theosophie«: »Sobald sie eingesperrt oder inkarniert sind, nimmt ihre Essenz (*Manas*) Dualität an; die als individuelle Wesenheiten betrachteten Strahlen des ewigen Gottesgeistes weisen zwei Merkmale auf; (a) ihren eigentlichen, innewohnenden, charakteristischen, himmelwärts gerichteten Geist (höheres *Manas*) und (b) die menschliche Eigenschaft des Denkens, die tierische Denkfähigkeit, rationalisiert infolge der Übermacht des menschlichen Gehirns, das von *Kâma* bestimmte oder niedere *Manas*.«

Auf diese Weise wird das niedere *Manas* von den 'unter' ihm existierenden Körpern verschlungen, mit der einen Hand das *Kâma* umklammernd und mit der anderen sich an seinem 'Vater', dem höheren *Manas*, festhaltend. Ob es sich völlig vom *Kâma* in die Tiefe zerren lassen oder von der höheren Dreiheit (*Âtmâ-Buddhi-Manas*) emporgezogen werden wird, zu der es von Natur aus gehört, und so die geläuterten Erfahrungen seines Erdendaseins triumphierend zurückbringen wird – das hängt davon ab, in welcher Weise die gegebenen Lebensaufgaben in den einzelnen Inkarnationen bewältigt werden. In den Kapiteln über das Leben nach dem Tode findet sich eine eingehende Betrachtung dieses Punktes.

Kâma sorgt für die tierischen und leidenschaftlichen Elemente; das niedere *Manas* rationalisiert sie und fügt seine intellektuellen Eigenschaften hinzu. Diese beiden Prinzipien sind im Menschen während seines Erdendaseins ineinander verwoben und wirken selten getrennt voneinander.

Manas kann als die Flamme betrachtet werden, *Kâma* und das physische Gehirn als der Docht und das Öl, das die Flamme nährt. Das Ego jedes entwickelten oder nicht entwickelten Menschen besteht aus derselben essenziellen Substanz. Das, was aus dem einen einen großen Menschen und aus dem anderen eine ungehobelte, lächerliche Person macht, liegt in der Eigenschaft und Natur des physischen Körpers und der Fähigkeit von Gehirn und Körper, das Licht des wahren, inneren Menschen zu übermitteln und zum Ausdruck zu bringen.

Kâma-Manas ist das persönliche Selbst des Menschen; dabei verleiht das niedere *Manas* die individualisierende Note, aufgrund derer sich die Persönlichkeit als »Ich« erkennt. Es ist ein Strahl des unsterblichen Denkers, der eine Persönlichkeit durchlichtet. Die Kraft der Erwartung, Erinnerung und Vorstellung vermittelnd, verleiht das niedere *Manas* den Sinnen und der tierischen Natur die Empfindung von Lebensfreude.

Obwohl ein tieferes Eindringen in die Materie des Mentalkörpers den Rahmen dieser Abhandlung sprengen würde, soll erwähnt werden, dass der freie Wille im *Manas*, der Verkörperung des *Mahat*, des Universalgeistes, angesiedelt ist. Im physischen Menschen stellt das niedere *Manas* die wirkende Kraft des freien Willens dar. Das Gefühl der Freiheit entstammt der Ebene des *Manas*. Es ist das Wissen, sich selbst regieren zu können, durch die höhere Natur die niedere beherrschen zu können. Das Bewusstsein mit *Manas* anstatt mit *Kâma* zu identifizieren, ist daher ein wesentlicher Schritt auf dem Weg der Selbstmeisterung.

Gerade der Kampf des *Manas*, um sich durchzusetzen, beweist seine naturgegebene Freiheit. Das Ego mit seiner Macht gibt einem Menschen die Möglichkeit, seine Begierden zu wählen und zu überwinden. Da *Kâma* vom niederen *Manas* regiert wird, unterstehen die vier unteren Regionen der höheren Dreiheit *Âtmâ-Buddhi-Manas*.

Die Prinzipien des Menschen lassen sich folgendermaßen anordnen:

1	*Âtmâ* *Buddhi* Höheres *Manas*	unsterblich
2	*Kâma-Manas*	bedingt unsterblich
3	*Prâna* Ätherisches Doppel Grobstofflicher Körper	sterblich

Wir wenden uns nun der dritten Funktion des Astralkörpers als unabhängiger Bewusstseins- und Handlungsträger zu. Die einzelnen Stufen in Bezug auf Gebrauch, Entwicklung, Möglichkeit und Begrenzung dieser Ebene werden sich in den folgenden Kapiteln entfalten. An dieser Stelle soll es genügen, kurz die hauptsächlichen Wege aufzuzeigen, in denen ein Astralkörper als unabhängiger Bewusstseinsträger eingesetzt werden kann.

Im üblichen Wachbewusstsein, wenn also das physische Gehirn und die körperlichen Sinne hellwach sind, können die Kräfte der Astralsinne tätig werden. Einige dieser Kräfte entsprechen denen des physischen Körpers. Davon wird im nächsten Kapitel, das von den Chakras handelt, die Rede sein.

Während des Schlafs oder im Trance-Zustand kann sich der Astralkörper von der Physis lösen und frei auf seiner eigenen Ebene bewegen und tätig sein. Näheres dazu im Kapitel »Leben während des Schlafs«.

Es besteht die Möglichkeit, die Kräfte des Astralkörpers in einer Weise zu entwickelt, die es dem Menschen ermöglicht, jederzeit bewusst seinen irdischen Körper zu verlassen und ohne Bewusstseinsunterbrechung in den Astralkörper überzuwechseln. Das Kapitel »Kontinuität des Bewusstseins« geht näher darauf ein.

Nach dem physischen Tod zieht sich das Bewusstsein in den Astralkörper zurück, und es mag ein Leben, dessen Intensität und Länge von verschiedenen Faktoren abhängt, auf der Astralebene geführt werden. Näheres dazu findet sich in dem Kapitel »Leben nach dem Tode«.

Diese vier Punkte werden ausführlich behandelt werden und den Hauptteil vorliegender Abhandlungen ausmachen.

KAPITEL 5

Chakras

Das Wort Chakra stammt aus dem Sanskrit und bedeutet wörtlich übersetzt »Rad« oder »Drehscheibe«. Man verwendet es auch als Bezeichnung für die Kraftzentren im Menschen. Solche Chakras, die es in allen Körpern gibt, sind Verbindungspunkte, durch die Kraftströme von einer Hülle in die andere fließen. Sie stehen in enger Beziehung zu den Kräften oder Sinnen der verschiedenen Träger.

In dem Buch »Der Ätherkörper« werden die Ätherzentren ausführlich beschrieben. Ihr Studium wird wesentlich dazu beitragen, die Astralzentren besser zu verstehen.

Die Äther-Chakras liegen auf der Oberfläche des Ätherkörpers und werden gewöhnlich nach dem in unmittelbarer Nähe liegenden physischen Organ benannt.

Wurzel-Chakra
Nabel-Chakra
Milz-Chakra
Herz-Chakra
Kehlkopf-Chakra
Stirn-Chakra
Scheitel-Chakra

Außerdem gibt es drei niedere Chakras, die aber nur von gewissen Schulen der »schwarzen Magie« eingesetzt werden und auf die an dieser Stelle nicht eingegangen werden soll.

Bei den Astralzentren, die sich häufig im Innern des ätherischen Doppels befinden, handelt es sich um Wirbel, die auf der vierten Dimension liegen (vgl. Kap. 18) und sich daher in eine andere Richtung ausdehnen. Sie decken sich keineswegs immer mit den Ätherzentren, obschon sie teilweise zusammenfallen.

Die Astral-Chakras tragen dieselben Namen wie ihre Entsprechungen im ätherischen Doppel und haben folgende Aufgaben:

1.*Wurzel-Chakra* – Sitz der Kundalini oder Schlangenkraft, einer Kraft, die auf allen Ebenen existiert und durch die alle übrigen Chakras erweckt werden. Ursprünglich war der Astralkörper eine fast träge Masse mit verschwommenem Bewusstsein, antriebslos und ohne klare Vorstellung von seiner Umgebung. Als Erstes wurde die Kundalini auf der Astralebene erweckt.

2. *Nabel-Chakra* – Das im ersten Zentrum erwachte Schlangenfeuer bewegte sich zum Nabel-Chakra, belebte es und entfaltete im Astralkörper die Gefühlskraft – eine Feinfühligkeit für alle möglichen Einflüsse, jedoch noch ohne die damit einhergehenden Fähigkeiten des Sehens und Hörens.

3. *Milz-Chakra* – Hier belebte die Kundalini den gesamten Astralkörper. Es gehört zu den Aufgaben des Milz-Chakras, *Prâna* aufzunehmen, die Lebenskraft, die auf allen Ebenen existiert. Die Belebung des Milz-Chakras ermöglicht es dem Menschen, sich bewusst in seinem Astralkörper fortzubewegen, doch ohne eine klare Vorstellung von dem zu haben, was ihm auf diesen Reisen begegnet.

4. *Herz-Chakra* – Durch dieses Kraft-Zentrum kann der Mensch die Schwingungen anderer Astralwesen erfassen, Anteil nehmen und so ihre Gefühle instinktiv verstehen.

5. *Kehlkopf-Chakra* – Dieses Zentrum befähigt den Menschen, in der Astralwelt zu hören.

6. *Stirn-Chakra* – Dieses Astral-Zentrum verleiht die Fähigkeit, das Wesen und die Form astraler Gebilde genau wahrzunehmen, anstatt ihre Anwesenheit nur unbestimmt zu spüren.

Mit diesem Chakra scheint auch die Kraft verbunden zu sein, das winzigste physische oder astrale Teilchen wie durch ein Mikroskop willentlich zu vergrößern. Diese Fähigkeit ermöglicht es dem Forscher des Übersinnlichen, Moleküle, Atome und dergleichen wahrzunehmen und zu studieren. Die vollkommene Beherrschung dieser Fähigkeit liegt jedoch eher im Bereich des Kausalkörpers.

Die Kraft, Dinge zu vergrößern, gehört zu den so genannten *Siddhis*, die in den asiatischen Schriften als »die Macht, sich selbst willentlich groß oder klein zu machen« beschrieben wird. Diese Beschreibung ist zutreffend, da die Methode auf einer zeitlich begrenzten, visuellen Technik unvorstellbarer Winzigkeit beruht. Umgekehrt lässt sich die Verkleinerung eines Objekts durch den Aufbau eines kurzfristigen und ungeheuer vergrößerten Mechanismus erreichen.

Sterne und Planeten zu beobachten, ist etwas anderes, als sich zwischen ihnen zu bewegen und tätig zu sein. Ebenso verhält es sich mit der Fähigkeit, Dinge zu vergrößern oder auf einer höheren Ebene zu wirken.

In den indischen Sutras heißt es, dass die Meditation über einen bestimmten Zungenbereich astrales Sehen verleiht. Diese Aussage ist »irreführend«, da sich der Hinweis auf die Hypophyse bezieht, die direkt über diesem Zungenabschnitt liegt.

7. *Scheitel-Chakra* – Dieses Zentrum rundet das Astralleben ab und vervollständigt es, indem es dem Menschen vervollkommnete Fähigkeiten verleiht.

Das Chakra weist eine gewisse Verschiedenheit in seiner Tätigkeit auf, die mit dem besonderen Typ des betreffenden Menschen zusammenzuhängen scheint.

Bei einigen vereinigen sich das sechste und siebte Chakra zur Hypophyse. Letztere stellt praktisch die einzige unmittelbare Verbindung zwischen der physischen und den höheren Ebenen dar.

Im anderen Falle bleibt das sechste Chakra mit der Hypophyse verbunden, während sich das siebte so weit neigt, das es mit dem verkümmerten Organ, der so genannten Zirbeldrüse, zusammenfällt, was zur unmittelbaren Verbindung zu den niederen Mentalebenen führt, ohne anscheinend den üblichen Weg durch die dazwischen liegende Astralebene zu nehmen.

In unserem physischen Körper gibt es spezielle Organe zum Hören, Sehen und so fort, was für den Astralkörper nicht zutrifft.

Die Substanz des Astralkörpers befindet sich in fortwährender Bewegung. Vergleichbar mit siedendem Wasser, fließen und wirbeln die Teilchen umher und durchlaufen der Reihe nach alle Kraftzentren, ohne sich in irgendeinem für immer niederzulassen.

Die Aufgabe jedes einzelnen Chakras besteht darin, in den Teilchen, die es durchströmen, eine gewisse Reaktionsfähigkeit zu erwecken; die Kraft des Sehens, die Kraft des Hörens und so fort.

Genau genommen, lassen sich die astralen Sinne auf keinen bestimmten Bereich des Astralkörpers beschränken oder ihm zuordnen. In jedem Teil gibt es Materie, die fähig ist, in dieser Weise zu reagieren. Daher vermag ein Mensch, der das astrale Sehen entwickelt hat, die Gegenstände, die sich vor, hinter, über oder unter ihm befinden, gleichermaßen zu sehen. Dasselbe trifft für alle anderen Sinne zu. Mit anderen Worten, die astralen Sinne sind in allen Teilen des Körpers gleicherweise tätig.

Es ist schwierig, einen astralen Vorgang sprachlich zu beschreiben. Den Klang im wahrsten Sinne des Wortes gibt es nicht in der Astralwelt – sogar in den höheren Bereichen der physischen Welt existiert er nicht. Es wäre auch falsch zu sagen, die Sprache der Astralebene sei Gedankenübertragung. Man könnte höchstens von einer Übertragung seitens in besonderer Weise formulierten Gedanken sprechen.

In der Mentalwelt wird ein Gedanke sofort ohne Worte dem Geist eines anderen übermittelt; deshalb spielt die Sprache auf dieser Ebene nicht die geringste Rolle. Die astrale Kommunikation liegt sozusagen auf halbem Wege zwischen der Gedankenübertragung der mentalen und dem konkreten Sprechen der physischen Welt und macht es noch erforderlich, den Gedanken in Worte zu fassen. Zum Zwecke dieses Austauschs sollten die beiden Parteien über eine gemeinsame Sprache verfügen.

Die Chakras des Astralkörpers und diejenigen des ätherischen Doppels stehen in sehr enger Beziehung zueinander. Zwischen diesen beiden Chakra-Gruppen liegt ein Gewebe oder eine Hülle, das sich in schwierig zu beschreibender Weise durchdringt und das aus einer einzigen Schicht physischer Atome besteht. Es ist engmaschig, sehr zusammengepresst und durchdrungen von einer besonderen Art des *Prâna*. Das göttliche Leben, das gewöhnlich aus dem astralen in den physischen Körper strömt, vermag aufgrund seiner Beschaffenheit ohne weiteres durch diesen Schild zu treten, der jedoch für alle anderen Kräfte, die sich nicht der atomaren Substanz beider Ebenen bedienen können, eine undurchdringliche Schranke bildet. Das Gewebe bietet einen natürlichen Schutz, um eine vorzeitige Verbindungsaufnahme zwischen der astralen und der physischen Ebene zu verhindern, eine Entwicklung, die nur Schaden anrichten könnte.

Dieses Gewebe vereitelt unter normalen Umständen die klare Erinnerung an die Erlebnisse während des Schlafes und ist die Ursache für die momentane Bewusstlosigkeit, die sich beim Tode einstellt. Ohne diese Vorkehrung könnte der Durchschnittsmensch durch ein Astralwesen in den Einflussbereich von Kräften gebracht werden, denen er nicht gewachsen ist. Er wäre so der Besessenheit durch jedes Wesen der Astralwelt ausgeliefert, das den Wunsch verspürt, Besitz von ihm zu ergreifen.

Dieses Gewebe kann auf verschiedenste Weise beschädigt werden:

Eine starke Erschütterung des Astralkörpers, zum Beispiel eine plötzlich auftretende Angst, kann dieses zarte Gewebe zerreißen und den Menschen, wie man sagt, verrückt machen. Ein gewaltiger Zornesausbruch kann die gleiche Wirkung hervorrufen. Jeder starke negative Gefühlsausbruch verursacht eine Art Explosion im Astralkörper.

Der Gebrauch von Alkohol und Narkotika, einschließlich

Tabak. Diese Substanzen enthalten Stoffe, die sich beim Zerfall verflüchtigen und teilweise von der physischen in die Astralebene gelangen. Selbst Tee und Kaffee enthalten solche Stoffe, obwohl in so geringen Mengen, dass sich erst ein anhaltender Missbrauch auswirken würde.

Bei diesem Vorgang brechen die verflüchtigten Stoffteilchen durch die Chakras in der entgegengesetzten Richtung durch, in der sie sich bewegen sollen. Wenn dies wiederholt geschieht, verletzen und zerstören sie schließlich das zarte Gewebe.

Je nach dem Typ der betreffenden Person oder ihrer besonderen ätherischen oder astralen Struktur, kann diese Schädigung oder Zerstörung auf zweierlei Weise erfolgen.

Erstens verbrennt der Durchbruch der verflüchtigten Teilchen tatsächlich das Gewebe, was zum Einfallstor für unerwünschte Kräfte und üble Einflüsse wird. Der Mensch kann in ein »Delirium tremens«, in Besessenheit oder gewisse Formen des Wahnsinns verfallen.

Im zweiten Fall verhärten die flüchtigen Stoffteilchen die Atome, indem sie deren Schwingungen weitgehend hemmen und lähmen, so dass sie durch das besondere *Prâna*, das sie zu dem Gewebe verknüpft, nicht länger belebt werden können. Dies führt zu einer Art Verknöcherung des Gewebes, so dass es nicht, wie im ersten Fall, einen zu großen, sondern einen viel zu geringen Durchstrom von einer Ebene zur anderen erlaubt. Die guten Eigenschaften eines solchen Menschen sterben langsam ab, was Materialismus, Brutalität, Sittenlosigkeit und den Verlust der Selbstbeherrschung zur Folge hat.

Der Übergang aller Eindrücke von einer Ebene in die andere soll nur durch die atomaren Unterebenen geschehen. Bei einem Absterben aber wird sogar die atomare Substanz der zweiten und dritten Unterebene in Mitleidenschaft gezogen, so dass die einzige Kommunikation zwischen dem Astralen und Ätherischen über die niederen Unterebenen stattfindet, auf denen es nur unangenehme und negative Einflüsse gibt.

Da sich das Bewusstsein des Durchschnittsmenschen weder im Physischen noch im Astralen rein atomarer Substanzen zu bedienen vermag, besteht für ihn normalerweise keine Möglichkeit, eine bewusste Verbindung zwischen diesen beiden Bereichen herzustellen. Wenn er aber seine Körper läutert, wird die atomare Materie in beiden so stark belebt, dass eine Verbindung zwischen ihnen möglich wird. In diesem Falle bleibt dem Gewebe seine Bestimmung und Funktion in vollem Maße erhalten und erlaubt eine perfekte Kommunikation, während es gleichzeitig eine enge Berührung mit den niederen und unerwünschten Unterebenen verhindert.

Die dritte Möglichkeit, in der das Gewebe geschädigt werden kann, sind mediale Sitzungen.

Es ist durchaus möglich, sogar üblich, dass die astralen Chakras in einem Menschen recht gut entwickelt sind, so dass er sich frei in der Astralwelt bewegen kann, ohne die Erinnerung an die astralen Erlebnisse mit in sein Wachbewusstsein zu nehmen. Eine Erklärung für dieses Phänomen findet sich in dem Kapitel über die Träume.

KAPITEL 6

Kundalini

Eine genaue Beschreibung der Kundalini und ihre besondere Beziehung zu den Chakras finden sich in dem Buch »Der Ätherkörper«. An dieser Stelle wollen wir ihre Verbindung zum Astralkörper betrachten.

Die drei bekannten Kräfte, die vom Solaren Logos ausgehen, sind:

Fohat: Elektrizität, Hitze, Licht und Bewegung.
Prâna: Vitalität
Kundalini: Schlangenkraft

Jede dieser drei Kräfte existiert auf allen uns bekannten Ebenen. Keine von ihnen kann in die andere umgewandelt werden; jede ist eigenständig und charakteristisch.

In »Die Stimme der Stille« wird die Kundalini »die feurige Kraft« und die »Weltmutter« genannt, da sie, flüssigem Feuer gleich, spiralförmig wie eine Schlange durch den Körper schießt. Die Bezeichnung »Weltmutter« trifft zu, weil sie unsere verschiedenen Körper zu beleben vermag, so dass sich uns nach und nach die höheren Welten öffnen.

Diese Kraft hat ihren Sitz im Wurzel-Chakra an der Basis der Wirbelsäule. Beim Durchschnittsmenschen ruht sie dort während seines ganzen Lebens unerwacht und ahnungslos. Es ist sehr viel besser, wenn sie dort so lange schlafend verweilt, bis der Mensch sittlich gefestigt und sein Wille stark genug ist, um sie zu beherrschen, und seine Gedanken so rein sind, dass er ihrem Erwachen unbeschadet entgegensehen kann. Niemand sollte ohne klare Anweisungen seitens eines kundigen Lehrers mit ihr experimentieren. Die damit verbundenen Gefahren sind durchaus echt und äußerst schwerwiegend. Einige sind rein physischer Natur. Die unbeherrschten Bewegungen der Schlangenkraft verursachen oft heftige körperliche Schmerzen, können das Gewebe zerreißen und manchmal sogar das irdische Leben auslöschen. Selbst die höheren Körper mögen dauerhaften Schaden davontragen.

Es kommt häufig vor, dass die Kundalini, wenn sie vorzeitig erweckt wird, nach unten, in die niederen Körperzentren, anstatt nach oben drängt, was sich dahingehend auswirkt, dass sich höchst unerwünschte Leidenschaften regen, die so stark werden, dass der Mensch sich ihrer nicht zu erwehren vermag. In den Fängen einer solchen Kraft ist er hilflos. Solche Menschen werden zu Satyrn, Ungeheuern der Verderbtheit, die einer Kraft ausgesetzt sind, die jedes Maß menschlicher Widerstandskraft übersteigt. Möglicherweise erlangen sie übersinnliche Kräfte, die sie aber nur mit einem niederen Bereich der Evolution in Berührung bringen, mit der die Menschheit ihrer Bestimmung nach keinen Umgang pflegen sollte. Sich aus dieser Sklaverei zu befreien, mag erst nach mehr als einer Inkarnation gelingen.

Es gibt eine Schule der Schwarzen Magie, die sich dieser Kraft für derartige Zwecke mit Absicht bedient. Diese niederen Kraftzentren werden jedoch von denen, die dem Gesetz des Guten folgen, immer streng gemieden. Die vorzeitige Entfaltung der Kundalini verstärkt alles in der Natur des Menschen und erfasst die niederen und schlechten Eigenschaften leichter als die guten. So mag sie im Mentalkörper sehr rasch den Ehrgeiz wecken und ihn grenzenlos wachsen lassen. Sie kann die Kräfte des Intellekts steigern, gleichzeitig aber auch abnormalen satanischen Stolz in einer Weise hervorrufen, die dem Durchschnittsmenschen unvorstellbar ist. Sollte die Kundalini in einem Menschen aufbrechen, der sich nicht damit auskennt, wäre es ratsam, dass dieser unverzüglich eine Person um Rat fragt, die diese Dinge von Grund auf versteht.

Die Erweckung der Kundalini – die Methode ist nicht allgemein bekannt – und der Versuch, diese Kraft durch die einzelnen Chakras zu leiten – deren Reihenfolge ebenfalls absichtlich verschwiegen wird – sollte niemals ohne die ausdrückliche Anweisung eines Meisters geschehen, der seinen Schüler während der einzelnen Stufen sorgfältig überwacht. Erfahrene Esoteriker warnen ernsthaft davor, die Kundalini ohne kundige Anleitung in irgendeiner Weise erwecken zu wollen. In der Hatha-Yoga-Pradîpikâ heißt es: »Sie schafft Befreiung dem Yogi und Knechtschaft dem Toren.«

Es kann geschehen, dass die Kundalini spontan erwacht, was als dumpfes Glühen verspürt wird. In seltenen Fällen kann sie sich sogar in Bewegung setzen. Dies könnte zu starken Schmerzen führen, doch da die Durchgangswege noch nicht dafür bereit sind, muss eine große Menge ätherischer Unreinheiten verbrennen, ein Vorgang, der zwangsläufig Schmerzen verursacht. Die Kraft flutet dann gewöhnlich im Innern des Rückgrats empor, anstatt ihren spiralenförmigen Verlauf zu nehmen, den der geschulte Esoteriker zu leiten versteht. Wenn möglich, sollte dieser Aufwärtsbewegung willentlich Einhalt geboten werden. Da dies wahrscheinlich fehlschlägt, wird die Kraft wohl durch den Kopf in die umgebende Atmosphäre austreten. Außer einer kleinen Schwäche wird kaum ein Schaden dadurch entstehen. Es kann sich auch eine vorübergehende Ohnmacht einstellen. Die wirklich ernsthaften Gefahren entstehen allerdings nicht durch das Aufwärtsdrängen, sondern wenn sich die Kraft nach unten und innen wendet.

Die wichtigste Aufgabe der Kundalini in der geistigen Entwicklung besteht darin, die Kraftzentren des Ätherkörpers zu durchfluten und zu beleben und sie als Verbindungstore zwischen dem physischen und astralen Körper verfügbar zu machen. Die »Stimme der Stille« lehrt, dass das Schlangenfeuer, sobald es das Zentrum zwischen den Augenbrauen erreicht und belebt hat, die Fähigkeit verleiht, die Stimme des Meisters zu hören, das heißt, die Stimme des Egos oder des höheren Selbst. Die Erklärung liegt darin begründet, dass die aktive Hypophyse ein vollkommenes Verbindungsglied zwischen dem astralen und physischen Bewusstsein bildet.

Hinzu kommt, dass die höheren Chakras zur gegebenen Zeit erweckt und für alle möglichen astralen Einflüsse aus den verschiedenen Unterebenen empfänglich gemacht werden müssen. Den meisten Menschen gelingt dies nicht in der gegenwärtigen Inkarnation, falls sie sich zum ersten Mal ernsthaft mit der Materie beschäftigen. Einige Inder mögen erfolgreich sein, da ihre Körper von Natur aus anpassungsfähiger sind. Den meisten Menschen aber steht diese Arbeit in einer späteren Entwicklungsperiode bevor.

Die Bezwingung der Kundalini muss in jeder Inkarnation erneut vorgenommen werden, da die Körper jedesmal neu sind, doch wenn es erst einmal gelungen ist, werden diese Wiederholungen leicht durchzuführen sein. Das Erscheinungsbild hängt vom Menschentyp ab. Einige werden das höhere Selbst eher sehen, als seine Stimme zu vernehmen. Die Verbindung zum Höheren umfasst mehrere Stufen. Für die Persönlichkeit bedeutet sie die Einflussnahme des Ego. Für das Ego selbst aber bedeutet es die Kraft der Monade, und für die Monade heißt es, ein bewusster Ausdruck des Logos zu werden.

Das Alter scheint sich auf die Entfaltung der Chakras durch die Kundalini nicht auszuwirken, doch die Gesundheit spielt im Hinblick auf die damit einhergehende Belastung eine wesentliche Rolle.

Ein uraltes Symbol ist der Thyrsus, ein von einem Pinienzapfen gekrönter Stab. In Indien findet man ein ähnliches Symbol, doch anstelle des Stabes steht ein Bambusstock mit sieben Knoten. In einer gewissen Abwandlung dieses Geheimnisses verwendet man einen hohlen Eisenstab, der angeblich Feuer enthalten sollte, anstatt des Thyrsus. Der Stab oder Stock mit sieben Knoten stellt die Wirbelsäule mit den sieben Chakras dar. Bei dem verborgenen Feuer handelt es sich natürlich um die Kundalini. Der Thyrsus war nicht nur ein Symbol, sondern auch ein Gebrauchsgegenstand. Die Eingeweihten bedienten sich dieses starken Magneten, um den Astralkörper vom physischen zu befreien, wenn sie in vollem Bewusstsein in dieses höhere Leben wechselten. Der Priester, der den Stab magnetisiert hatte, legte ihn an die Wirbelsäule des Kandidaten und übertrug diesem in gewisser Weise etwas von seinem eigenen Magnetismus, um ihn bei diesem schwierigen Leben und den bevorstehenden Anstrengungen zu unterstützen.

KAPITEL 7

Gedankenformen

Die so genannten Gedankenformen entstehen hauptsächlich im Mental- und Astralkörper. Die Bezeichnung ist nicht ganz zutreffend, da die geschaffenen Formen aus Mentalsubstanz oder aus einem Zusammenspiel von astraler und mentaler Materie bestehen können.

Obwohl in diesem Buch in erster Linie vom Astralkörper die Rede sein soll, muss bei den Gedankenformen der mentale Aspekt mit einbezogen werden. Aus diesem Grunde wird es erforderlich sein, auf beide Bereiche einzugehen.

Ein rein intellektueller und unpersönlicher Gedanke, der sich etwa mit Algebra oder Geometrie befasst, beschränkt sich auf die Mentalsubstanz. Haftet diesem Gedanken jedoch ein selbstsüchtiger oder persönlicher Wunsch an, wird er außerdem astrale Materie anziehen und sich damit umgeben. Handelt es sich um einen Gedanken geistiger Natur, vermischt mit Liebe und geistigem Streben oder einem tiefen, selbstlosen Gefühl, dann mag etwas von dem Glanz und der Herrlichkeit der buddhischen Ebene in ihn hineinfließen. Jeder ausgeprägte Gedanke bringt eine doppelte Wirkung hervor, eine leuchtende Schwingung und eine schwebende Form.

Die im Mentalkörper erzeugte und von ihm ausgehende Schwingung wird von einem Farbenspiel begleitet, das man mit der vom Sonnenlicht getroffenen Gischt eines Wasserfalls verglichen hat, die sich in lebendiger Zartheit erhebt.

Diese Schwingung neigt dazu, ihre eigene Wellenbewegung in irgendeinem Mentalkörper, auf den sie stößt, zu wiederholen und Gedanken derselben Art wachzurufen wie die, aus denen sie ursprünglich hervorging. Die strahlende Schwingung trägt nicht den Gegenstand des Gedankens, sondern dessen Eigenschaft. Wenn ein Hindu in tiefer Anbetung versunken vor Shri Krishna sitzt, dann regen die Gefühlswellen, die von ihm ausgehen, alle, die unter ihren Einfluss kommen, zu frommen Gefühlen an, die sich nicht auf Shri Krishna beziehen müssen, sondern bei einem Christen auf den Christus, einem Buddhisten auf den Buddha und so fort ausgerichtet sein mögen.

Die Schwingungskraft, die solche Wirkungen hervorbringt, hängt in erster Linie von der Klarheit und Genauigkeit der Gedanken-Emotion, aber auch von ihrer Stärke ab. Diese strahlenden Schwingungen verlieren an Wirksamkeit, je weiter sie sich von ihrem Ursprung entfernen. Wahrscheinlich steht die Veränderung wegen der noch in Rechnung zu ziehenden (vierten) Dimension im Verhältnis zur dritten Potenz und nicht zum Quadrat ihrer Entfernung (wie bei der Schwerkraft und anderen physischen Kräften).

Die Entfernung, bis zu der eine Gedankenwelle wirkungsvoll ausstrahlen kann, hängt ebenfalls vom Widerstand ab, auf den sie stößt. Nieder astrale Wellen werden gewöhnlich rasch abgelenkt oder von einer Flut anderer Schwingungen derselben Stufe überwältigt, vergleichbar mit einem leisen Ton, der im Lärm der Großstadt untergeht.

Die zweite Wirkung, die der schwebenden Form, entsteht dadurch, dass der Mentalkörper einen vibrierenden Teil seiner selbst abstößt, der vom Charakter des Gedankens gestaltet wurde und der sich mit Materie umgibt, die dem Feinheitsgrad der umliegenden Elementaressenz der Mentalebene entspricht. Diese Gedankenform ist rein und einfach, da sie nur aus Mentalsubstanz besteht.

Ist diese sehr fein, besitzt die Form eine große Kraft und Energie und kann von einem starken und festen Willen gezielt eingesetzt werden.

Wenn der Mensch seine Energie auf äußere Wunschobjekte richtet oder sie sich in Leidenschaften und Gemütserregungen auswirkt, findet ein ähnlicher Vorgang im Astralkörper statt. Er stößt einen Teil seiner selbst ab, der sich mit der Elementaressenz der Astralebene umgibt. Solche Wunschgedankenformen werden durch die Tätigkeit des *Kâma-Manas* hervorgerufen, des Ichs unter der Herrschaft der Tiernatur; *Manas* beherrscht vom *Kâma*.

Der Körper einer solchen Gedankenform besteht aus der Elementaressenz, ihre belebende Seelenkraft aus dem Wunsch oder der Leidenschaft, die sie hervorgebracht hat. Sowohl die Wunsch- als auch die rein mentalen Gedankenformen bezeichnet man als künstliche Elementale. Die Mehrzahl der üblichen Gedankenformen gehören dem ersten Typ an, da die meisten Gedanken des Durchschnittsmenschen von Wunsch, Leidenschaft oder Gefühl gefärbt sind.

Die mentale wie die astrale Elementaressenz verfügt über ein halb intelligentes Eigenleben und reagiert sehr rasch auf den Einfluss menschlicher Gedanken und Wünsche. Aus diesem Grunde kleidet sich jeder Impuls, der vom Mental- oder Astralkörper des Menschen ausgeht, sofort in eine zeitweilige Hülle aus Elementaressenz. Auf diese Weise werden die künstlichen Elementale eine Zeit lang lebendige Schöpfungen, aktive Wesen, beseelt von der einen Gedankenkraft, die sie hervorrief. Das ungeübte Auge eines Hellsehers hält sie oft für wirkliche Wesen.

Denkt jemand an eine ganz bestimmte Sache – ein Buch, ein Haus oder eine Landschaft, erschafft er in der Materie seines Mentalkörper ein winziges Bild des Objekts. Dieses Bild gleitet in die obere Region dieses Körpers, gewöhnlich in Augenhöhe vor sein Gesicht. Dort verweilt es so lange, wie der Mensch darüber nachsinnt, gewöhnlich auch länger, was von der Kraft und Klarheit des Gedankens abhängt. Die Form ist recht objektiv und kann von jemandem mit mentalem Blick wahrgenommen werden. Richtet sich der Gedanke des Menschen auf eine andere Person, erschafft er in gleicher Weise ein winziges Bildnis.

Die Gedankenform hat man mit einer Leydener Flasche (einem mit Elektrizität aufgeladenen Gefäß) verglichen. Die Hülle der lebendigen Essenz stellt die Batterie und die Gedankenkraft die aufgespeicherte Energie dar. Ebenso wie eine Leydener Flasche ihre Elektrizität an den Gegenstand, mit dem sie in Berührung kommt, weitergibt, entlädt ein künstliches Elemental seine mentale oder astrale Energie in den Mental- oder Astralkörper, auf den es trifft.

Drei allgemeine Grundsätze liegen der Entstehung aller Gedankenformen zugrunde:

1) Die Beschaffenheit des Gedankens oder Gefühls bestimmt seine Farbe.
2) Die Natur des Gedankens bestimmt seine Form.
3) Die Bestimmtheit des Gedankens ist die Ursache der Schärfe seiner Umrisse.

Die Lebensdauer eines Gedankens hängt einerseits ab von seiner ursprünglichen Kraft, andererseits davon, wie stark er genährt wird, indem der Urheber oder andere ihn wiederholen. Das Brüten über einen Gedanken ruft eine stabile Form hervor, da sein Leben durch die ständige Wiederholung fortlaufend gestärkt wird. Gleiche Gedanken ziehen sich gegenseitig an, verstärken sich und bilden eine kraftvolle Form.

Außerdem scheint eine solche Gedankenform den instinktiven Wunsch zu besitzen, ihr Leben zu verlängern. Sie wirkt auf ihren Urheber ein und versucht, das Gefühl, durch das sie geschaffen wurde, in ihm zu erneuern. In vergleichbarer Weise wird sie auf jeden anderen, mit dem sie in Berührung kommt, einwirken.

Die Farben, in denen sich die Gedankenformen zum Ausdruck bringen, stimmen mit den Farben der Aura überein.

Die Strahlkraft und Tiefe der Farben ist gewöhnlich ein Maßstab für die Kraft und Intensität des Gefühls.

Die Gedankenformen lassen sich in drei Klassen einteilen: (1) solche, die das Bild des Denkers annehmen; (2) die mit einer anderen Person verbunden sind; (3) die ihre eigene Form annehmen.

Richtet sich der Gedanke des Menschen auf ihn selbst oder beruht auf einem persönlichen Empfinden, wie es bei der überwiegenden Mehrheit der Gedanken der Fall ist, dann schweben die so erzeugten Gedankenformen um ihren Urheber. Wenn dieser sich in einem passiven Zustand befindet und seine Gedanken und Gefühle nicht in Anspruch genommen sind, kehrt seine eigene Gedankenform zu ihm zurück und wirkt auf ihn ein. Hinzu kommt, dass jeder Mensch wie ein Magnet ähnliche Gedanken anzieht und so von außen her ihre Energie verstärkt. Eine empfängliche Person wird sie wahrnehmen und vielleicht meinen, sie werde vom »Bösen« versucht. In Wirklichkeit aber sind ihre eigenen Gedanken die Ursache für die »Versuchung«. Anhaltendes Brüten über dasselbe Thema mag eine Gedankenform von gewaltiger Kraft hervorbringen. Ein solches Gebilde kann jahrelang bestehen bleiben und eine Zeit lang das Aussehen und die Kräfte eines tatsächlich lebendigen Wesens besitzen. Die meisten Menschen wandern durch ihr Leben, buchstäblich eingeschlossen in einem selbst geschaffenen Käfig, umgeben von einer wogenden Flut selbst erzeugter Gedanken. Durch sie blickt der Mensch in die Welt, und alles, was er anschaut, ist von seinen Gedankenrichtungen gefärbt.

Die eigenen Gedankenformen eines Menschen wirken auf ihn ein, wiederholen sich und bilden bestimmte Gedanken- und Gefühlsgewohnheiten, die durchaus hilfreich sein können, wenn sie höherer Natur sind. Oft aber engen sie ein und schaffen ein Hindernis für Wachstum, indem sie den mentalen Blick verschleiern und der Entstehung von Vorurteilen und festgefahrenen Ansichten, die in bestimmte Laster ausarten können, Vorschub leisten.

Ein Meister schrieb: »Der Mensch bevölkert seinen augenblicklichen Raum beständig mit seiner eigenen Welt, erfüllt von den Früchten seiner Phantasie und Wünsche, seinen plötzlichen

Regungen und Leidenschaften.« Diese Gedankenformen bleiben in seiner Aura, nehmen an Zahl und Intensität zu, bis gewisse Arten das mentale und emotionale Leben in einer Weise beherrschen, dass der Mensch eher auf ihre Impulse reagiert als eine neue Entscheidung trifft. So entstehen Angewohnheiten, die äußere Ausdrucksform seiner aufgespeicherten Kraft, und so bildet sich der Charakter.

Da jeder Mensch einen Strom von Gedankenformen hinter sich herzieht, bewegen wir uns in einem Meer von Gedanken anderer Leute, wenn wir eine Straße entlang gehen. Ist eine Person für eine Weile gedankenleer, durchgleiten sie diese Gedanken. Erregt einer von ihnen ihre Aufmerksamkeit, greift ihn der Verstand auf, eignet ihn sich an, verstärkt ihn und schleudert ihn wieder hinaus, so dass er auf jemanden anderen einwirkt. Für den Gedanken, der in ihn eindringt, ist der Mensch nicht verantwortlich, wohl aber dafür, dass er ihn aufgreift, sich mit ihm beschäftigt, ihn verstärkt und wieder aussendet.

In vielen Kirchen lassen sich formlose, tief blaue Wolken beobachten, die wie dichte Rauchringe über den Köpfen der Gemeinde schweben. Bei einer sehr geringen geistigen Haltung findet man Anhäufungen von Gedankenformen, die davon zeugen, dass die Männer sich mit Rechnungen und Spekulationen und die Frauen mit Modewaren, Schmuck und dergleichen beschäftigen.

Der Hypnotismus bietet ein weiteres Beispiel. Der Hypnotiseur schafft eine Gedankenform und projiziert sie auf ein leeres Blatt Papier, auf dem sie für die unter Hypnose stehende Person sichtbar wird; oder er gestaltet eine Form in einer Weise, dass sie diese als ein tatsächlich physisches Gebilde wahrnimmt und fühlt. In den Berichten über Hypnose finden sich zahlreiche derartige Beispiele.

Richtet sich die Gedankenform auf eine andere Person, wird sie dieser zustreben. Dies kann sich in zweierlei Weise auswirken. (1) Befindet sich in der Aura besagter Person Material gleicher

Art, das auf die Schwingung der Gedankenform reagiert, wird diese in der Nähe der Person oder sogar in ihrer Aura verweilen und sich im gegebenen Moment entladen, was zu einer Verstärkung dieser bestimmten Schwingungsrate in jener Person führt. Sollte diese beschäftigt oder bereits in anderen Gedankengängen verwickelt sein, vermag sich die Gedankenform nicht im Mentalkörper, der in einer anderen Frequenz schwingt, zu entladen. Sie verharrt daher so lange in seiner Nähe, bis er genügend zur Ruhe gekommen ist und ihr Eingang gewährt, um sich dann augenblicklich zu entladen.

Sie scheint dabei einen beachtlichen Grad an Intelligenz und Anpassungsfähigkeit zu entwickeln. In Wirklichkeit aber handelt es sich um eine Kraft, die den Weg des geringsten Widerstands nimmt, beharrlich in eine Richtung presst und jeden Kanal nutzt, den sie findet. Solche Elementale können natürlich durch Wiederholung desselben Gedankens verstärkt und ihre Lebensdauer verlängert werden.

(2) Gibt es in der Aura der betreffenden Person keine Materie, die zu reagieren vermag, kann sich die Gedankenform nicht auswirken. Sie prallt mit einer Kraft auf ihren Urheber zurück, die der Energie, mit der sie ausgesandt wurde, entspricht.

Das Verlangen nach Alkohol kann einem enthaltsamen Menschen nichts anhaben. Ein solcher Gedanke trifft auf seinen Astralkörper, vermag aber nicht in ihn einzudringen und kehrt zu seinem Urheber zurück.

Der alte Spruch: »So fallen Verwünschungen (und Segenswünsche) letztlich auf ihren Aussender zurück«, bringt diese Wahrheit zum Ausdruck. Böse Gedanken, die gegen edle und hochentwickelte Menschen gerichtet sind, können diesen nicht schaden. Sie fallen mit oft verheerenden Wirkungen auf ihren Urheber zurück. Darum sagt man, dass ein reines Herz und Gemüt die besten Beschützer gegen feindliche Angriffe sind.

Ein Gedanke der Liebe und des Schutzes, der stark auf eine geliebte Person gerichtet wird, besitzt eine abschirmende und schützende Wirkung. Er wird jede Gelegenheit suchen, zu dienen und zu verteidigen, freundlich gesinnte Kräfte, die die Aura berühren, zu verstärken und feindliche zu schwächen.

Freundliche Gedanken und aufrichtig gemeinte, gute Wünsche schaffen und erhalten auf diese Weise sozusagen einen »guten Schutzengel«, der diesem Menschen stets zur Seite steht, egal wo er sich gerade aufhält. Manches Gebet einer Mutter hat ihrem Kind geholfen und es beschützt. Solche Formen sind öfters von hellsichtigen Menschen gesehen worden; in seltenen Fällen können sie sich sogar materialisieren und physisch sichtbar werden.

Ein liebevoller Gedanke, der von einer Person zur anderen ausgesandt wird, überträgt nicht nur eine bestimmte Kraft, sondern auch ein gewisses Maß an Materie.

Ist er stark genug, spielt die Entfernung keine Rolle. Ein schwacher, verschwommener Gedanke wirkt sich nur innerhalb eines begrenzten Bereiches aus.

Wenn ein Mensch sich an irgendeinen entfernten Ort hindenkt, enthält die geschaffene Form eine größere Menge Mentalstoff. Sie nimmt das Bild des Denkers an und ist zunächst klein und zusammengepresst. Sie zieht eine beträchtliche Menge Astralsubstanz an und dehnt sich gewöhnlich bis zur Lebensgröße aus, bevor sie an ihrem Bestimmungsort erscheint. Solche Formen sind oft wahrgenommen und bisweilen für die Astralkörper oder für Erscheinungen des Menschen selbst gehalten worden.

In einem solchen Fall muss der Gedanke oder Wunsch sehr stark sein, um sich folgendermaßen auswirken zu können: (1) um durch mesmerischen Einfluss das Bild des Denkers im Geist der Person, der er erscheinen möchte, hervorzurufen; (2) um mittels derselben Kraft die übersinnlichen Fähigkeiten dieser Person für den Moment anzuregen, so dass sie den astralen Besucher wahrzunehmen vermag; (3) um eine vorübergehende Materialisation zu bewirken, damit er physisch sichtbar wird.

Bei den Erscheinungen zum Zeitpunkt des Todes, die keineswegs unüblich sind, handelt es sich häufig tatsächlich um die Astralform des Sterbenden. Es können aber auch Gedankenformen sein, die sein tiefer Wunsch geschaffen hat, irgendeinen Freund zu sehen, bevor er stirbt. In einigen Fällen wird der Besucher anstatt vor, kurz nach dem Augenblick seines Todes wahrgenommen. Diese Form der Erscheinung tritt aus verschiedenen Gründen weitaus seltener auf.

Bei einem 'Familiengeist' mag es sich um (1) eine Gedankenform, (2) einen ungewöhnlich lebendigen Eindruck im Astrallicht oder (3) einen wirklichen, erdgebundenen Vorfahren handeln, der noch an einem bestimmten Ort herumgeistert.

In diesem Zusammenhang soll erwähnt werden, dass ein stark empfundenes Gefühl, wie Entsetzen, Schmerz, Trauer oder Hass, einen solch machtvollen Eindruck im Astrallicht hinterlässt, dass ein Mensch mit den geringsten übersinnlichen Fähigkeiten davon berührt werden kann. Eine momentane Erhöhung der Empfänglichkeit würde ihn die gesamte Szene erblicken lassen. Daher rühren die vielen Geschichten über Orte, an denen es spukt und die unangenehmen Einflüsse solcher Plätze wie Tyburn Tree, das Gruselkabinett der Madame Tussaud und dergleichen.

Erscheinungen an einem Ort des Verbrechens sind gewöhnlich Gedankenformen, hervorgerufen durch den Verbrecher, sei er tot oder lebendig, der ununterbrochen über die Umstände seiner Handlung nachdenkt. Da diese Gedanken am Jahrestag des Verbrechens in seinem Geist besonders stark wieder aufleben, kann es geschehen, dass die Gedankenform stark genug wird, um sich zu materialisieren und somit dem physischen Auge sichtbar ist. Dieser Umstand erklärt die zahlreichen Fälle, in denen die Materialisation periodisch auftritt.

Ähnlich verhält es sich mit einem Schmuckstück, das die Ursache für viele Verbrechen gewesen ist. Es kann die Eindrücke der Leidenschaften, die zu solchen Verbrechen führten, Jahrtausende mit unverminderter Klarheit bewahren und sie weiterhin ausstrahlen.

Ein Gedanke von ungeheurer Energie und Konzentration, sei es ein Fluch oder ein Segenswunsch, ruft ein Elemental ins Leben, das einem lebendigen Akkumulator gleicht, dem eine Art Uhrwerk innewohnt. Er kann so eingestellt werden, dass es sich täglich zu einer festgesetzten Stunde, an einem bestimmten Jahrestag oder bei gewissen Begebenheiten entlädt. Vorkommnisse dieser Art sind vor allem aus dem schottischen Hochland bekannt, wo der Familie der Tod eines ihrer Mitglieder im Voraus angekündigt wird. Gewöhnlich handelt es sich dabei um die starke Gedankenform eines Vorfahren, der die Warnung entsprechend der Absicht, mit der sie aufgeladen wurde, übermittelt.

Ein genügend starker Wunsch – eine konzentrierte Anstrengung intensiver Liebe oder verschärften Hasses – erschafft ein für allemal ein solches Wesen; ein Wesen, das sich von seinem Urheber löst und die ihm übertragene Aufgabe ungeachtet seiner späteren Absichten oder Wünsche ausführt. Reue könnte sein Handeln ebenso wenig zurückrufen oder verhindern wie es dieser möglich wäre, einer abgeschossenen Kugel Einhalt zu gebieten. Seine Macht lässt sich nur in einem nennenswerten Ausmaß neutralisieren, wenn ihm Gedanken gegensätzlicher Absicht nachgesandt werden.

Gelegentlich wird ein solches Elemental, das sich weder bei seinem Objekt noch bei seinem Urheber entladen kann, eine Art wandernder Dämon und mag von Personen angezogen werden, die ähnliche Gefühle hegen. Wenn es über genügend Kraft verfügt, setzt es sich unter Umständen sogar in eine vorübergleitende Hülle fest, in der es mit seinen Kräften sparsamer umzugehen vermag. In dieser Form kann es sich durch ein Medium manifestieren und, einen wohlbekannten Freund vortäuschend, Einfluss über Leute gewinnen, die es ansonsten kaum berühren könnte.

Solche bewusst oder unbewusst geschaffenen Elementale, die als Dämonen umherziehen, trachten danach, ihre Lebensspanne zu verlängern, indem sie sich wie Vampire von der Lebenskraft der Menschen ernähren oder diese dazu anregen, ihnen Opfer darzubringen. Bei den unterentwickelten Völkern ist es ihnen vielfach gelungen, Anerkennung als Dorf- oder Familiengötter zu gewinnen. Die weniger unangenehmen Arten mögen sich mit Reisopfern zufrieden geben. Die unterste und ekelhafteste Sorte verlangt Blutopfer. Heutzutage gibt es beide Arten noch in Indien, die größte Anzahl jedoch in Afrika.

Von der Lebenskraft ihrer Anhänger oder der Nahrung aus den Opfergaben lebend, vermögen sie ihre Existenz um Jahre oder sogar Jahrhunderte zu verlängern. Gelegentlich bewirken sie kleinere Phänomene, um den Glauben und Eifer ihrer Anhänger anzuregen und zeigen sich in irgendeiner Form von ihrer unangenehmen Seite, wenn die Opfergaben ausbleiben.

Die Schwarzmagier aus Atlantis – die »Herren des dunklen Angesichts« – scheinen sich auf diese Art von künstlichen Elementalen spezialisiert zu haben, von denen sich einige angeblich bis zum heutigen Tag erhalten haben. Die furchtbare indische Göttin Kâli dürfte ein Überbleibsel dieser Art sein.

Bei der überwiegenden Mehrheit der Gedankenformen handelt es sich nur um Kopien oder Bilder von Leuten oder anderen materiellen Objekten. Sie entstehen im Mentalkörper, gleiten nach außen und schweben dann vor dem Menschen. Dieser Vorgang trifft auf alles zu, an das jemand denken mag: Personen, Häuser, Landschaften oder irgendetwas anderes.

Ein Maler gestaltet aus dem Stoff seines Mentalkörpers den Entwurf seines zukünftigen Gemäldes, sendet es in den Raum, bewahrt es vor seinem »geistigen Auge« und bildet es nach. Diese Gedanken- und Emotionsform bleibt bestehen und kann als das unsichtbare Gegenstück des Bildes betrachtet werden, das seine eigene Schwingung ausstrahlt und alle berührt, die in seinen Einflussbereich treten.

Ein Romanschriftsteller schafft in gleicher Weise Charakterbilder aus Mentalstoff und bewegt diese Figuren durch Einsatz seines Willens von einer Gruppierung in die andere, so dass der Plan seiner Geschichte sich tatsächlich vor ihm abspielt.

In einem solchen Fall mag sich Seltsames ereignen. Ein verspielter Naturgeist beseelt die Bilder und veranlasst sie, sich anders zu verhalten als der Autor es beabsichtigte. Häufiger noch geschieht es, dass irgendein verstorbener Schriftsteller, der sein Handwerk weiterhin liebt, die Gestalten umändert und Einfluss auf ihre Handlungsweise nimmt, um seine eigenen Ideen zu verwirklichen. Der eigentliche Schöpfer muss erkennen, dass der Gang der Geschichte in einer von dem ursprünglichen Plan abweichenden Form ausgeführt wird.

Wenn der ernsthafte Schüler seine Aufmerksamkeit uneingeschränkt auf die Lektüre eines Buches richtet, kann er mit der ursprünglichen Gedankenform, die die Vorstellung des Schriftstellers wiedergibt, in Berührung kommen. Über die Gedankenform mag sogar der Autor selbst erreicht werden, um weitere Informationen zu liefern oder Licht auf unklare Punkte zu werfen.

In der Astral- und Mentalwelt gibt es viele Rohentwürfe von bekannten Erzählungen. Gewöhnlich besitzt jede Nation ihre eigene Darstellung mit Figuren, die in der jeweiligen Landestracht gekleidet sind. Man findet hervorragende und lebensnahe Gedankenformen von Figuren wie Sherlock Holmes, Winnetou, Robinson Crusoe, den Gestalten Shakespeares und anderen.

Auf der Astralebene existiert tatsächlich eine Vielzahl von verhältnismäßig dauerhaften Gedankenformen, was häufig auf die Arbeit mehrerer Generationen zurückzuführen ist.

Viele von ihnen beziehen sich auf angeblich religiöse Geschehnisse, die von empfindsamen Menschen wahrgenommen wurden. So mancher echter Bericht stammt von ungeschulten Sehern und Seherinnen. Jedes historische Ereignis, über das eine große Anzahl von Leuten immer wieder nachdenkt und sich lebhaft vor Augen führt, existiert als eindeutige Gedankenform auf der Mentalebene. Jede damit verbundene starke Emotion bewirkt, dass sie sich auch in der Astralmaterie manifestiert und folglich von einem Hellseher wahrgenommen werden kann.

Das Gleiche gilt natürlich für Szenen und Situationen in der Dichtung oder im Drama.

Angesichts ihrer Zusammenballung lässt sich die ungeheure Wirkung dieser Gedankenformen oder künstlichen Elementale in Bezug auf National- oder Rassengefühle deutlich erkennen. Gedankenformen gleicher Natur neigen dazu, sich zu vereinigen und eine Art Kollektivwesen zu schaffen. Man betrachtet alles durch diese Atmosphäre, die auf jeden Gedanken wie ein Lichtbrechungskörper wirkt, und die eigenen Astralhüllen schwingen in Einklang mit ihr. Da die meisten Menschen von Natur aus lieber aufnehmen als selbst die Initiative ergreifen, handeln sie beinahe wie ein Tonband; sie nehmen die Gedanken und damit die nationale Stimmung auf und vertiefen sie fortwährend. Diese Tatsache erklärt die zahlreichen Phänomene des Massenbewusstseins (vgl. Kap. XXV).

Der Einfluss dieser Anhäufung von Gedankenformen nimmt noch weitreichendere Ausmaße an. Sind sie zerstörerisch, wirken sie vernichtend und rufen Verwüstungen auf physischer Ebene hervor. Sie verursachen »Unfälle«, Naturkatastrophen wie Stürme, Erdbeben und Fluten, oder sie führen zu Verbrechen, Krankheiten, sozialem Aufruhr und Kriegen.

Verstorbene und nicht zur menschlichen Rasse gehörige Wesen, wie mutwillige Naturgeister, besitzen die Möglichkeit, sich in diese Gedankenformen einzunisten und sie zu beleben. Der geschulte Seher muss lernen, die belebte Form von dem lebendigen Wesen und auffallende Wirklichkeiten der Astralwelt von den vorübergehenden Formen zu unterscheiden, in die sich diese kleiden.

In die dritte Klasse der Gedankenformen fallen jene, die nicht unmittelbar mit irgendeinem wirklichen Objekt in Verbindung stehen. Sie nehmen ihre eigene Form an und bringen die ihnen eigentümlichen Eigenschaften in der Materie, mit der sie sich umgeben, zum Ausdruck. Diese dritte Gruppe gewährt uns einen Einblick in die Formen, die der Mental- und Astralwelt eigen sind. Sie manifestieren sich fast ausnahmslos auf astraler Ebene, da die Mehrheit von ihnen sowohl Gedanken als auch Gefühle ausdrückt.

Eine solche Form gleitet ungebunden durch die Atmosphäre und strahlt unablässig Schwingungen aus, die denjenigen gleichen, die ihr Urheber anfänglich ausgesandt hat. Wenn sie auf keinen anderen Mentalkörper stößt, erschöpft sich die Ausstrahlung allmählich; die Form verliert ihren Energievorrat und zerfällt. Sollte es ihr aber gelingen, auf irgendeinen Mentalkörper in ihrem Umfeld zu treffen, baut sich eine Anziehung auf, und sie wird von dieser Mentalhülle aufgenommen.

Der Einfluss einer Gedankenform reicht nicht so weit wie der einer Gedankenschwingung, arbeitet aber sehr viel genauer. Die Gedankenschwingung erzeugt Gedanken, die dem ursprünglichen Gedanken ähneln, der sie ins Leben rief. Eine Gedankenform erzeugt denselben Gedanken. Ihre Ausstrahlung mag sich auf Tausende auswirken und Gedanken in ihnen wachrufen, die auf derselben Ebene liegen wie der Ausgangsgedanke, obwohl keiner von ihnen mit diesem identisch sein muss. Die Gedankenform vermag nur sehr wenige zu beeinflussen. In diesen seltenen Fällen wird sie die ursprüngliche Vorstellung haargenau wieder hervorbringen.

Der Schüler sei auf die Farbdarstellungen in dem Buch »Gedankenformen« von C.W. Leadbeater verwiesen. Bei vorliegendem Kapitel handelt es sich um eine knappe Zusammenfassung der in diesem Werk formulierten Grundsätze.

Verschwommene Gedanken oder Gefühle stellen sich als undeutliche Wolken dar. Sind sie eindeutig, bilden sie klar umrissene Formen. Eine Form tiefer Zuneigung, die auf einen besonderen Menschen gerichtet wird, gleicht einem Geschoss; ein Gedanke beschützender Liebe nimmt eine flügelartige Form an, aus deren gelbem Zentrum zwei rosafarbene Schwingen hervorgehen; ein Gedanke allumfassender Liebe wird zur rosaroten Sonne, die in alle Richtungen ausstrahlt.

Gedanken eigennütziger Gier nehmen gewöhnlich eine hakenförmige Gestalt an. In manchen Fällen scheinen sich die Haken tatsächlich um den begehrten Gegenstand zu krallen.

Grundsätzlich bewegt sich die Energie eines selbstsüchtigen Gedankens in einem engen Bogen und kehrt dadurch zwangsläufig auf ihre eigene Ebene zurück und verbraucht sich. Ist der Gedanke oder das Gefühl selbstlos, dann strömt seine Kraft in einem offenen Bogen hinaus und kehrt nicht mehr zurück, sondern dringt in die darüberliegende Ebene vor. Nur in dieser höheren Dimension ist es ihm möglich, genügend Raum zur Ausdehnung zu finden. Bei diesem Durchbruch hält ein solcher Gedanke oder ein Gefühl gleichsam eine Tür offen, die so groß wie sein eigener Durchmesser ist. So schafft er den erforderlichen Kanal, durch den sich die Kraft der höheren Ebene in die niedere ergießen kann, was im Falle des Gebets für den Denker und für andere wunderbare Wirkungen hervorzubringen vermag.

Diese Tatsache liegt dem höchsten und stärksten Aspekt des Glaubens an eine Antwort auf ein Gebet zugrunde. Auf höherer Ebene ist stets ein unendlicher Kraftstrom bereit, der darauf wartet auszuströmen, sobald sich ein Kanal öffnet. Ein Gedanke vollkommen selbstloser Hingabe schafft einen solchen Kanal, indem sein reinster und edelster Aspekt zum Logos selbst emporsteigt. Als Antwort ergießt sich die göttliche Kraft auf denjenigen, der den Kanal gebildet hat, stärkt und erhebt ihn und segnet das Umfeld. Der segensreiche Einfluss fließt in ein Kraftreservoir auf höherer Ebene, das dazu bestimmt ist, der Menschheit zu helfen. Diese Vermehrung geistiger Kraft findet in der katholischen Vorstellung von den überschüssigen guten Werken ihren Niederschlag. Die *Nirmânakâyas* sind besonders eng mit diesem großen Kraftreservoir verbunden.

Die Meditation über einen Meister stellt eine Verbindung zu ihm her, die von einem hellsichtigen Menschen als eine Art Lichtband wahrgenommen werden kann. Der Meister spürt die Bewegung dieses Bandes und antwortet mit einem Magnetstrom, der sich noch lange nach der Meditation auswirkt. Regelmäßiges Meditieren ist daher von größter Wichtigkeit.

Ein Gedanke tiefer, anhaltender Andacht mag eine Gestalt annehmen, die einer Blume gleicht; eine aufwärts steigende Andacht formt einen mit der Spitze nach oben weisenden Kegel.

Derartige Gedankenformen können unterschiedliche Gestalt annehmen und sind oft von ungewöhnlicher Schönheit. Charakteristisch sind die aufwärts schwingenden Blütenblätter, die wie himmelblaue Flammen aussehen. Vielleicht haben diese blütenähnlichen Formen der Andacht zu dem Brauch geführt, bei religiösen Zeremonien Blumen zu opfern.

Starke Neugier oder das Verlangen zu wissen, nimmt eine gelbe, schlangenartige Form an; ausbrechender Zorn oder Reizbarkeit zeigt sich in roten oder orangefarbenen Flecken; aufgestauter Ärger als scharfer roter Dolch; boshafte Eifersucht als bräunliche Schlange.

Menschen, die ihren Geist und ihre Emotionen gut beherrschen und zu meditieren verstehen, erzeugen klare, symmetrische Formen von großer Schönheit, die sich als bekannte geometrische Formen wie Dreiecke, zwei ineinandergreifende Dreiecke, fünfstrahlige Sterne, Sechsecke, Kreuze und so fort darstellen, was auf Gedankengänge kosmischer Natur oder eine Beschäftigung mit metaphysischen Konzepten hinweist.

Die vereinte Gedankenkraft einer Anzahl von Leuten ist stärker als die Summe der einzelnen Gedanken, was die Auswirkung deutlich macht.

Auch die Musik ruft Formen hervor, die genau genommen wohl nicht als Gedankenformen bezeichnet werden können – es sei denn, man betrachtet sie als das Ergebnis des Gedankens eines Komponisten, der sich durch die Kunst des Musikers über dessen Instrument zum Ausdruck bringt.

Diese Musikformen verändern sich entsprechend der Musikart, dem Instrument, auf dem sie gespielt werden und der Geschicklichkeit und dem Können des Musikers. Bei genauer

Ausführung wird das Musikstück immer dieselbe Form aufbauen, die sehr viel ausladender wird und eine andere Beschaffenheit aufweist, wenn sie anstatt auf einem Klavier von einer Orgel ertönt. Einen ähnlichen Strukturunterschied ruft das Violin- im Gegensatz zum Flötenspiel hervor, obwohl es sich um dieselbe Melodie handelt. Ein weiterer Unterschied zeigt sich zwischen der strahlend schönen und in ihrer Ausdruckskraft vollkommenen Form, die ein wahrer Künstler gestaltet und der eher schwachen und undeutlichen Form, die von einem hölzernen, mechanischen Spieler erzeugt wird.

Musikformen bleiben recht lange bestehen – mindestens ein bis zwei Stunden – und strahlen während dieser Zeit ebenso wie Gedankenformen ihre charakteristischen Schwingungen in alle Richtungen.

In Leadbeaters »Gedankenformen« werden drei Farbbeispiele von Musikformen gegeben, die sich durch die Musik von Mendelssohn, Gounod und Wagner aufbauen.

Die Formen verändern sich mit den Komponisten. Eine Ouvertüre von Wagner bildet ein wunderbares Ganzes, als habe er sie aus Flammenbergen aufgebaut. Eine der Fugen von Bach gestaltet sich in einer geordneten Form, kühn und doch sehr genau, zerklüftet aber symmetrisch, durchströmt von parallel verlaufenden Rinnsalen aus Silber und Gold oder Rubin, die die Wiederholung des Motivs wiedergeben. Mendelssohns »Lieder ohne Worte« gestaltet ein luftiges Gebäude, das einem Schloss aus Silberfiligran gleicht.

Diese von den Musikern hervorgerufenen Formen unterscheiden sich deutlich von den Gedankenformen des Komponisten, die oft jahrelang, sogar über die Jahrhunderte hin, erhalten bleiben, wenn er so weit verstanden und anerkannt wird, dass die Gedanken seiner Bewunderer die ursprüngliche Schöpfung verstärken. Das Epos eines Dichters oder die Gedanken eines Schriftstellers erschaffen ähnliche Bauwerke. Bisweilen kann man Scharen von Naturgeistern beobachten, die solche Musikformen bewundern und in den Wellen ihrer Ausstrahlungen baden.

Bei der Betrachtung der bildlichen Darstellung solcher Gedankenformen darf man nicht vergessen, dass es sich bei diesen um vierdimensionale Gegenstände handelt. Deshalb ist es fast unmöglich, sie mit Worten, die unserem dreidimensionalen Raumbegriff angehören, zu beschreiben, und noch schwieriger ist es, sie in zweidimensionalen Bildern auf dem Papier wiederzugeben. Wer sich mit der vierten Dimension beschäftigt hat, der weiß, dass sich höchstens ein Teil der vierdimensionalen Form darstellen lässt.

Bemerkenswert und sehr symbolhaft ist die Tatsache, dass viele Gedankenformen des höheren Typs pflanzen- und tierähnliche Gestalt annehmen. Dies führt zu der Annahme, dass die Naturkräfte in gleicher Weise arbeiten wie die der Gedanken und Emotionen. Da das gesamte Universum eine mächtige, durch den Logos ins Leben gerufene Gedankenform darstellt, mag es durchaus sein, dass winzige Teile davon den Gedankenformen geringerer Wesenheiten entstammen, die an derselben schöpferischen Arbeit beteiligt sind. Diese Vorstellung erinnert an den Hindu-Glauben, der von 330.000.000 Devas spricht.

Obwohl sich einige Gedankenformen aufgrund ihrer vielschichtigen und äußerst feinen Gestaltung menschlicher Darstellungskunst entziehen, kommt man ihnen mit Hilfe von technischen Mitteln sehr nahe. Der so genannte Harmonograph besteht aus einer Nadelspitze, die von der gemeinsamen Bewegung mehrerer Pendel beeinflusst und deren Bewegung von der Spitze auf eine entsprechende Oberfläche übertragen wird.

Andere, wenn auch einfachere Formen, ähneln den Sandfiguren, die von der Chladni`schen Tontafel oder dem Eidophon der Frau Watts Hughes (Die Eidophonen Klang-Figuren) hervorgebracht werden.

Tonleitern und eine Reihe von Akkorden bauen lassoartige Schleifen und Bögen auf; ein Chorgesang erzeugt eine

Perlenkette auf silbernem Melodienfaden; ein Glee oder ein mehrstimmiger Gesang bildet miteinander verflochtene Fäden von unterschiedlicher Farbe und Beschaffenheit. Eine Prozessionshymne baut eine Reihe von rechtwinkligen Formen auf, die an Kettenglieder oder Zugwaggons erinnern. Ein anglikanischer Gesang erzeugt funkelnde Bruchstücke, die sich stark von der leuchtenden Einheit gregorianischer Gesänge unterscheiden und den Wirkungen ähneln, die von den gesungenen Sanskrit-Versen ausgehen, die ein indischer Pandit vorträgt.

Militärmusik ruft einen langen Strom rhythmisch schwingender Formen hervor. Der diesen Wellenbewegungen zugrunde liegende gleichmäßig wiederholte Trommelschlag stärkt die Astralkörper der Soldaten. Der Einfluss solcher sich ständig wiederholenden, machtvollen Rhythmen ersetzt vorübergehend die Willenskraft, die durch Übermüdung erschöpft sein mag.

Ein Gewitter erzeugt ein flammendes Farbband; ein Donner gleicht einer explodierenden Bombe oder einer unregelmäßigen Kugel mit Eisenspitzen. Gegen das Ufer brandende Ozeanwellen rufen wellenförmige, parallel verlaufende Linien unterschiedlicher Färbung hervor, die sich bei Sturm zu Bergen auftürmen. Ein Wind, der durch die Blätter eines Waldes streift, überdeckt ihn mit einem funkelnden Netzwerk, das sich sanft auf- und ab bewegt.

Vogelgesang ruft geschwungene Lichtlinien und -bögen hervor, von den goldenen Kugeln des Glockenvogels bis zu der formlosen, grobfarbigen Masse der Schreie eines Papageis oder Aras. Auch das Brüllen eines Löwen wird in der höheren Materie sichtbar, was einige Wildtiere vielleicht sogar wahrnehmen können und sie noch furchtsamer werden lässt. Eine schnurrende Katze umgibt sich mit konzentrischen rosa Wolkenringen; ein bellender Hund schießt klar umrissene spitze Geschosse hinaus, die wie Gewehrkugeln aussehen, den Astralkörper von Menschen durchstoßen und diesen ernsthaft stören. Das dumpfe Bellen eines Bluthundes wirft Kugeln hinaus, die Fußbällen gleichen, langsamer in ihrer Bewegung und weniger schädlich sind. Diese Geschosse sind meistens von roter oder brauner Farbe, was von der Emotion und der Stimmlage des Tieres abhängt.

Das Muhen der Kühe ruft stumpfe, derbe Formen hervor, die Holzklötzen gleichen. Eine Schafherde erzeugt eine vieleckige und doch amorphe Wolke, die wie eine Staubwolke aussieht. Dem Gurren eines Taubenpaars entwinden sich anmutig gebogene Formen, die dem umgekehrten Buchstaben S ähneln.

Was die menschlichen Töne anbelangt, so schnellt ein Wutausbruch wie ein purpurroter Pfeil hinaus; ein Strom von dummem Geschwätz erzeugt ein verwickeltes Netz aus harten, braungrauen Metalllinien, die eine fast undurchdringliche Schranke gegen höhere oder schönere Gedanken und Gefühle bilden. Der Astralkörper einer geschwätzigen Person ist ein eindrucksvolles Schulbeispiel für die Torheit unnötigen, unnützen und unangenehmen Geredes.

Das Lachen eines Kindes perlt in rosafarbenen Bögen hervor; das schallende Gelächter einer geistlosen Person schießt wie eine formlose, gewöhnlich braun oder schmutzig grüne Masse heraus. Spott äußert sich in einem undeutlichen Geschoss von dumpfem Rot, voller braun-grüner Flecken und strotzend von scharfen Spitzen.

Das wiehernde Gelächter des Selbstbewussten gleicht in Form und Farbe einem sumpfigen Teich. Nervöses Kichern erzeugt ein seegrasähnliches Gewirr brauner und mattgelber Linien, die sich sehr schlecht auf den Astralkörper auswirken. Ein fröhliches, liebenswertes Lachen quillt in runden, goldenen und grünen Formen hervor. Ein sanftes, melodisches Pfeifen gleicht in seiner Wirkung einer kleinen Flöte, klingt aber schärfer und etwas metallischer. Unmelodisches Pfeifen sendet kleine, spitze und schmutzig braune Pfeile aus.

Nervosität und Hektik ruft in der Aura zitternde Schwingungen hervor, so dass weder ein Gedanke noch ein Gefühl hindurchgehen kann, ohne verzerrt zu werden. Selbst ein positiver Gedanke erzittert, was ihn praktisch neutralisiert. Einen Gedanken genau zu formulieren, ist wesentlich, doch es sollte nicht eilig und hastig, sondern in vollkommener Ruhe geschehen. Das scharfe Kreischen der Eisenbahn ruft ein viel stärkeres und durchdringenderes Geschoss hervor als das Bellen eines Hundes und wirkt auf die Astralhülle so wie ein Schwerthieb auf den physischen Körper. Eine Astralwunde heilt in wenigen Minuten, aber die Erschütterung des astralen Organismus verklingt keineswegs so rasch.

Das Abfeuern einer Kanone bringt ernsthafte Folgen für die astralen Schwingungen und den Astralkörper mit sich. Gewehr- oder Pistolenschüsse werfen einen Strom kleiner Nadeln hinaus.

Sich wiederholende Geräusche wirken auf den Mental- und Astralkörper wie Schläge auf den physischen Körper. Letzterer reagiert mit Schmerz; im Astralkörper schlagen sie sich als Nervosität nieder, den Mentalkörper erfasst ein Gefühl der Müdigkeit, und die Fähigkeit, klar zu denken, wird geschwächt.

Es leuchtet durchaus ein, dass alle lauten, scharfen oder plötzlichen Geräusche von jedem, der die Ausgeglichenheit seiner astralen und mentalen Hülle wünscht, möglichst vermieden werden sollten. Besonders verheerend wirkt sich der unaufhörlich dröhnende Lärm der Großstadt auf den formbaren Astral- und Mentalkörper von Kindern aus.

Alle Klänge der Natur verschmelzen zu einem einzigen Ton, den die Chinesen den »erhabenen Klang« oder *Kung* nennen. Auch er besitzt seine Form, eine Synthese aller Formen, riesig und wandelbar wie das Meer, die Note der Erde, die in der Sphärenmusik erklingt. Man spricht in diesem Zusammenhang auch von der Note »F« unserer Tonleiter.

Es ist möglich, eine Gedankenform zu zerstören, was manchmal geschieht, wenn jemand nach seinem Tode von einer bösartigen Gedankenform verfolgt wird, die wahrscheinlich durch den Hass jener erzeugt wurde, die er verletzte, als er noch auf physischer Ebene weilte. Obwohl eine solche Gedankenform fast wie ein lebendiges Wesen aussehen mag – in einem Falle glich sie einem riesigen, verzerrten Gorilla – handelt es sich lediglich um eine vorübergehende Schöpfung böswilliger Leidenschaft und keineswegs um ein sich entwickelndes Wesen. Sie aufzulösen, gleicht dem Zerstören einer Leydener Flasche.

Die meisten Menschen erkennen, dass es falsch ist, andere zu verletzen, den wenigsten aber wird bewusst, dass es ebenso falsch ist, eifersüchtig zu sein, zu hassen, ehrgeizig zu sein und so fort, obwohl solche Gefühle sich weder in Worten noch Taten äußern. Eine Untersuchung der Lebensumstände nach dem Tode (Kap. XIII-XV) zeigt, dass derartige Gefühle dem Menschen, der sie hortet, schaden und ihm nach seinem Tode heftige Schmerzen bereiten.

Die eingehende Betrachtung der Gedankenformen führt dem ernsthaften Schüler die ungeheuren Möglichkeiten solcher Schöpfungen vor Augen sowie die damit verbundene Verantwortung des richtigen Gebrauchs. Gedanken sind nicht nur Dinge, es sind außerordentlich gewaltige Dinge. Jeder erzeugt sie ununterbrochen bei Tag und Nacht. Auf der physischen Ebene mag es manchmal nicht möglich sein, jemandem in Not zu helfen, es gibt aber keinen Fall, in dem die Gedankenkraft versagt hätte. Niemand sollte zögern, sich dieser Macht voll zu bedienen, vorausgesetzt sie dient selbstlosen Zwecken und der Unterstützung des göttlichen Evolutionsplans.

KAPITEL 8

Physisches Leben

Den in Kapitel zwei gegebenen Überblick hinsichtlich Zusammensetzung und Aufbau des Astralkörpers wollen wir nun vertiefen und uns eingehender mit seiner Daseinsform und seinem Gebrauch während des üblichen Wachbewusstseins des physischen Körpers beschäftigen.

Die Faktoren, die die Beschaffenheit und Eigenart der Astralhülle im Laufe des irdischen Lebens bestimmen, können etwa folgendermaßen eingeordnet werden:

1. Das physische Leben
2. Das emotionale Leben
3. Das mentale Leben

1. *Das physische Leben* – Wie bereits erwähnt, besitzt jedes physische Teilchen sein astrales »Gegenstück«. Folglich wird die Art der Astralhülle dem jeweiligen Feinheitsgrad der festen, flüssigen, gasförmigen oder ätherischen Anteile der Materie entsprechen. Ein mit unreiner Nahrung ernährter Körper wird einen entsprechend unreinen Astralkörper hervorbringen. Wird ihm jedoch reine Nahrung zugeführt, trägt er dazu bei, diesen zu läutern.

Als Träger der Emotionen, Leidenschaften und Empfindungen ist ein grober Astralkörper hauptsächlich gröberen Wünschen und Emotionen unterworfen, während der verfeinerte Typus eher in Einklang mit edlen Gefühlen und Bestrebungen schwingt.

Es ist unmöglich, bei einem groben physischen Körper den Mental- und Astralkörper auf höhere Zwecke auszurichten;

andererseits kann eine reine Physis, keine unreine Mental- und Astralhülle besitzen. Alle drei Körper stehen in gegenseitiger Wechselbeziehung.

Nicht nur der physische, sondern auch die höheren Körper werden von der Nahrung, die wir zu uns nehmen, beeinflusst. Der Genuss von Fleisch vereitelt wahre geistige Entwicklung. Diejenigen, die dazu übergehen, blockieren ihren Pfad mit unnötigen Schwierigkeiten, da der Fleischgenuss alle unerwünschten Elemente und Neigungen der niederen Ebenen verstärkt.

In den antiken Mysterien gab es Menschen von höchster Reinheit – es waren ausnahmslos Vegetarier. Der Râja-Yogi gibt sich alle Mühe, seinen physischen Körper mittels einer wohl durchdachten Anordnung von Nahrung, Flüssigkeit, Schlaf und so fort zu reinigen und wählt ausschließlich Nahrungsmittel, die *sâttvisch* oder förderlich sind. Ein ganzes Lehrgebäude in Bezug auf die Ernährung soll dazu dienen, den Körper darauf vorzubereiten, auf höherer Bewusstseinsebene eingesetzt werden zu können. Fleischnahrung fällt in den Bereich von *Rajâs*, der Aktivität, sie regt also an und bringt tierisches Begehren und Verlangen zum Ausdruck. Für einen feineren Nervenaufbau ist sie völlig ungeeignet. Höheren Gedankenprozessen zuliebe, kann sich der Yogi keine tierischen Regungen leisten.

Verwesende Nahrungsmittel, wie Wildbret und dergleichen, aber auch Alkohol, sind *tamâsisch* oder schwer und sollten ebenfalls vermieden werden.

Wachsende Nahrungsmittel, wie Getreide und Früchte, sind *sâttvisch,* verfügen über die meiste Lebenskraft und eignen sich dazu, einen empfindsamen und gleichzeitig kräftigen Körper aufzubauen.

Auch gewisse andere Stoffe beeinträchtigen den physischen und astralen Körper. Tabak tränkt die Physis mit unreinen Teilchen und ruft dadurch eine materielle Ausstrahlung hervor, die sogar der Geruchssinn wahrnehmen kann. Auf astraler Ebene schleust der Tabak nicht nur Unreinheit ein, sondern tötet vielfach die

Empfindsamkeit des Körpers ab, die so genannte »Beruhigung der Nerven«. In der heutigen Zeit mag dies zwar manchmal harmloser sein, als die »Nerven nicht zu beruhigen«, für den geistig Strebenden aber eignet es sich nicht. Er muss fähig sein, spontan auf alle möglichen Schwingungen zu reagieren und sie vollkommen zu beherrschen.

Alkohol besitzt zweifellos eine ähnlich üble Wirkung auf den Astral- und Mentalkörper.

Mit Fleisch und Alkohol gefütterte Körper laufen Gefahr, krank zu werden. Nervenkrankheiten sind teilweise darauf zurückzuführen, dass das menschliche Bewusstsein versucht, sich durch von Fleischprodukten verstopfte und alkoholvergiftete Körper zum Ausdruck zu bringen. Besonders die Hypophyse kann bereits von einer geringen Alkoholmenge vergiftet werden, was zu anormalen und vernunftwidrigen Vorstellungen führt, die im Zusammenhang mit dem *Delirium tremens* stehen.

Abgesehen von der unmittelbaren Vergröberung des physischen und astralen Körpers, können Fleisch, Tabak und Alkohol unerwünschte Astralwesen anziehen, die sich an dem Dunst von Blut und Alkohol ergötzen. Sie drängen sich um die Person, zwingen ihr ihre Gedanken auf und beeinflussen ihren Astralkörper, so dass eine Art Hülle widerlicher Wesen an ihrer Aura klebt. Aus diesem Grunde sind im ernsthaften Yoga Fleisch und Alkohol streng untersagt.

Diese Wesen bestehen aus künstlichen Elementalen, die der Mensch durch seine Wünsche und Gedanken ins Leben gerufen hat, aber auch aus verderbten, in ihren Astralleibern gefangenen Menschen, den so genannten Elementaren. Die Elementale fühlen sich zu Leuten hingezogen, deren Astralkörper ihrem Wesen entsprechende Substanz enthält, wohingegen die Elementare danach trachten, Lastern zu frönen, die sie selbst während ihres irdischen Daseins gefördert haben.

Fast alle Drogen – Opium, Kokain, Thein im Tee, Koffein im Kaffee – wirken sich schädlich auf die höheren Träger aus. Bei gewissen Krankheiten sind sie zwar unentbehrlich, der geistig Strebende sollte sie aber möglichst meiden.

Jemand, der sich darauf versteht, vermag die negativen Auswirkungen des Opiums (das vielleicht als Schmerzmittel eingenommen wurde) aus dem Astral- und Mentalkörper zu entfernen, sobald es seine Aufgabe im physischen Körper erfüllt hat.

Schmutz besitzt in den höheren Trägern eine noch unangenehmere Wirkung als im physischen Körper und zieht niedere Naturgeister an. Der Schüler auf dem Pfad sollte daher auf strengste Sauberkeit achten. Besondere Aufmerksamkeit muss den Händen und Füßen gezollt werden, da aus ihnen die Emanationen sehr leicht austreten.

Physischer Lärm, wie er in der Großstadt herrscht, zehrt an den Nerven und führt zu Reizbarkeit und Erschöpfung. Die vielen unterschiedlich schwingenden, durch Nichtigkeit in Aufruhr versetzten Astralkörper verstärken den Druck. Auch wenn der Reiz nur oberflächlicher Natur ist, hallt seine Wirkung noch achtundvierzig Stunden nach. Bei einem Leben in der Stadt lassen sich derartige Reize kaum vermeiden. Empfindsame Menschen sind besonders stark betroffen.

Auch Reisen wirken sich auf den Astralkörper aus, da der Reisende dem Wechsel der ätherischen und astralen Einflüsse der einzelnen Orte und Gegenden ausgesetzt ist. Meer, Gebirge, Wald, Wasserfall, sie alle besitzen im astralen, mentalen und sichtbaren Bereich ihr eigenes Leben und somit auch ihre besondere Wirkungsweise. Viele dieser unsichtbaren Wesen strahlen Lebenskraft aus, was sich auf lange Sicht für alle Körper wahrscheinlich als sehr gesund und wünschenswert erweist, obwohl der Wechsel bisweilen recht ermüdend sein kann. Daher wirkt sich eine gelegentliche Reise aus der Großstadt aufs Land physisch und psychisch sehr positiv aus.

Talismane beeinflussen ebenfalls den Astralkörper. Ihre Herstellungsweise wurde bereits im *Ätherkörper* beschrieben.

An dieser Stelle soll nur auf ihre allgemeine Wirkungsweise eingegangen werden.

Wenn ein Gegenstand von einer fachkundigen Person für einen bestimmten Zweck magnetisiert worden ist, wird er zum Talisman. Ist dies in der richtigen Weise geschehen, strahlt er den Magnetismus in unverminderter Stärke jahrelang aus.

Die Zweckbestimmung kann vielfältiger Art sein. Vielleicht wurde der Talisman mit Gedanken der Reinheit aufgeladen, die sich als ganz bestimmte Frequenzen in der Astral- und Mentalsubstanz äußern. Da sie das genaue Gegenteil von unreinen Gedanken darstellen, werden sie diese, sobald sie auftauchen, zu neutralisieren oder zu bewältigen suchen. In vielen Fällen wird ein solcher Gedanke rein zufällig aufgefangen und besitzt daher keine große Kraft. Der Talisman aber wurde willentlich und stark aufgeladen, so dass bei der Begegnung dieser beiden Gedankenströme der erste überwältigt werden wird.

Hinzu kommt, dass die eigentliche Auseinandersetzung der gegensätzlichen Gedankenströme die Aufmerksamkeit des Menschen anzieht und ihm somit Zeit geben wird, sich zu fassen und nicht, wie dies häufig der Fall ist, überrumpelt zu werden.

Ein anderes Beispiel für einen Talisman wäre ein mit Vertrauen und Mut imprägnierter Gegenstand. Dieser wirkt in zweierlei Weise.

1) Die von ihm ausgehenden Schwingungen widersetzen sich aufkommenden Angstgefühlen und verhindern ihre Anhäufung und gegenseitige Verstärkung. Diese Wirkung ist mit der eines Gyroskops verglichen worden, das sich dem Versuch widersetzt, sich in eine andere als die ihm ursprünglich vorgegebene Richtung zu bewegen.

2) Der Talisman beeinflusst indirekt die geistige Ebene seines Trägers. Sobald dieser spürt, dass Angst in ihm emporkriecht, wird er sich an den Talisman erinnern und seine eigenen Kräfte mobilisieren, um diesem unangenehmen Gefühl zu begegnen.

3) Eine weitere Möglichkeit besteht darin, dass der Talisman

mit der Person, die ihn herstellte, verbunden ist. Sollte sich der Träger in einer verzweifelten Lage befinden, kann er diese anrufen. Auch wenn sie sich dessen physisch nicht bewusst ist, wird ihr Ego darauf antworten, indem es die Schwingungen des Talismans verstärkt.

Gewisse Gegenstände sind von Natur aus Amulette oder Talismane. Dazu gehören alle Edelsteine, von denen jeder seine eigene Wirkung besitzt, die zweifach eingesetzt werden kann: (1) Der Einfluss zieht eine bestimmte Elementaressenz sowie Gedanken und Wünsche an, die sich durch diese Essenz zum Ausdruck bringen; (2) aufgrund dieser natürlichen Eigenschaft kann der Stein zum Träger für einen Magnetismus werden, der auf gleicher Ebene wie diese Gedanken und Emotionen wirkt. Für ein Amulett der Reinheit sollte daher ein Stein gewählt werden, dessen natürliche Schwingungen nicht im Einklang mit dem Grundton unreiner Gedanken stehen. Da der Grundton der physischen Teilchen des Steins dem der Reinheit auf höheren Ebenen entspricht, werden sie dem unreinen Gefühl oder Gedanken auch dann Widerstand bieten, wenn der Stein nicht magnetisiert wurde. Hinzu kommt, dass dieser auf astraler und mentaler Ebene leicht mit den Schwingungen des reinen Gedankens oder Gefühls der gleichen Tonart aufgeladen werden kann.

Die Rudraksha-Beere, die in Indien oft zur Herstellung von Ketten verwendet wird, lässt sich hervorragend magnetisieren, wenn spirituelle Gedanken und Meditationen erforderlich sind und störende Einflüsse ferngehalten werden sollen. Die aus der Tulsi-Pflanze gefertigten Perlenschnüre bieten ein weiteres Beispiel, obgleich ihr Einfluss anders geartet ist.

Eine interessante Gruppe natürlicher Talismane sind Produkte, die starke Düfte verströmen. Das Gummiharz, aus dem der Weihrauch gewonnen wird, kann für spirituelle und hingebungsvolle Gedanken verwendet werden und harmoniert nicht mit irgendeiner Form von Unruhe oder Besorgnis. Die Hexen des Mittelalters mischten oft bestimmte Inhaltsstoffe, um die gegenteilige Wirkung zu erzielen, was auch heute noch bei satanischen Ritualen geschieht. Grobe und schwere Düfte, wie Moschus oder Satchet-Puder, sollten möglichst gemieden werden, da viele von ihnen sinnlichen Gefühlen ähneln. Ein nicht absichtlich magnetisierter Gegenstand kann manchmal über die Kraft eines Talismans verfügen. Das Geschenk eines Freundes, wie ein Ring oder eine Kette oder sogar ein Brief, kann für den Träger oder Empfänger eine solche Wirkung besitzen.

Ein Gegenstand, zum Beispiel eine Uhr, der gewöhnlich in der Tasche getragen wird, lädt sich mit einem Magnetismus auf, der eine ganz bestimmte Wirkung auf den Empfänger auszuüben vermag. Münzen und Geldscheine sind häufig mit einem gemischten Magnetismus aus Gedanken und Gefühlen aufgeladen, der sich störend und unangenehm auswirken kann.

Die Gedanken und Gefühle eines Menschen beeinflussen nicht nur ihn selbst und andere, sondern imprägnieren auch die unbelebten Dinge in seinem Umfeld, sogar die Wände und Möbel. Unbewusst magnetisiert er diese physischen Objekte, so dass sie die Macht besitzen, anderen Leuten in ihrem Einflussbereich ähnliche Gedanken und Gefühle einzuflüstern.

2) Das emotionale Leben – Es bedarf keiner Frage, dass die Eigenschaften des Astralkörpers weitgehend von der Art der Gedanken und Gefühle bestimmt werden, die ihn unaufhörlich durchziehen.

Bewusst oder unbewusst bedient sich der Mensch seiner Astralhülle, wenn er eine Emotion zum Ausdruck bringt, so wie er beim Denken seinen Mental- und bei der Verrichtung einer physischen Tätigkeit seinen materiellen Körper einsetzt.

Anders verhält es sich jedoch, wenn der Astralkörper als unabhängiger Bewusstseinsträger wirkt.

Der Astralkörper ist die Ebene des Verlangens, der Spiegel, der jede Emotion sofort zurückstrahlt, in dem sich sogar jeder Gedanke, an dem auch nur ein Hauch des persönlichen Selbst haftet, zum Ausdruck bringen muss. Die dunklen »Elementale«, die der Mensch durch böse Wünsche und boshafte Gefühle erschafft und in Bewegung setzt, erhalten ihre körperliche Form aus der Astralsubstanz. Aus ihr entstehen auch die wohlwollenden Elementale, hervorgerufen durch gute Wünsche, Dankbarkeit und Liebe.

Ebenso wie die anderen Körper, wächst auch der astrale, indem er gebraucht wird. Er besitzt seine eigenen Angewohnheiten, die sich durch die ständige Wiederholung ähnlichen Verhaltens aufbauen und festigen. Da der Astralkörper während des irdischen Lebens auf die Reize, die er aus der physischen und der nieder mentalen Ebene erhält, reagiert, neigt er dazu, Schwingungen, an die er sich gewöhnt hat, automatisch zu wiederholen. Wie eine Hand, die eine ihr vertraute Geste wiederholt, mag der Astralkörper vertraute Gedanken und Gefühle wiederholen.

Alles, was wir böse nennen, seien es selbstsüchtige Gedanken (mental) oder selbstsüchtige Gefühle (astral) zeigen sich ausnahmslos als Schwingungen der gröberen Materie dieser Ebenen, während gute und selbstlose Gedanken und Gefühle die höheren Materiegrade in Schwingung versetzen. Da sich die feinere Materie leichter bewegen lässt als die grobe, leuchtet es ein, dass ein bestimmter Kraftaufwand für gute Gedanken oder Gefühle vielleicht hundert Mal erfolgreicher sein kann, als wenn er auf gröbere Materie einwirkt. Wäre dies nicht so, könnte der Mensch überhaupt keinen Fortschritt erzielen.

Die Auswirkung von zehn Prozent der für gute Zwecke eingesetzten Kraft überwiegt bei weitem neunzig Prozent eines Einsatzes für selbstsüchtige Zwecke. Insgesamt gesehen, macht der Mensch somit von Leben zu Leben einen gewaltigen Fortschritt. Selbst jemand, der nur ein Prozent Gutes tut, schreitet ein wenig voran. Ein Mensch, dessen Konto sich die Waage hält, so dass sein Leben weder vor- noch rückläufig ist, muss ein eindeutig übles Leben führen. Um im Bösen zu versinken, muss er ein ungewöhnlich beharrlicher Schurke sein.

Daher entwickeln sich sogar solche Leute allmählich, die

nichts bewusst für ihre Evolution tun und alles seinen Gang gehen lassen, da die unwiderstehliche Macht des Logos sie gleichbleibend aufwärts drängt. Aber sie bewegen sich so langsam, dass es sie Millionen von Jahren der Inkarnation, Mühsal und Sinnlosigkeit kosten wird, um auch nur einen einzigen Schritt vorwärtszukommen.

Die Methode, den Fortschritt zu sichern, ist schlicht und einfach. Üble Eigenschaften sind Schwingungen der groben Materie der jeweiligen Ebene; gute Eigenschaften drücken sich in den höheren Materieebenen aus, woraus sich zwei bemerkenswerte Folgen ergeben.

Jede Unterebene des Astralkörpers besitzt eine besondere Beziehung zu der entsprechenden Unterebene des Mentalkörpers. Die vier niederen astralen Unterebenen entsprechen demnach den vier Materiearten des Mental- und die drei höheren astralen Unterebenen den drei Materiearten des Kausalkörpers.

Da die niederen Astralschwingungen im Kausalkörper keine Materie finden, die auf sie zu reagieren vermögen, können nur gute Eigenschaften in diesen eingebaut werden. Jede positive Entwicklung im Menschen wird daher durch eine Veränderung in seinem Kausalkörper festgehalten. Bösen Taten, Gedanken und Gefühlen ist es hingegen unmöglich, das wahre Ego zu berühren. Sie können aber den in jeder Inkarnation neu geformten Mentalkörper stören und in Unruhe versetzen. Das Ergebnis des Bösen wird in den dauerhaften Astral- und Mental-Atomen gespeichert. Deshalb muss sich der Mensch ihm so lange immer wieder stellen, bis er es besiegt und schließlich jede Neigung, darauf zu reagieren, in seinen Körpern entwurzelt hat. Eine völlig andere Sache ist es jedoch, wenn er es in sein Ego aufnimmt und zu einem Teil seiner selbst macht.

Die Astralsubstanz reagiert sehr viel rascher als die physische Materie auf jeden Impuls aus der Welt des Geistes. Folglich teilt der aus Astralmaterie bestehende Astralkörper des Menschen diese Bereitschaft, den Aufprall eines Gedankens zu erwidern und erbebt als Reaktion auf jeden Gedanken, der ihn trifft, gleichgültig ob dieser von außen, also von anderen Menschen, oder von innen, aus seinem eigenen Geist, kommt.

Ein Astralkörper, den sein Eigentümer dahin gebracht hat, dass er gewohnheitsgemäß auf üble Gedanken reagiert, wirkt wie ein Magnet auf ähnliche Gedanken- und Emotionsformen seiner Umgebung. Ein reiner Astralkörper reagiert auf derartige Gedanken mit abweisender Energie und zieht Gedanken und Emotionsformen an, deren Materie und Schwingung mit seinen eigenen übereinstimmen.

Die Astralwelt ist voller Gedanken und Emotionen anderer Menschen, die einen unaufhörlichen Druck ausüben, indem sie jeden Astralkörper beständig bombardieren und in ihm Schwingungen hervorrufen, die ihren eigenen ähneln.

Außerdem gibt es Naturgeister niederer Ordnung, die sich an den groben Schwingungen von Ärger und Hass erfreuen, sich in jede derartige Strömung werfen und die Wellenbewegungen auf diese Weise verstärken und ihnen neues Leben verleihen. Menschen, die groben Gefühlen nachgeben, können sich darauf verlassen, dass sie beständig von solchen Aasgeiern der Astralwelt umgeben sind, die sich in gieriger Erwartung eines leidenschaftlichen Ausbruchs gegenseitig drängeln.

Viele Stimmungslagen, denen die meisten Menschen mehr oder weniger ausgeliefert sind, beruhen auf äußeren Astraleinflüssen. Eine Depression mag auf rein physische Ursachen, wie Magenverstimmung, Erkältung oder Müdigkeit zurückzuführen sein, noch häufiger aber wird sie durch die Anwesenheit eines Astralwesens hervorgerufen, das selbst bedrückt ist und auf der Suche nach Mitgefühl umhergeistert oder in der Hoffnung, dem Subjekt die Vitalität entziehen zu können, die ihm selbst fehlt.

Ein Mensch, der außer sich vor Wut ist, verliert vorübergehend die Gewalt über seinen Astralkörper, und das Begierde-Elemental nimmt ungeheure Ausmaße an. Unter solchen Umständen kann der Mann von einem Verstorbenen ähnlicher

Veranlagung oder von irgendeinem bösen, künstlichen Elemental besessen werden.

Der Strebende darf einer Depression keinerlei Beachtung schenken, da sie ein Hindernis für den Fortschritt darstellt. Er sollte sich zumindest bemühen, sie sich nicht anmerken zu lassen. Sie ist ein Zeichen dafür, dass er mehr an sich selbst als an den Meister denkt, und sie erschwert es dem Meister, auf ihn einzuwirken. Empfindsamen Menschen fügen Depressionen Leid zu und sind außerdem weitgehend für die nächtlichen Ängste der Kinder verantwortlich. Das innere Leben des Strebenden sollte nicht fortwährenden Schwankungen unterworfen sein.

Vor allen Dingen muss er lernen, sich nicht zu sorgen. Zufriedenheit ist durchaus vereinbar mit Streben. Die Gewissheit, dass das Gute letztendlich siegen wird, rechtfertigt den Optimismus, obwohl es nicht einfach ist, diese Einstellung zu wahren, zieht man nur die physische Ebene in Betracht.

Gibt sich ein Mensch dem Druck äußerst starker Emotionen hin, kann er unter Umständen sterben, verrückt oder besessen werden. Eine solche Besessenheit muss nicht unbedingt böse sein, obwohl sich jede Besessenheit schädlich auswirkt.

Ein Beispiel dieses Phänomens bietet die »Bekehrung« bei einer religiösen Erneuerung. Einige Menschen geraten in einen Zustand ungeheurer emotionaler Erregung, die sie jenseits der Sicherheitsgrenze schwingen lassen. Ein verstorbener Prediger derselben religiösen Überzeugung mag dann Besitz von ihnen ergreifen, so dass vorübergehend zwei Seelen durch einen Körper arbeiten. Die ungeheure Energie solcher hysterischer Exzesse wirkt ansteckend und kann sich rasch in der Menge ausbreiten.

Es entsteht eine astrale Unruhe, die einem gigantischen Strudel gleicht. Von reiner Sensationsgier erfasste Astralwesen strömen darauf zu, und alle möglichen Naturgeister ergötzen sich wie Kinder, die in der Brandung spielen, an den Schwingungen wilder Erregungen religiöser oder sexueller Natur und baden darin. Sie unterstützen und verstärken die sinnlos verbrauchte

Energie. Da es in der Hauptsache um den selbstsüchtigen Gedanken geht, seine eigene Seele zu retten, ist die Astralmaterie grob, und die Naturgeister sind dementsprechend primitiver Natur.

Die emotionale Wirkung einer religiösen Erneuerung ist sehr machtvoll. In manchen Fällen mag ein Mensch tatsächlich dauerhaft von seiner »Bekehrung« profitieren, aber der ernsthafte Esoteriker sollte solche Auswüchse emotionaler Erregung meiden, da viele Leute gefährlich sind. »Erregung ist dem geistigen Leben fremd.«

Es gibt viele Ursachen für den Wahnsinn; er mag auf die Schwächen eines oder mehrerer Träger – physisch, ätherisch, astral, mental – zurückzuführen sein. Er kann durch eine mangelnde Anpassung der Astralteilchen an die Teilchen des Äther- oder Mentalkörpers entstehen. In einem solchen Falle könnte die geistige Gesundheit erst in den himmlischen Welten wiedererlangt werden, das heißt, nachdem der Mensch seinen Astralkörper verlassen und in seinen Mentalkörper übergegangen ist. Diese Form des Wahnsinns tritt selten auf.

Im Osten hat man die Wirkung astraler Schwingungen auf einen anderen Astralkörper seit langem erkannt. Aus diesem Grund ist es für einen Schüler von großem Vorteil, wenn er in der Nähe einer höher entwickelten Person lebt. Ein indischer Lehrer mag seinem Schüler nicht nur besondere Übungen und Studien auferlegen, um dessen Astralkörper zu läutern, zu stärken und zu entwickeln, sondern er wird die Körper des Schülers auszugleichen und auf seine eigenen einzuschwingen suchen, indem er ihn in seiner physischen Nähe hält. Ein solcher Lehrer hat seine eigenen Körper bereits zur Ruhe gebracht und sie daran gewöhnt, in einigen sorgfältig ausgewählten Frequenzen zu schwingen, anstatt in wahlloser Hektik. Diese wenigen Frequenzen sind sehr stark und beständig. Tag und Nacht, im Wachen und Schlafen, wirken sie auf die Körper des Schülers ein und erheben ihn allmählich zum Grundton des Lehrers.

Aus ähnlichen Gründen zieht sich ein Inder, der das geistige

Leben leben möchte, in den Dschungel zurück. Jemand aus einem anderen Kulturkreis mag die Welt verlassen und als Eremit leben. Auf diese Weise gewinnt er Raum zum Atmen und Ruhe vor der ständigen Auseinandersetzung mit den Gedanken und Gefühlen anderer Leute, die fortwährend auf seine Körper einhämmern, und findet Zeit für zusammenhängende Gedankengänge. Die ruhigen Einflüsse der Natur unterstützen diesen Prozess bis zu einem gewissen Ausmaß.

Ähnlich verhält es sich mit den Wirkungen, die ein enges Zusammensein zwischen Mensch und Tier hervorruft. Die Hingabe eines Tieres an seinen Herrn, den es liebt, und sein mentales Bemühen, dessen Wünsche zu verstehen und ihm gefällig zu sein, tragen beträchtlich zur Entwicklung des Intellekts dieses Tieres und der Kraft seiner Hingabe und Zuneigung bei. Hinzu kommt, dass der Einfluss der Körper des Menschen auf diejenigen des Tieres den Entwicklungsprozess fördert und auf diese Weise die Individualisierung des Tieres, ein menschliches Wesen zu werden, vorbereitet.

Es ist möglich, mittels Willensanstrengung eine Hülle aus Astralmaterie an dem äußeren Rand der Astral-Aura zu bilden. Dies mag aus drei Gründen geschehen: (1) um emotionale Schwingungen, wie Ärger, Neid oder Hass, die absichtlich von einem auf den anderen gerichtet werden, auszuschließen; (2) um Schwingungen niederer Natur, die zufällig in der Astralwelt dahingleiten und auf die Aura stoßen können, auszuschließen; (3) um den Astralkörper während der Meditation zu schützen. Solche Hüllen bleiben gewöhnlich nicht lange bestehen und müssen häufig erneuert werden, sollten sie für einen längeren Zeitraum benötigt werden.

Solche Hüllen lassen Schwingungen weder aus- noch eintreten. Deshalb sollte der Schüler sie aus gröbster Astralmaterie bilden, um höheren astralen Schwingungen die Möglichkeit zu geben, nach außen dringen zu können.

Im Grunde genommen könnte man die Bildung einer solchen

Hülle gewissermaßen als ein Eingeständnis von Schwäche betrachten, denn wäre man so, wie man sein sollte, benötigte man keinen künstlichen Schutz. Andererseits bietet sie den Vorteil, schutzbedürftigen Menschen zu helfen.

Der Astralkörper eines Menschen besteht nicht nur aus Astralmaterie, sondern besitzt auch einen gewissen Anteil an Elementaressenz. Im Laufe des Lebens wird diese aus der umliegenden Fülle ähnlicher Materie abgesondert, und es entsteht ein zeitlich begrenztes, künstliches Elemental, eine Art halbintelligentes, abgesondertes Wesen, das so genannte Wunsch-Elemental. Dieses nimmt seinen eigenen Entwicklungsweg. Ungeachtet der Absicht des Egos, mit dem es zufällig verbunden ist (oder ohne überhaupt von ihm zu wissen), steigt es in die Materie hinab. Seine Interessen sind denen des Menschen genau entgegengesetzt, da es nach immer stärkeren und gröberen Schwingungen sucht. Paulus spricht von »den Widersachern des Geistes«. Aufgrund der Verbindung zur Mentalsubstanz wird der Geist-Körper des Menschen belebt, und das Elemental bemüht sich, Sympathien für sich in ihm zu wecken und den Menschen glauben zu machen, dass *er* die Empfindung wünscht, nach dem *es* verlangt.

Es wird zu einer Art Versucher. Dennoch ist das Wunsch-Elemental kein böses Wesen; eigentlich ist es überhaupt kein sich entwickelndes Wesen, da ihm die Kraft zur Wiedergeburt fehlt. Es ist nur die Essenz, aus der es besteht, die sich entwickelt. Dieses Schattenwesen führt auch nichts Böses im Schilde, das sich gegen den Menschen richtet, denn es weiß nichts von dem Menschen, zu dem es für den Augenblick gehört. Es ist also keineswegs ein Teufel, den man fürchten muss, sondern ebenso ein Teil göttlichen Lebens wie der Mensch selbst, wenn auch auf einer anderen Entwicklungsstufe.

Es wäre falsch zu glauben, man hemme die Entwicklung des Wunsch-Elementals, wenn man sich weigert, ihm mit groben Schwingungen Genugtuung zu verschaffen, denn das ist nicht der Fall. Durch die Beherrschung seiner Leidenschaften und die Entfaltung höherer Eigenschaften lässt der Mensch die niederen Formen der Essenz fallen und entwickelt die höheren. Die niederen Schwingungen können zu einem späteren Zeitpunkt von einem Tier besser als vom Menschen bereitgestellt werden. Die höheren Arten der Essenz kann nur der Mensch entfalten.

Er sollte ein Leben lang entschieden gegen das Wunsch-Elemental und seine Neigung zu den niederen, grob physischen Schwingungen ankämpfen und klar erkennen, dass dessen Bewusstsein, Neigungen und Abneigungen nicht seine eigenen sind. Er selbst hat es erschaffen und sollte nicht sein Sklave werden, sondern lernen, es zu beherrschen und sich selbst als getrennt von ihm zu sehen.

In Kapitel XII wird dieses Thema ausführlicher betrachtet werden.

3. *Das mentale Leben* – Der dritte und letzte Faktor, der den Astralkörper während des üblichen Wachbewusstseins beeinflusst, ist das Mentalleben. Aus zwei Gründen besitzen die mentalen Aktivitäten den weitreichendsten Einfluss:

(1) Die niedere Mentalsubstanz, *Manas*, ist so eng mit der Astralsubstanz, *Kâma*, verquickt, dass die meisten Menschen unfähig sind, die eine ohne die andere zu gebrauchen. Die meisten Leute können nicht denken, ohne gleichzeitig zu fühlen oder andererseits zu fühlen und dabei kaum zu denken.

(2) Der Aufbau und die Beherrschung des Astralkörpers obliegt dem Geist. Jeder Körper wird von dem Bewusstsein der als nächstes über ihm liegenden Ebene aufgebaut. Ohne die schöpferische Kraft des Gedankens kann der Astralkörper nicht entstehen.

Jeder Impuls, den der Geist dem physischen Körper schickt, geht durch den Astralkörper und beeinflusst ihn. Da die astrale Materie besser auf die Gedankenschwingungen reagiert als die physische, wirken sie sich entsprechend stärker auf diese aus. Ein beherrschter, geschulter und entwickelter Geist vermag daher auch den Astralkörper zu beherrschen und ihn zu entfalten. Wenn der Geist ihn nicht kontrollieren kann, reagiert dieser unaufhörlich auf die von außen an ihn herangetragenen Reize, da er für den Einfluss vorüberziehender Gedankenströme besonders anfällig ist.

Bisher haben wir uns mit den allgemeinen Auswirkungen beschäftigt, die im Verlauf des üblichen Lebens durch die physische, emotionale und mentale Lebensweise im Astralkörper hervorgerufen werden. Wir wollen uns nun kurz dem Gebrauch der besonderen Fähigkeiten dieses Körpers während des Wachbewusstseins zuwenden.

Das Wesen dieser Fähigkeiten in Verbindung zu den einzelnen Chakras im Astralkörper wurde bereits in Kapitel fünf besprochen. Aufgrund der durch die Chakras entwickelten Astralkräfte besitzt der Mensch die Fähigkeit, nicht nur die Schwingungen des Äthers zu empfangen, die über den Astralkörper an seinen Geist weitergeleitet werden, sondern auch Eindrücke aus der ihn umgebenden Astralwelt aufzunehmen, die gleichermaßen über den Mentalkörper dem inneren Menschen übermittelt werden.

Um die Eindrücke direkt aus der Astralwelt auffangen zu können, muss der Mensch lernen, sein Bewusstsein auf seinen Astralkörper auszurichten, anstatt sich, wie üblich, auf sein physisches Gehirn zu konzentrieren.

Bei den niederen Menschentypen steht *Kâma* oder das Verlangen noch stark im Vordergrund, obwohl die geistige Entwicklung einen gewissen Grad erreicht hat. Das Bewusstsein eines solchen Menschen konzentriert sich auf den unteren Teil seines Astralkörpers. Sein Leben wird von der auf physischer Ebene verankerten Empfindung gesteuert. Aus diesem Grunde bildet der Astralkörper den Hauptanteil in der Aura eines unentwickelten Menschen.

Auch der Durchschnittsmensch lebt fast ausschließlich in seinen Empfindungen, obwohl bei ihm das höhere Astrale bereits eine Rolle spielt. In erster Linie ist immer noch die Frage bestimmend, was er selbst zu tun wünscht, nicht was recht und vernünftig ist. Die gebildeten und höher entwickelten Menschen beginnen, das Verlangen der Vernunft unterzuordnen, das heißt, ihr Bewusstsein konzentriert sich allmählich vom höheren Astralen auf das niedere Mentale. Mit langsam fortschreitender Entwicklung beginnt der Mensch, sich von Grundsätzen, weniger von Interessen und Wünschen leiten zu lassen.

Zur Zeit befindet sich die Menschheit noch in einer Reifephase, die eigentlich einer Entwicklung der Wünsche und Emotionen dienen sollte. Wir sind aber mit der Entfaltung des Intellekts, dem besonderen Merkmal der nächsten Stufe, beschäftigt. Dies liegt daran, dass die »Herrn der Flamme«, die von der Venus herabstiegen, unserer Evolution Antrieb verliehen. Hinzu kommt das Wirken der Adepten, die diesen Einfluss für uns bewahrt und sich immer wieder für den Fortschritt der Menschheit geopfert haben.

Trotz der Tatsache, dass in den meisten Fällen das Bewusstseinszentrum im Astralkörper liegt, ist sich die Mehrheit der Menschen dessen nicht bewusst, da sie überhaupt nichts von diesem Träger und seinem Gebrauch wissen. Hinter ihnen liegen die Überlieferungen und Gebräuche einer langen Serie von Leben, in denen die astralen Fähigkeiten nicht zum Tragen gekommen sind. Dennoch haben sich diese langsam innerhalb einer Hülle entwickelt, vergleichbar mit dem Wachstum eines Kükens im Ei. Viele Menschen verfügen also über astrale Fähigkeiten, von denen sie nichts wissen und die sozusagen direkt unterhalb der Oberfläche liegen. In naher Zukunft, wenn sich das Wissen um diese Dinge ausgebreitet haben wird und verstanden worden ist, werden diese schlummernden Fähigkeiten in vielen Fällen wahrscheinlich hervorbrechen und die Astralkräfte eher zum Allgemeingut werden als heutzutage.

Die oben angesprochene Hülle besteht aus einer Anhäufung von ichbezogenen Gedanken, in denen der Durchschnittsmensch fast hoffnungslos begraben liegt. Dies gilt vielleicht noch stärker für das Leben während des Schlafes, auf das wir im nächsten Kapitel eingehen werden.

Was den Brennpunkt des Bewusstseins im Astralkörper betrifft, kann der Mensch dieses nur in jeweils einem Träger konzentrieren, obwohl er sich gleichzeitig durch die anderen Träger in verschwommener Weise bewusst sein mag. Ein Vergleich aus physischer Sicht mag diesen Umstand erläutern. Wenn man den Finger vor das Gesicht hält, können sich die Augen so darauf konzentrieren, dass man ihn ganz klar sieht. Gleichzeig mag man auch den Hintergrund wahrnehmen, aber nur undeutlich, da er außerhalb des Brennpunkts liegt. Dieser kann momentan anders ausgerichtet werden, so dass man den Hintergrund deutlich, den Finger aber nur verschwommen sieht.

Ein Mensch, der astrales und mentales Bewusstsein entwickelt hat, konzentriert sich im physischen Gehirn und wird im Alltag den physischen Körper der Leute klar sehen und gleichzeitig ihren Astral- und Mentalkörper schwach wahrnehmen. Im Bruchteil einer Sekunde vermag er den Brennpunkt seines Bewusstseins auf den Astralkörper zu verlagern, den er dann klar vor sich sieht. Auch in diesem Fall wird er den physischen und mentalen Körper erkennen, jedoch nicht in seinen Einzelheiten. Das Gleiche gilt für den mentalen Blick und das Schauen in die höheren Welten.

Das Bewusstseinszentrum eines hoch entwickelten Menschen, dessen Bewusstsein bereits jenseits des (höher mentalen) Kausalkörpers liegt, so dass er sich frei auf der *buddhischen* Ebene zu bewegen vermag und ebenfalls ein gewisses Bewusstsein auf *âtmischer* Ebene besitzt, liegt zwischen der höher mentalen und *buddhischen* Ebene. Das höher Mentale und höher Astrale sind in ihm sehr viel stärker entwickelt als die niederen Bereiche. Obwohl er seinen physischen Körper beibehält, dient dieser ihm nur als Werkzeug, nicht weil seine Gedanken und Wünsche in ihm verankert sind. Ein solcher Mensch ist über jegliches *Kâma* erhaben, das ihn an die Wiedergeburt binden könnte. Sein physischer Körper wird für die Kräfte der höheren Ebenen als Instrument bewahrt, damit diese auch die irdische Ebene erreichen können.

KAPITEL 9

Leben während des Schlafes

Die eigentliche Ursache für den Schlaf liegt wohl darin, dass die Körper sich gegenseitig ermüden. Im Falle des physischen Körpers ruft nicht nur jede Muskelanstrengung, sondern auch jeder Gedanke und jedes Gefühl eine geringe chemische Veränderung hervor. Eine gesunde Physis ist stets bemüht, diesen Veränderungen entgegenzuwirken, was ihr während ihres Wachzustands niemals recht gelingt. Mit jedem Gedanken, jedem Gefühl oder jeder Handlung geht folglich ein verschwindend kleiner Verlust einher, dessen Gesamtwirkung den physischen Körper schließlich dermaßen erschöpft, dass er unfähig wird, weiterhin zu denken oder zu handeln. Manchmal genügen zur Erholung bereits wenige Minuten Schlaf, was durch das physische Elemental bewirkt wird.

Was den Astralkörper betrifft, wird er sehr schnell von der schweren Arbeit müde, die Teilchen des physischen Gehirns zu bewegen, und er braucht einen geraume zeitliche Trennung von ihm, um neue Kräfte zu sammeln, damit er die lästige Arbeit erneut aufnehmen kann.

Auf seiner eigenen Ebene scheint der Astralkörper fast keine Müdigkeit zu kennen, denn es ist bekannt, dass er fünfundzwanzig Jahre lang ohne die geringsten Anzeichen von Erschöpfung unaufhörlich arbeitet.

Obwohl übermäßige und lang anhaltende Emotionen den Menschen in seinem gewöhnlichen Leben rasch ermüden, ist es nicht der Astralkörper, der sich erschöpft, sondern der physische Organismus, durch den die Emotionen ihren Ausdruck finden oder erfahren.

Ähnlich verhält es sich mit dem Mentalkörper. Wenn wir von geistiger Ermüdung sprechen, ist dies rein sprachlich falsch, denn es ist das Gehirn, das ermüdet, nicht der Geist. Es gibt keine *geistige* Müdigkeit.

Wenn der Mensch im Schlaf (oder beim Tod) seinen Körper verlässt, presst sich Astralmaterie aus der Umgebung – aufgrund der Schwerkraft der Astralebene – in den leer gewordenen Raum. Dieses vorübergehende astrale Gegenstück ist zwar hinsichtlich der Anordnung eine genaue Kopie des physischen Körpers, besitzt aber keine wirkliche Verbindung zu ihm und könnte niemals als Werkzeug benutzt werden. Es handelt sich um ein rein zufälliges Zusammentreffen von Teilchen aus irgendeinem passenden Astralstoff, der sich in der Nähe befindet. Wenn der echte Astralkörper zurückkehrt, stößt er diese fremde Astralmaterie ohne weiteres wieder hinaus.

Aus diesem Grunde sollte die Umgebung, in der man schläft, sorgfältig gewählt werden. Ist sie schlecht, kann es geschehen, dass unerwünschte Astralsubstanz den physischen Körper während der Abwesenheit des eigentlichen Astralkörpers anfüllt und Einflüsse hinterlässt, die sich bei der Rückkehr des wirklichen Menschen nur unangenehm auf ihn auswirken.

Wenn der Mensch sich »schlafen legt«, entfernen sich die höheren Prinzipien in ihrem astralen Träger aus der physischen Hülle und lassen den grobstofflichen und ätherischen Körper allein auf dem Bett zurück, während der Astralkörper in der Luft darüber schwebt. Im Schlaf benutzt der Mensch einfach seinen Astral- anstatt seinen physischen Körper; es schläft nur die physische Hülle, nicht unbedingt der Mensch selbst.

Wenn sich der Astralkörper zurückzieht, behält er gewöhnlich die Gestalt des physischen bei, so dass er für jeden identifizierbar ist, der ihn auf der physischen Ebene kennt. Die im Laufe des irdischen Lebens bestehen bleibende Anziehung zwischen den astralen und physischen Teilchen baut in der Astralmaterie eine Gewohnheit oder einen Impuls auf, was sich auch dann nicht verliert, wenn sie sich vorübergehend von der schlafenden Physis entfernt.

Der Astralkörper einer schlafenden Person besteht aus einem verhältnismäßig dichten Kernstück, das dem physischen Körper entspricht, und einer relativ selten auftretenden Aura, die es umgibt.

Ein recht unentwickelter Mensch mag genauso tief schlafen wie sein physischer Körper, da er kaum über ein klares Bewusstsein in seinem Astralkörper verfügt. Er ist auch unfähig, sich weit von seiner schlafenden irdischen Hülle zu entfernen. Der Versuch, ihn in seiner Astralhülle fortzuziehen, ließe ihn wahrscheinlich erschreckt in seinem irdischen Körper erwachen.

Sein Astralkörper gleicht einer gestaltlosen Masse, einer dahingleitenden eiförmigen Dunstwolke mit sehr unregelmäßigen und unklaren Umrissen. Auch die Gestalt der inneren Form (des dichten astralen Gegenstücks der physischen Hülle) zeigt sich verschwommen, unklar und unbestimmt, aber immer erkennbar.

Ein Mensch dieses primitiven Typs benutzt seinen Astralkörper während des Wachbewusstseins dahingehend, dass er mentale Ströme durch das Astrale zum physischen Gehirn sendet. Wenn er aber schläft und das Gehirn nicht arbeitet, kann ein solcher unentwickelter Astralkörper, auf sich allein gestellt, keine Eindrücke aufnehmen, was bedeutet, dass der Mensch praktisch bewusstlos und unfähig ist, sich durch den kümmerlich aufgebauten Astralkörper klar zum Ausdruck zu bringen. Seine Wahrnehmungszentren mögen von vorübergleitenden Gedankenformen beeinflusst werden, und er reagiert vielleicht auf Reize, die die niedere Natur wecken. Der Gesamteindruck, der sich dem Beobachter bietet, gleicht einer schläfrigen Verschwommenheit. Der untätige Astralkörper gleitet müßig und unvollständig über der physischen Form dahin.

Im Falle einer recht unentwickelten Person schlafen die höheren Prinzipien, also der wahre Mensch, fast ebenso wie der physische Körper.

Manchmal zeigt sich der Astralkörper weniger lethargisch und gleitet verträumt auf den verschiedenen Astralströmungen dahin, erkennt gelegentlich andere Leute, die sich in einem ähnlichen Zustand befinden und trifft auf alle möglichen angenehmen und unangenehmen Erfahrungen. Die hoffnungslos verwirrte und oft zur grotesken Karikatur verzerrte Erinnerung an das, was wirklich geschah (siehe Kapitel X über *Träume*), lässt den Menschen am nächsten Morgen annehmen, er habe einen bemerkenswerten Traum gehabt.

Bei einem weiter entwickelten Menschen erkennt man einen gewaltigen Unterschied. Die innere Form ist klarer und eindeutiger – eine genauere Wiedergabe des Erscheinungsbildes der Person.

Anstelle der ihn umgebenden Dunstwolke wird eine scharf umrissene Eiform deutlich, die sich nicht von den verschiedenen, stets auf der Astralebene umher wirbelnden Strömungen beeinträchtigen lässt.

Ein solcher Mensch ist keineswegs unbewusst in seinem Astralkörper, sondern gedanklich recht tätig. Dennoch mag er kaum mehr Notiz von seiner Umgebung nehmen als der unentwickelte Mensch. Dies liegt nicht daran, dass er unfähig wäre zu sehen, sondern weil er völlig in seiner eigenen Gedankenwelt lebt. Egal welche Gedanken ihn am Vortag beschäftigt haben, er hängt ihnen gewöhnlich beim Einschlafen noch nach und umgibt sich dadurch mit einer solch dichten, selbst errichteten Wand, dass er praktisch nichts beobachtet, was außerhalb vor sich geht. Gelegentlich reißt ein heftiger Aufprall von außen oder sogar ein starkes persönliches Verlangen diesen Dunstschleier zur Seite, und er nimmt einige klare Eindrücke auf. Aber selbst dann schließt sich die Nebelwand fast augenblicklich wieder, und er träumt ebenso unachtsam weiter wie zuvor.

Im Falle eines noch weiter entwickelten Menschen schlüpft der Astralkörper aus der physischen Hülle, wenn diese sich zur Ruhe begibt, und der Mensch ist dann voll bewusst. Der ihm ähnelnde Astralkörper besitzt eindeutige Umrisse, ist klar aufgebaut und der Mensch kann ihn als Werkzeug benutzen, das sich als brauchbarer erweist als der physische Körper.

Seine erhöhte Aufnahmebereitschaft lässt den Astralkörper auf jede Schwingung seiner Ebene, die feinen wie die groben, sofort reagieren. Im Astralkörper einer sehr hoch entwickelten Person gibt es praktisch keine Materie mehr, die auf grobe Schwingungen reagieren könnte.

Ein solcher Mensch ist hellwach, sehr aktiv und arbeitet genauer und mit größerem Verständnis als innerhalb der Begrenzung der grobstofflichen physischen Hülle. Hinzu kommt, dass er sich frei und mit ungeheurer Geschwindigkeit zu weit entfernten Zielen bewegen kann, ohne die schlafende Hülle auch nur im Geringsten zu stören.

Vielleicht trifft er sich mit verstorbenen oder inkarnierten Freunden, die die Astralebene gleichermaßen wach erleben, zum Gedankenaustausch. Vielleicht begegnet er Leuten, die höher entwickelt sind als er und die ihn ermahnen oder unterweisen, oder aber er hilft denjenigen, die weniger wissen als er. Er mag mit allen möglichen, nicht-menschlichen Wesen in Berührung kommen (siehe Kapitel XX und XXI über *Astralwesen*). Er wird den verschiedensten Arten von Astraleinflüssen unterworfen sein, guten und schlechten, stärkenden und erschreckenden.

Vielleicht schließt er Freundschaft mit Bewohnern anderer Teile der Welt; er mag Vorträge halten oder anhören; anderen Schülern begegnen und aufgrund der zusätzlichen Fähigkeiten, die die Astralwelt bietet, Probleme lösen, die sich auf physischer Ebene als schwierig erwiesen.

So kann ein Arzt während des Schlafes medizinische Fälle aufsuchen, für die er sich besonders interessiert. Auf diese Weise mag er neue Informationen erhalten, die im Wachbewusstsein als eine Art Intuition durchsickern.

Die Astralwelt ist die Heimat der Leidenschaften und Emotionen, und diejenigen, die sich einer Emotion hingeben, können sie mit einer Heftigkeit und Gewalt erleben, die der Erde glücklicherweise unbekannt ist. Im physischen Körper hat sich die Wirkung der Emotion durch die Übertragung auf diese Ebene weitgehend erschöpft; auf der Astralebene hingegen ist die gesamte Kraft in ihrer eigenen Welt verfügbar. Zuneigung oder Hingabe kann hier sehr viel stärker empfunden werden als es auf physischer Ebene möglich wäre. Ähnlich verhält es sich mit dem Leid, das in der Astralwelt in einer Tiefe erlebt werden kann, die im irdischen Alltag unvorstellbar wäre.

Das Positive an dieser Sachlage ist die Tatsache, dass jeglicher Schmerz und alles Leid in der Astralwelt freiwillig ist und völlig beherrscht wird, da sich das Leben dort für denjenigen, der es versteht, leichter gestaltet. Es besteht die Möglichkeit, körperlichen Schmerz geistig zu bewältigen, obwohl es äußerst schwierig ist. In der Astralwelt vermag jeder einen durch eine starke Emotion hervorgerufenen Schmerz augenblicklich zu vertreiben. Es bedarf nur einer Willensanstrengung, damit die Leidenschaft geradewegs verschwindet. Diese Behauptung klingt verblüffend; doch das ist die Macht des Willens und des Geistes über die Materie.

Astrales Bewusstsein erreicht zu haben bedeutet, bereits beachtlich vorangeschritten zu sein. Sobald der Mensch dann auch noch die Kluft zwischen dem astralen und physischen Bewusstsein überbrückt hat, existieren Tag und Nacht nicht mehr für ihn, da er ein Leben ohne Bewusstseinsunterbrechung führt. Selbst den Tod im herkömmlichen Sinne gibt es für ihn nicht mehr, da er sein Bewusstsein auch über den Tod hinaus bis zum Ende seines astralen Daseins bewahrt.

Astralreisen erfolgen nicht augenblicklich, vollziehen sich aber so rasch, dass Raum und Zeit bis zu einem gewissen Grad überwunden werden, denn obwohl der Mensch den Raum durcheilt, geschieht dies mit einer solchen Geschwindigkeit, dass die Trennkraft fast nicht mehr existiert. In drei oder vier Minuten kann er die Welt umrunden.

Jeder einigermaßen gebildete und fortgeschrittene Mensch verfügt bereits über ein voll entwickeltes Astralbewusstsein und besitzt die Fähigkeit, es als Werkzeug einzusetzen. Der Grund, warum dies in vielen Fällen nicht geschieht, liegt daran, dass er sich noch nicht eindeutig darum bemüht hat, was anfänglich notwendig ist, damit es zur Gewohnheit wird.

Die Schwierigkeit, der sich der Durchschnittsmensch gegenüber sieht, liegt nicht in einer Unfähigkeit des Astralkörpers, tätig zu sein, sondern darin, dass dieser seit Jahrtausenden daran gewöhnt ist, nur durch die Eindrücke, die er vom physischen Körper empfängt, in Bewegung gesetzt zu werden. Der Mensch erkennt nicht, dass der Astralkörper auf seiner eigenen Ebene selbstständig arbeiten kann und er sich dem Willen unmittelbar beugt. Astral gesehen, »schlafen« die Leute, da sie daran gewöhnt sind, auf die vertrauten physischen Schwingungen zu warten, die ihre astrale Aktivität wecken. Sie sind zwar auf dieser Ebene wach, aber keineswegs wach für diese Welt. Folglich nehmen sie ihr Umfeld, falls überhaupt, nur sehr verschwommen wahr.

Wenn einer der Meister den Menschen als Schüler annimmt, wird dieser meistens unvermittelt aus seinem astralen Schlummerzustand gerissen. Er erwacht für die Wirklichkeiten, die ihn in dieser Welt umgeben und wird angehalten, von ihnen zu lernen und mit ihnen zu arbeiten, so dass die Stunden des Schlafes nicht leer, sondern mit sinnvoller Beschäftigung ausgefüllt sind, ohne die gesunde Ruhe des müden physischen Körpers zu beeinträchtigen.

In Kapitel XXVIII über den *Unsichtbaren Menschen* werden wir ausführlicher auf die sorgfältig geplante und durchstrukturierte Arbeit im Astralkörper eingehen. An dieser Stelle sei erwähnt, dass bereits vor dem Erreichen dieser Stufe sehr viel nützliche Arbeit ansteht und ständig ausgeführt wird. Jemand, der sich mit der festen Absicht zur Ruhe begibt, eine bestimmte Aufgabe zu erfüllen, wird mit Sicherheit diese Absicht zu verwirklichen suchen, sobald er von seinem irdischen Körper befreit ist. Es kann jedoch geschehen, dass der Nebel seiner ichbezogenen Gedanken ihn wieder einhüllt, sobald er seine Arbeit abgeschlossen hat, es sei denn, er hat sich daran gewöhnt, losgelöst von seinem physischen Gehirn, in anderer Weise tätig zu sein. Es gibt natürlich Fälle, die den gesamten Zeitraum des Schlafes beanspruchen, so dass dieser Mensch seiner astralen Entwicklung entsprechend sein Äußerstes gibt.

Jeder sollte vor dem Zubettgehen den Entschluss fassen, während der Nacht auf der Astralebene irgendetwas Nützliches zu tun – einen Bekümmerten zu trösten; mittels Willensanstrengung einem schwachen oder kranken Freund Kraft zu senden; jemanden zu beruhigen, der aufgeregt oder hysterisch ist oder irgendeinen anderen Dienst zu erweisen.

Es wird immer ein gewisses Maß an Erfolg geben, und wenn der Helfer genau darauf achtet, wird er in der physischen Welt oft Anzeichen eindeutiger Ergebnisse finden.

Es gibt vier Möglichkeiten, in denen der Mensch zur selbstbewussten Tätigkeit in seinem Astralkörper »erwachen« kann:

(1) Durch den üblichen Evolutionsprozess, der zwar langsam, aber sicher verläuft.

(2) Durch den Menschen selbst, der gelernt hat, sich der nötigen beharrlichen Anstrengung zu unterziehen, den Nebel im Innern zu vertreiben und die Trägheit, an die er sich gewöhnt hat, zu überwinden. Zu diesem Zweck sollte er vor dem Einschlafen beschließen, nach dem Verlassen des physischen Körpers möglichst wach zu werden, um etwas wahrzunehmen oder irgendeine sinnvolle Aufgabe zu erfüllen. Dies trägt zur Beschleunigung des natürlichen Evolutionsprozesses bei. Zunächst aber sollte er seinen gesunden Menschenverstand und moralische Eigenschaften entwickeln, und zwar aus folgenden Gründen:

a) Damit er die erlangten Kräfte nicht missbraucht.

b) Um in Anwesenheit von Kräften, die er weder versteht noch beherrschen kann, nicht von Furcht überwältigt zu werden.

3) Durch Zufall oder aufgrund irgendwelcher magischen Zeremonien mag er den Vorhang so zerreißen, dass er niemals mehr völlig geschlossen werden kann. Derartige Vorfälle werden von H. P. Blavatsky und im *Zanoni* von Bulwer-Lytton beschrieben.

4) Ein Freund wirkt von außen auf die Hülle ein, die den Menschen umgibt, und erhebt ihn allmählich zu höheren Möglichkeiten. Dies kann allerdings nur dann geschehen, wenn der Freund ganz sicher ist, dass die zu erweckende Person Mut, Hingabe oder andere für eine sinnvolle Arbeit erforderliche Eigenschaften besitzt.

Aber der Bedarf an Helfern auf der Astralebene ist so groß, dass jeder Strebende unverzüglich gefördert werden wird, sobald er seine Bereitschaft zeigt.

Selbst die Entwicklung eines für die Astralwelt erwachten Kindes geht so schnell vonstatten, dass es auf dieser Ebene bald eine kaum geringere Stellung einnimmt als ein erwachter Erwachsener. Einem weisen, aber noch unerwachten Menschen wäre es in Bezug auf Nützlichkeit weit voraus.

Solange aber das durch diesen Kinderkörper zum Ausdruck gebrachte Ego nicht den nötigen Anforderungen einer entschlossenen, doch liebevollen Veranlagung entspricht und sie in früheren Leben verwirklicht hat, wird kein Esoteriker die schwerwiegende Verantwortung auf sich nehmen, es auf der Astralebene zu erwecken. Besteht die Möglichkeit, Kinder in dieser Weise wachzurütteln, erweisen sie sich oft als ausgesprochen tüchtige Arbeiter auf der Astralebene und werfen sich aus tiefster Überzeugung in ihre Arbeit, was wunderschön anzuschauen ist.

Während es verhältnismäßig einfach ist, einen Menschen auf astraler Ebene zu erwecken, erweist es sich als praktisch unmöglich, ihn wieder einzuschläfern, es sei denn durch den höchst unerwünschten Gebrauch von mesmerischen Einflüssen.

Wachen und Schlafen sind in Wirklichkeit eins. Im Schlaf erkennen wir diese Tatsache und besitzen die anhaltende Erinnerung an beide Zustände. Die astrale Erinnerung schließt die physische mit ein, obwohl das physische Erinnerungsvermögen keineswegs immer die astralen Erlebnisse umfasst.

Das Phänomen des Schlafwandelns (Somnambulismus) tritt offensichtlich in verschiedener Weise auf.

(1) Das Ego kann unter Abwesenheit des Mental- und Astralkörpers unmittelbarer auf den irdischen Körper einwirken. In einem solchen Fall mag jemand Gedichte schreiben oder Bilder in einer Weise malen, die sein Können im Wachzustand weit übersteigt.

(2) Der physische Körper arbeitet automatisch und aufgrund von Gewohnheit und wird nicht vom Menschen selbst beherrscht. So mag sich ein Hausangestellter mitten in der Nacht erheben, Feuer anzünden oder sich irgendwelchen anderen gewohnten Haushaltspflichten zuwenden. Es kann auch geschehen, dass der schlafende Körper bis zu einem gewissen Ausmaß den Gedanken ausführt, der den Geist kurz vor dem Einschlafen beschäftigt hat.

(3) Ein von außen kommendes inkarniertes oder verstorbenes Wesen mag von dem schlafenden Körper Besitz ergreifen und ihn für seine eigenen Zwecke gebrauchen. Ein derartiger Fall könnte leicht bei einer medial veranlagten Person eintreten, deren Körper loser aneinandergefügt sind als üblich und sich daher müheloser trennen lassen. Im Normalfall aber bietet das Austreten des Astralkörpers keine Möglichkeit zur Besessenheit, da das Ego immer eine enge Verbindung zu seinem Körper aufrechterhält und jeder derartige Versuch ließe ihn schleunigst zurückkehren.

(4) Der umgekehrte Fall könnte ebenfalls eintreten. Wenn die Prinzipien oder Körper enger als gewöhnlich miteinander verzahnt sind, nimmt der Mensch den ätherischen Körper mit, wenn er in seinem Astralkörper ein entfernt gelegenes Ziel aufsucht, da die beiden Hüllen sich nicht völlig voneinander trennen.

(5) Somnambulismus hängt wahrscheinlich auch mit der vielschichtigen Problematik der verschiedenen Bewusstseinsebenen im Menschen zusammen, die unter normalen Umständen unfähig sind, sich zu manifestieren.

Dem Dasein im Schlaf sehr verwandt, ist der Trancezustand, bei dem es sich um einen natürlich oder künstlich herbeigeführten Schlafzustand handelt. Medien und feinfühligen Menschen fällt es nicht schwer, aus dem physischen Körper in ihren Astralkörper zu gleiten, was gewöhnlich unbewusst geschieht. Letzterer kann sich dann an ferne Orte begeben, Eindrücke von den dort vorhandenen Gegenständen sammeln und sie zum physischen Körper zurückzubringen. Im Falle eines Mediums vermag er diese Eindrücke mittels des in Trance versetzten physischen Körpers zu beschreiben. Im Allgemeinen aber bewahrt das physische Gehirn diese Eindrücke nicht, sobald das Medium aus der Trance zurückkehrt. In der physischen Erinnerung bleibt keine Spur von dem Erlebten. Gelegentlich, doch selten, gelingt es dem Astralkörper, im Gehirn einen bleibenden Eindruck zu hinterlassen, so dass es dem Medium möglich ist, sich an das während der Trance erworbene Wissen zu erinnern.

KAPITEL 10

Träume

Bewusstsein und Aktivität im Astralkörper sind eine Sache, die Erinnerung des Gehirns daran eine völlig andere. Das Vorhandensein oder Fehlen der physischen Erinnerung beeinträchtigt keineswegs das astrale Bewusstsein oder die Fähigkeit, vollkommen ruhig und frei auf dieser Ebene zu wirken. Es ist durchaus üblich, dass jemand, während der physische Körper schläft, frei und sinnvoll in seinem Astralkörper wirkt und sich trotzdem bei seiner Rückkehr in den physischen Körper nicht mehr im geringsten daran erinnert.

Der Bewusstseinsbruch zwischen dem astralen und dem irdischen Leben ist entweder auf eine fehlende Entwicklung des Astralkörpers zurückzuführen oder auf den Mangel an einer ausreichenden Ätherbrücke zwischen der astralen und der grobstofflichen Materie der Körper.

Die Brücke besteht aus dem eng gewobenen Gewebe atomarer Materie, durch die die Schwingungen passieren müssen und die einen Augenblick der Bewusstlosigkeit, die wie ein Schleier wirkt, zwischen Wachen und Schlafen herbeiführt.

Der einzige Weg, die Erinnerung an das Astralleben in das physische Gehirn zu bringen, besteht in einer ausreichenden Entwicklung des Astralkörpers und dem Erwachen der ätherischen Chakras, deren Aufgabe es unter anderem ist, Kräfte aus dem Astralen in das Ätherische weiterzuleiten. Außerdem bedarf es der Aktivität der Hypophyse, die die Astralschwingungen im Brennpunkt vereinigt.

Manchmal spürt man beim Erwachen, etwas erlebt zu haben, an das man sich aber nicht mehr erinnern kann. Dieses Gefühl weist auf astrales Bewusstsein hin, obwohl das Gehirn nicht imstande ist, die Erfahrung zu registrieren. Manchmal gelingt es dem Menschen in seinem Astralkörper, dem ätherischen Doppel und der grobstofflichen Physis einen flüchtigen Eindruck zu hinterlassen, was sich in einer lebhaften Erinnerung an das Astralleben niederschlägt. Dies geschieht bisweilen absichtlich, wenn der Mensch fühlt, dass er sich auf physischer Ebene daran erinnern sollte. Eine solche Erinnerung verblasst gewöhnlich sehr rasch und lässt sich nicht neu beleben. Die Bemühungen, sie wiederzugewinnen, schlagen völlig fehl, da die kräftigen Schwingungen des physischen Gehirns die feineren Astralschwingungen überwältigen.

Es gibt auch Begebenheiten, die einen derartig lebhaften Eindruck im Astralkörper hinterlassen, dass sie sich aufgrund einer Art Rückprall im physischen Gehirn niederschlagen.

In vielen Fällen gelingt es dem Menschen, dem physischen Gehirn neue Kenntnisse einzuprägen, ohne sich jedoch daran erinnern zu können, wo und wie er dieses Wissen gewonnen hat. Plötzlich erkennt er die Lösung von Problemen, die zuvor unlösbar zu sein schienen oder es fällt Licht auf bislang unklare Fragen. Solche Beispiele weisen darauf hin, dass sich der Astralkörper im Hinblick auf seinen systematischen Aufbau und seine Funktion weiter entwickelt, obwohl die Aufnahmefähigkeit des physischen Körpers immer noch begrenzt ist.

Zeigt das physische Gehirn eine Reaktion, entstehen lebhafte, vernünftige und zusammenhängende Träume, wie sie viele Leute von Zeit zu Zeit erleben.

Einige Leute kümmert es nicht, ob sich das physische Gehirn erinnert oder nicht, und neun von zehn möchten am liebsten gar nicht wieder in ihren Körper zurückkehren. Der Übergang von der Astralwelt in die physische Hülle wird von einem Gefühl der Einengung begleitet, so als werde man von einem dicken, schweren Mantel eingehüllt. Die Freude über das Astralleben ist so groß, dass im Vergleich dazu das irdische Dasein überhaupt kein Leben zu sein scheint. Für viele bedeutet die Rückkehr in den irdischen Körper das, was für andere die tägliche Fahrt ins Büro ist. Sie spüren keine Abneigung, kämen aber nicht zurück, wenn sie sich nicht genötigt fühlten.

Bei hochentwickelten und fortgeschrittenen Menschen liegt eine voll ausgebaute Ätherbrücke zwischen der Astral- und der physischen Welt vor, wodurch der Bewusstseinsbruch zwischen dem astralen und dem irdischen Leben aufgehoben wird. Für solche Leute besteht das Leben nicht mehr aus Tagen der Erinnerung und Nächten des Vergessens, sondern diese bilden ein fortwährendes Ganzes, gekennzeichnet durch ein nichtunterbrochenes Bewusstsein.

Bisweilen mag ein Mensch, der sich normalerweise nicht an sein Astralleben erinnern kann, aufgrund eines Unfalls oder einer Krankheit oder auch absichtlich mittels bestimmter Übungen die Kluft zwischen dem astralen und physischen Bewusstsein überbrücken, so dass von diesem Augenblick an sein Bewusstsein ungebrochen bleibt und seine Erinnerung an sein Leben während des Schlafs vollkommen sein wird. Doch zuvor muss er natürlich bereits volles Bewusstsein in seinem Astralkörper entwickelt haben. Nur das Zerreißen des Schleiers zwischen dem Astralen und dem Physischen geschieht plötzlich, nicht die Entwicklung des Astralkörpers.

Das Traumleben kann sich als Folge geistigen Wachstums stark verändern. Jeder vom Geist in das physische Gehirn entsandte Impuls muss den Astralkörper passieren. Da dessen Substanz sehr viel stärker auf Gedankenschwingungen reagiert als die grobstoffliche Materie, sind die Auswirkungen im Astralkörper dementsprechend größer. Hat ein Mensch geistige Kontrolle erlangt, hat er also gelernt, sein Gehirn zu beherrschen, sich zu konzentrieren und zu denken wie und wann er will, wird sich ein entsprechender Wandel in seinem Astralleben vollziehen. Bringt er die Erinnerung an dieses Leben in sein physisches Gehirn, werden seine Träume lebendig, zusammenhängend, vernünftig und sogar belehrend sein.

Je mehr das physische Gehirn geschult ist, auf die Schwingungen des Mentalkörpers zu reagieren, desto einfacher gestaltet sich die Überbrückung der Kluft zwischen dem Wach- und dem Schlafbewusstsein. Das Gehirn sollte zunehmend zu einem gehorsamen Werkzeug des Menschen werden, das den Impulsen seines Willens gemäß tätig ist.

Von gewöhnlichen Ereignissen zu träumen, beeinträchtigt das astrale Wirken nicht, da sich das Träumen im physischen Gehirn abspielt, während sich der wirkliche Mensch irgendwo mit anderen Dingen beschäftigt. Im Grunde genommen ist es unbedeutend, womit sich das Gehirn abgibt, solange es Abstand von unerwünschten Gedanken hält.

Sobald ein Traum begonnen hat, kann sein Verlauf im Allgemeinen nicht geändert werden, aber man kann das Traumleben bis zu einem beachtlichen Ausmaß unmittelbar kontrollieren. Der letzte Gedanke vor dem Einschlafen sollte rein und erhebend sein, da er den Grundton anklingen lässt, der die Art des Traumes weitgehend bestimmt. Ein böser oder unreiner Gedanke zieht üble Einflüsse und Geschöpfe an, die sich auf den Geist und den Astralkörper auswirken und niedere irdische Wünsche wecken.

Sind die Gedanken des Menschen beim Einschlafen auf hohe und heilige Dinge gerichtet, wird er sich automatisch mit Elementalen umgeben, die durch ähnliche Bemühungen anderer Menschen geschaffen wurden, und seine Träume werden folglich hell und rein sein.

Da dieses Buch in erster Linie der Besprechung des Astralkörpers und der damit einhergehenden Phänomene dient, erübrigt sich eine erschöpfende Ausführung über das umfangreiche Gebiet des Traumbewusstseins. Um aber den angemessenen Stellenwert des Astralkörpers zu beleuchten, soll eine kurze Übersicht über die Hauptmerkmale, die bei der Entstehung von Träumen eine Rolle spielen, gegeben werden. Einzelheiten zu diesem Thema findet der Schüler in dem hervorragenden

Leitfaden »Träume« von C.W. Leadbeater, dem die folgenden Auszüge entnommen wurden.

Die an der Entstehung von Träumen beteiligten Faktoren sind:

(1) Das *niedere physische Gehirn* mit seinem kindlichen Halbbewusstsein und seiner Gewohnheit, jeden Reiz bildhaft auszudrücken.

(2) Der *ätherische Anteil des Gehirns*, durch den eine endlose Reihe unzusammenhängender Bilder strömt.

(3) Der *Astralkörper*, der von den stürmischen Wogen der Begierden und Emotionen erzittert.

(4) Das *Ego* (im Kausalkörper), das auf jeder Bewusstseinsebene sein kann, von einer fast völligen Unempfindsamkeit bis zu einer vollkommenen Beherrschung seiner Fähigkeiten.

Wenn sich der Mensch zur Ruhe begibt, zieht sich sein Ego in ihm weiter zurück und gewährt seinen einzelnen Hüllen mehr Freiheit, ihre eigenen Wege zu gehen. Die getrennten Körper sind (1) für äußere Eindrücke sehr viel empfänglicher als zu anderen Zeiten und besitzen (2) ihr recht verkümmertes Eigenbewusstsein. Daraus ergeben sich dann die Träume und verwirrten Erinnerungen des physischen Gehirns an die Erlebnisse der anderen Körper während des Schlafes.

Die Ursache solcher wirren Träume liegt (1) an einer Reihe unzusammenhängender Bilder und der unmöglichen Umgestaltung durch die sinnlose, automatisch ablaufende Tätigkeit des niederen physischen Gehirns; (2) dem gelegentlichen Gedankenstrom, der den ätherischen Teil des Gehirns durchfließt; (3) der niemals zur Ruhe kommenden Flut irdischer Wünsche, die den Astralkörper bewegen und wahrscheinlich von Astraleinflüssen angeregt wurden; (4) einem unvollständigen Dramatisierungsversuch eines unentwickelten Egos; (5) einer Mischung von einigen oder allen Faktoren.

Wir wollen die Hauptelemente in jeder dieser Traumarten kurz beschreiben.

1. Träume des physischen Gehirns. – Wenn das Ego während des Schlafes die Kontrolle über das Gehirn vorübergehend aufgibt, besitzt der physische Körper immer noch ein schwaches Eigenbewusstsein. Hinzu kommt das Gesamtbewusstsein der einzelnen Zellen dieser Hülle. Die Gewalt des physischen Bewusstseins über das Gehirn ist sehr viel schwächer als die des Egos. Folglich gelingt es rein physischen Veränderungen, das Gehirn in größerem Umfang zu beeinflussen. Dazu gehören unregelmäßige Blutzirkulation, Magenverstimmung, Hitze, Kälte und so fort.

Das trübe physische Bewusstsein besitzt gewisse Eigenarten: (1) es ist weitgehend unwillkürlich; (2) es scheint einen Gedanken nur zu erfassen, wenn es selbst daran beteiligt ist; folglich werden alle von außen oder von innen kommenden Reize sofort in Wahrnehmungsbilder übersetzt; (3) es ist unfähig, abstrakte Vorstellungen oder Erinnerungen als solche aufzugreifen und verwandelt sie sofort in Fantasiewahrnehmungen; (4) jede örtliche Gedankenrichtung wird zum tatsächlichen, räumlichen Beförderungsmittel, das heißt, ein vorüberziehender Gedanke an China würde das Bewusstsein in seiner Vorstellung direkt nach China befördern; (5) es besitzt nicht die Kraft, die Abfolge, den Wert oder die objektive Wahrheit der Bilder, die vor ihm auftauchen, zu beurteilen. Es nimmt sie alle so auf, wie es sie gerade sieht und ist niemals von den Geschehnissen überrascht, seien sie noch so unvereinbar oder absurd; (6) es ist von dem Prinzip der Gedankenverbindungen abhängig, folglich werden unzusammenhängende Bilder leicht völlig verworren zusammengewürfelt, ausgenommen sie gehören zu Ereignissen, die zeitlich zufällig nahe beieinander liegen; (7) es ist ungewöhnlich empfänglich für die geringfügigsten äußeren Einflüsse, wie Klänge oder Berührungen, und (8) übertreibt und verzerrt sie in unglaublicher Weise.

Das physische Gehirn besitzt also die Fähigkeit, genügend Verwirrung und Übertreibung zu schaffen, die für viele, aber bei weitem nicht alle Traumphänomene verantwortlich sind.

2. Träume des ätherischen Gehirns. – Während der Körper schläft, reagiert das ätherische Gehirn sogar noch stärker auf äußere Einflüsse als im Wachbewusstsein. Wenn der Geist aktiv und somit das Gehirn beschäftigt ist, nimmt es den ununterbrochenen Aufprall von außen kommender Gedanken überhaupt nicht wahr. Sobald das Gehirn aber untätig wird, beginnt der unlogische Wirrwarr hineinzuströmen. Bei den meisten Menschen sind die Gedanken, die durch ihr Gehirn fließen, nicht ihre eigenen, sondern Bruchstücke von Gedankengängen anderer Leute. Besonders während des Schlafes greift es jeden vorübergleitenden Gedanken, der etwas findet, das mit ihm übereinstimmt, auf und eignet es sich an, was eine ganze Gedankenkette hervorbringt, die schließlich verblasst, und der zusammenhanglose und unsinnige Strom durchstreift das Gehirn erneut.

Da zum augenblicklichen Zeitpunkt der Evolution wahrscheinlich mehr schlechte als gute Gedanken umhertreiben, ist ein Mensch, der sein Gehirn nicht in der Gewalt hat, für alle möglichen Versuchungen offen, die ihm erspart blieben, wenn er seinen Geist unter Kontrolle hätte.

Selbst wenn diese Gedankenströme aufgrund der bewussten Anstrengung einer anderen Person vom ätherischen Bewusstsein des Schläfers ausgeschlossen werden, bleibt dieses Gehirn nicht völlig untätig, sondern beginnt, langsam und verträumt Bilder aus seinem Vorrat an alten Erinnerungen zu entfalten.

3. Astralträume. – Sie sind nur die Erinnerung des physischen Gehirns an das Leben und die Aktivitäten des Astralkörpers, während der physische Körper schläft. Der Astralkörper einer einigermaßen fortgeschrittenen Person vermag sich mühelos und sehr weit von ihrer physischen Hülle zu entfernen und mehr oder weniger klare Eindrücke von den Orten und Menschen, die er aufgesucht oder getroffen hat, zurückzubringen. Er lässt sich jederzeit sehr leicht von Gedanken und Anregungen beeinflussen, in denen Verlangen und Emotion schwingen, wobei die Art der

Begierde, die am ehesten eine Reaktion in ihm hervorruft, von der Entwicklung seiner Persönlichkeit, seiner Reinheit sowie der Qualität seines Astralkörpers abhängen wird.

Letzterer ist für die Einflüsse der vorbeiziehenden Gedankenströme jederzeit empfänglich, und ohne die bewusste Kontrolle durch den Geist wird er diese von außen auf ihn eindringenden Reize ununterbrochen aufnehmen und eifrig auf sie reagieren. Während des Schlafes zeigt er sich noch anfälliger dafür. Hat jemand ein physisches Verlangen, zum Beispiel nach Alkohol, völlig ausgemerzt, so dass er im Wachbewusstsein sogar einen gewissen Widerwillen dagegen verspüren mag, kann es dennoch oft geschehen, dass er im Traum trinkt und Vergnügen daran findet. Am Tage steht das Verlangen des Astralkörpers unter der Herrschaft des Willens, wird jener aber nachts freigesetzt, entflieht er weitgehend der Herrschaft des Egos und, auf äußere, astrale Einflüsse reagierend, macht sich die alte Gewohnheit wieder geltend. Diese Art von Traum mag vielen geläufig sein, die sich ernsthaft bemühen, ihre Wunschnatur willentlich zu beherrschen.

Vielleicht ist jemand in seinem früheren Leben ein Trunkenbold gewesen, und es gibt in seinem Astralkörper noch einen geringen Substanzanteil, der von den in dem »permanenten Atom« durch die Trunkenheit hervorgerufenen Schwingungen in ihn hineingezogen worden ist. Obwohl diese Materie im gegenwärtigen Leben nicht belebt wurde, kann sie im Traum aufgrund der nachlassenden Kontrolle des Egos auf von außen einwirkende Schwingungen des Trinkens ansprechen, und der Mensch träumt, dass er trinkt. Solche Träume müssen nicht beunruhigen, wenn man sie erst einmal begriffen hat. Dennoch sollten sie als eine Warnung betrachtet werden, dass immer noch die Möglichkeit besteht, das Verlangen nach Alkohol erneut zu wecken.

Ego-Träume. – So sehr sich der Astralkörper im Laufe seiner Entwicklung auch verändern mag, der Wandel des Egos oder des wahren Menschen, der ihn bewohnt, übertrifft diese Veränderung bei weitem. Während die Astralhülle kaum mehr als eine schwebende Dunstwolke darstellt, schläft das Ego fast genauso wie der physische Körper und ist blind für die Einwirkungen seiner eigenen Ebene. Selbst wenn irgendeine Idee aus dieser Welt das Ego erreichen sollte, wird es aufgrund seiner geringen oder fehlenden Macht über die niederen Körper nicht imstande sein, die Erfahrung dem physischen Gehirn einzuprägen.

Der Schlafende mag sich auf irgendeiner Stufe befinden, von der eines völligen Vergessens bis hin zum vollkommenen Astralbewusstsein. Obwohl es auf höherer Ebene viele wesentliche Erfahrungen geben mag, kann es dem Ego dennoch an der Fähigkeit mangeln, diese dem Gehirn einzuprägen, so dass es entweder überhaupt keine physische Erinnerung gibt oder nur eine sehr verschwommene.

Die Hauptmerkmale des Bewusstseins und der Erfahrungen des Egos, an die sich das Gehirn erinnert oder auch nicht, sind folgende:

(1) Das Zeit- und Raummaß des Egos unterscheidet sich stark von dem während des Wachbewusstseins; Raum und Zeit sind ihm offenbar unbekannt. Man weiß, dass das Ego in wenigen »Augenblicken« eine in Einzelheiten gehende Abfolge von Ereignissen erlebt, die Jahre zu dauern scheinen.

(2) Das Ego besitzt die Fähigkeit oder die Angewohnheit momentanen Aufbauschens. Es kann geschehen, dass ein physischer Laut oder eine Berührung das Ego nicht über den üblichen Nervenmechanismus erreicht, sondern direkt, und zwar den Bruchteil einer Sekunde bevor das physische Gehirn getroffen wird. Dieser winzige Zeitraum genügt dem Ego, eine Art Drama zu gestalten oder eine Reihe von Szenen aufzubauen, die in dem Ereignis gipfeln, das den physischen Körper aufweckt. Das Gehirn verwechselt den subjektiven Traum mit dem objektiven Geschehen und bildet sich ein, dieses Ereignis tatsächlich im Traum erlebt zu haben.

Aus geistiger Sicht gesehen, scheint ein verhältnismäßig unentwickeltes Ego diese Eigenart aufzuweisen. Im Laufe seiner geistigen Entfaltung wächst es über diesen kindlichen Zeitvertreib hinaus. Ein Mensch mit ungebrochenem Bewusstsein ist so stark in seine Arbeit auf höherer Ebene eingespannt, dass er auf solche Übertreibungen keine Energie verschwendet, weshalb es solche Träume für ihn nicht mehr gibt.

(3) Das Ego besitzt in gewisser Hinsicht die Gabe der Vorausschau und kann Ereignisse voraussehen, die geschehen können oder geschehen werden, falls man sie nicht verhindert, und prägt sie dem physischen Gehirn ein. Zahlreiche Fälle solcher prophetischer oder Warnträume sind bekannt. Manchmal schenkt man ihnen Beachtung, leitet die notwendigen Schritte ein, und das vorhergesehene Ereignis wird entweder umgewandelt oder vollkommen vermieden.

(4) Das während des Schlafes aus dem Körper getretene Ego scheint in Symbolen zu denken. Eine Idee, die auf irdischer Ebene nur mit vielen Worten zum Ausdruck gebracht werden könnte, wird ihm in einer einzigen symbolischen Darstellung übermittelt. Wenn sich das Gehirn, dem ein solcher Gedanke eingeprägt wurde, im Wachzustand daran erinnert, kann es sein, dass der Geist selbst das Symbol in Worte kleidet. Sickert aber nur das verschlüsselte Symbol durch, kann es zu Verwirrungen kommen. In Träumen dieser Art scheint gewöhnlich jeder Mensch seine eigene Symbolik zu besitzen; so kann Wasser auf bevorstehende Schwierigkeiten hinweisen, und Perlen mögen Tränen bedeuten.

Wünscht jemand sinnvoll zu träumen und möchte im Wachbewusstsein den Nutzen aus dem ziehen, was sein Ego nachts gelernt hat, sollte er bestimmte Punkte beachten.

Zuerst muss er dafür sorgen, im Wachzustand anhaltend und konzentriert zu denken. Jemand, der seine Gedankenwelt vollkommen beherrscht, wird immer wissen, worüber er nachdenkt und warum. Er erkennt, dass ein Gehirn, das in dieser Weise lernt, auf die Eingebungen des Egos zu hören, schweigt, wenn es nicht gebraucht wird, und es ablehnt, zufällig vorbeigleitende Gedankenwellen aufzunehmen und darauf zu reagieren.

Der Mensch wird dann wahrscheinlich Einflüsse von höheren Ebenen empfangen, eine klarere Einsicht gewinnen und wahrheitsgetreuer urteilen, als dies auf physischer Ebene der Fall ist. Es erübrigt sich hinzuzufügen, dass er wenigstens seine niederen Leidenschaften beherrschen sollte.

Von außen einströmende Gedanken können vom ätherischen Gehirn ferngehalten werden, indem man sich vor dem Einschlafen seine Aura vorstellt und sie unter Einsatz des Willens mit einer Schutzhülle umgibt, damit keine äußeren Einflüsse eindringen. Die aurische Substanz wird dem Gedanken gehorchen und die Hülle bilden. Dieser Schritt kommt dem gewünschten Ziel entgegen.

Die Bedeutung der letzten Gedanken vor dem Einschlafen, die sich mit lichten und edlen Dingen beschäftigen sollen, wurde bereits erwähnt. Besonders dann muss man darauf achten, wenn man Herr über seine Träume werden will.

In der hinduistischen Tradition gibt es folgende Bezeichnungen für die vier Bewusstseinszustände:

Jâgrat ist das übliche Wachbewusstsein.

Svapna ist das Traumbewusstsein, das im Astralkörper wirkt und seine Erfahrungen dem Gehirn einzuprägen vermag.

Sushupti ist das im Mentalkörper wirkende Bewusstsein, das seine Erfahrungen dem Gehirn nicht einzuprägen vermag.

Turiya ist ein Zustand der Verzückung, das auf buddhischer Ebene angesiedelte Bewusstsein. Es liegt so weit vom Gehirn entfernt, dass es sich durch äußere Mittel kaum ins Gedächtnis rufen lässt.

Diese Begriffe werden jedoch bedingt und dem jeweiligen Sinnzusammenhang entsprechend gebraucht. So wird in einer Deutung von *jâgrat* eine Verbindung der physischen und astralen Ebene verstanden, wobei die sieben Unterabteilungen den vier Zuständen der physischen Materie und den drei umfassenden Bereichen der Astralsubstanz entsprechen.

Für weitere Studien sei der Schüler auf *»Eine Einführung in* *den Yoga«* von Annie Besant sowie *»Eine Studie über das Bewusstsein«* hingewiesen. Das Wachbewusstsein ist hier als Teil des durch den grobstofflichsten Träger wirkenden Gesamtbewusstseins definiert.

KAPITEL 11

Kontinuität des Bewusstseins

Um ohne Bewusstseinsverlust von einem Körper in den anderen hinübergehen zu können, wie vom physischen in den astralen oder umgekehrt, müssen die Verbindungen zwischen ihnen entwickelt sein. Die meisten Menschen sind sich dieser Verknüpfungen nicht bewusst. Da sie nicht belebt sind, befinden sie sich in einem Zustand, der dem der rudimentären Organe des physischen Körpers gleicht. Sie müssen genutzt werden, um sich zu entfalten, und der Mensch sollte gezielt seine Aufmerksamkeit auf sie richten, damit sie ihre Aufgabe erfüllen. Der Wille setzt die Kundalini frei und lenkt sie; aber ohne die vorbereitende und sorgfältige Reinigung der Träger wirkt diese Energie zerstörend anstatt belebend. Aus diesem Grunde betonen alle esoterischen Lehrer die Notwendigkeit der Läuterung, die der Ausübung des wahren Yoga vorausgehen muss.

Hat sich jemand der Hilfe, die Verknüpfungen zu beleben, als würdig erwiesen, wird ihm diese Unterstützung wie selbstverständlich von denjenigen zuteil, die stets nach einer Gelegenheit suchen, einem ernsthaften und selbstlosen Aspiranten zu helfen. Eines Tages wird er in hellwachem Zustand aus seinem physischen Körper schlüpfen und ohne Bewusstseinsunterbrechung erkennen, dass er frei ist. Mit ein wenig Übung wird er sich an den mühelosen Übergang von einem Körper in den anderen gewöhnen. Die Entwicklung der Verbindungen überbrückt die Kluft zwischen dem physischen und dem astralen Bewusstsein, was zu einem kontinuierlichen Bewusstsein führt.

Der Schüler muss nicht nur lernen, auf der Astralebene genau zu sehen, sondern auch die Befähigung erlangen, die Erinnerung daran korrekt ins physische Gehirn zu übertragen. Um dies erreichen zu können, wird er darin geschult, sein Bewusstsein gleichbleibend von der physischen zur astralen und mentalen Ebene und wieder zurück zu bringen, da ansonsten immer die Möglichkeit besteht, dass seine Erinnerungen in den Leerräumen, die seine Bewusstseinsperioden auf den einzelnen Ebenen voneinander trennen, teilweise verlorengehen oder zerstört werden. Sobald die Kraft, das Bewusstsein zu verlagern, vollkommen erlangt ist, besitzt der Schüler den Vorteil, sich seiner astralen Fähigkeiten nicht nur während des Schlafes oder in Trance außerhalb seines Körpers zu bedienen, sondern auch in hellwachem Zustand in seinem gewöhnlichen Alltag.

Damit das physische Wachbewusstsein das Astralbewusstsein mit einschließen kann, bedarf es einer zunehmenden Entfaltung der Hypophyse und der Vervollkommnung der vierten Spirille in den Atomen.

Neben der Bewusstseinsverschiebung von einer Unterebene zur anderen, zum Beispiel von der astral atomaren zur niedersten Unterebene des Mentalen, gibt es noch eine andere Verbindungslinie, die man als 'atomare Abkürzung' bezeichnen kann.

Wenn wir die atomaren Unterebenen des Astralen, Mentalen und so fort als auf einem Stab nebeneinander liegend annehmen, kann man sich die übrigen Unterebenen wie Schlingen vorstellen, die vom Stab herabhängen, als sei ein Teilstück lose um ihn herumgewunden worden. Um nun von einer atomaren Unterebene zur nächsten voranzuschreiten, kann man sich entweder direkt den Stab entlang bewegen oder die hängenden Schlingen auf und ab verfolgen.

Unsere normalen Denkprozesse gleiten gleichmäßig durch die Unterebenen herab; aber geniale Einfälle und Geistesblitze nehmen ihren Weg ausschließlich durch die atomaren Unterebenen.

Es gibt noch eine dritte Möglichkeit in Bezug auf die Verbindung zwischen unseren Ebenen und den kosmischen Welten, die aber im Rahmen dieser Ausführungen über den Astralkörper und die damit in Zusammenhang stehenden Phänomene allzu schwer verständlich wäre.

Die Aufrechterhaltung des Bewusstseins zwischen der physischen und der astralen Ebene genügt natürlich nicht, um die Erinnerung an vergangene Leben wiederherzustellen. Dazu bedarf es einer weitaus höheren Entwicklung, auf die wir an dieser Stelle nicht eingehen werden.

Jemand, der die völlige Herrschaft über seinen Astralkörper erlangt hat, kann seinen physischen Körper natürlich jederzeit verlassen und sich weit von ihm entfernen.

Medien und übersinnlich veranlagte Menschen versetzen sich in Trance unbewusst in ihren Astralkörper, bringen aber gewöhnlich keine Erinnerung an ihre Erfahrungen mit, wenn sie zurückkehren. Geübte Schüler können bewusst in ihren Astralkörper gleiten, fern gelegene Orte aufsuchen und sich bei ihrer Rückkehr genau an jede Einzelheit erinnern.

Übersinnlich veranlagte Menschen oder Leute, die sich vorübergehend in einem anormalen nervlichen Zustand befinden, können solche Astralkörper wahrnehmen. Es gibt zahlreiche Fälle, in denen über derartige Astralbesuche von einer kurz vor ihrem Tode stehenden Person berichtet wird. Da die nahende Auflösung die Prinzipien gelockert hat, ist es ihr möglich geworden, dieses Phänomen herbeizuführen. In zahlreichen Krankheitsfällen wird die Astralhülle ebenfalls freigesetzt. Die Untätigkeit des physischen Körpers ist Voraussetzung für solche Astralreisen.

Jemand, der sich darauf versteht, vermag seinen Astralkörper zu verdichten, indem er aus der umgebenden Atmosphäre physische Materieteilchen hineinzieht und sich auf diese Weise genügend »manifestiert«, um physisch sichtbar zu werden. Dies erklärt viele Fälle von »Erscheinungen«, bei denen eine physisch abwesende Person von Freunden gesehen wurde.

KAPITEL 12

Der Tod und das Wunsch-Elemental

Beim Tod zieht sich das Bewusstsein kurzfristig aus dem dichten physischen Körper für einige Stunden in das ätherische Doppel und danach in den Astralkörper zurück.

Der Tod ist ein Vorgang des Entkleidens. Das Ego, der unsterbliche Teil des Menschen, schüttelt eine Hülle nach der anderen ab, zuerst die dichte, physische, dann das ätherische Doppel und danach sogar den Astralkörper.

In fast allen Fällen scheint sich der Übergang, selbst nach einer langen, leidvollen Krankheit, völlig schmerzlos zu vollziehen. Der friedliche Ausdruck auf dem Gesicht des Toten ist ein Beweis dafür, was auch die Aussage der meisten bezeugt, die kurz nach dem Tode zu diesem Punkt befragt wurden.

Im Augenblick des Todes, selbst wenn er plötzlich eintritt, sieht der Mensch sein vergangenes Leben in allen Einzelheiten vor sich. Innerhalb eines Augenblicks erkennt er die Kette der Ursachen, die sein Leben bestimmt hat; er sieht und versteht nun, wie er wirklich ist, ohne den Schmuck von Schmeichelei oder Selbstbetrug. Er betrachtet sein Leben und blickt hinunter auf die Arena, die er nun verlässt.

Der Bewusstseinszustand *unmittelbar* nach dem Tode ist gewöhnlich verträumt und friedvoll. Es wird auch eine gewisse Periode der Bewusstlosigkeit geben, die wenige Minuten, mehrere Stunden und manchmal sogar Tage oder Wochen andauern kann.

Die natürliche Anziehung zwischen dem astralen Gegenstück und dem physischen Körper führt dazu, dass der Astralkörper durch die Macht der Gewohnheit seine übliche Gestalt beibehält, weshalb sich das physische Erscheinungsbild nach dem Tode fast unverändert erhält. Fast – denn angesichts der Tatsache, dass sich die Astralmaterie sehr leicht durch den Gedanken gestalten lässt, wird jemand, der sich immer jünger sieht, als er in Wirklichkeit ist, wahrscheinlich ein etwas jüngeres Erscheinungsbild annehmen.

In den meisten Fällen tritt sehr bald nach dem Tode ein wesentlicher Strukturwandel im Astralkörper ein, der auf das Wunsch-Elemental zurückzuführen ist.

Ein großer Teil der Astralsubstanz besteht aus Elementaressenz. Diese lebendige, aber nicht intelligente Essenz wird vorübergehend von der allgemeinen Astralmaterie abgetrennt. Blindlings, instinktiv und ohne Vernunft verfolgt sie ihre eigenen Ziele und verfügt über große Geschicklichkeit, um ihre Wünsche zu erfüllen und ihre Entwicklung zu fördern.

Evolution bedeutet für sie den Abstieg in die Materie, mit der Absicht, eine Monade der Mineralwelt zu werden. Ihr Lebenszweck besteht deshalb darin, der physischen Ebene möglichst nahe zu kommen und viele grobe Schwingungen zu durchleben. Sie weiß und kann auch gar nichts von dem Menschen wissen, dessen Astralkörper sie beherbergt. Sie möchte ihr Sonderleben bewahren und spürt, dass ihr dies nur in Verbindung mit dem Menschen gelingt. Sie ist sich seines niederen Geistes bewusst und erkennt, dass je mehr Mentalsubstanz sie mit sich verstricken kann, desto länger wird ihr astrales Dasein währen.

Da sie weiß, dass der Tod des physischen Körpers ihre eigene Lebenszeit begrenzen und die Astralhülle mehr oder weniger rasch folgen wird, ordnet sie ihre Substanz in konzentrischen Kreisen oder Hüllen an, deren gröbste den äußeren Rand bildet, damit der Astralkörper des Menschen möglichst lange erhalten bleibt. Aus der Sicht des Wunsch-Elementals scheint dies eine kluge Überlegung zu sein, denn die gröbste Materie hält am besten zusammen und leistet den größten Widerstand.

Der neu gebildete Astralkörper wird *Yâtanâ*, leidender Körper, genannt. Im Falle eines sehr üblen Menschen, in dessen Astralkörper die gröbste Materie überwiegt, wird er als *Dhruvam* oder »starker Körper« bezeichnet.

Die Neugestaltung des Astralkörpers findet über der Oberfläche des physischen Körpers statt, nicht über der Eiform, die ihn umgibt.

Der uneingeschränkte Kreislauf der Astralsubstanz wird verhindert. Der Mensch reagiert nur noch auf solche Schwingungen, die über die äußere Schicht aufgenommen werden. Er ist sozusagen in einem Kasten eingesperrt und sieht und hört ausschließlich Dinge der niedrigsten und gröbsten Ebene.

Obwohl er sich inmitten höherer Einflüsse und wunderschöner Gedankenformen befindet, nimmt er deren Existenz fast überhaupt nicht wahr, da die Teilchen seines Astralkörpers, die auf diese Schwingungen reagieren könnten, eingeschlossen und unerreichbar sind.

Da er folglich in den Astralkörpern anderer ebenfalls nur die groben Schwingungen spüren kann und sich seiner eigenen Begrenzung in keiner Weise bewusst ist, wird er annehmen, der andere besitze ausschließlich diese unzulänglichen Eigenschaften, die er als einzige zu sehen vermag.

Das führt dazu, dass er in den Menschen seines Umfelds lasterhafte Ungeheuer sieht. Es verwundert daher nicht, wenn er die Astralwelt als Hölle betrachtet.

Trotz der Umgestaltung des Astralkörpers durch das Wunsch-Elemental lässt sich die Figur in der Eiform erkennen, obwohl sie durch die natürlichen Veränderungen im Laufe der Zeit insgesamt blasser und vergeistigter erscheint.

Mit der Zeit zerfällt der äußere Rand oder Ring, und der Mensch vermag auf die Schwingungen der nächst höheren Astralebene zu reagieren. Er »steigt zur nächsten Unterebene auf« und von dort zur übernächsten und so fort. Die Dauer seines Aufenthalts entspricht der Menge und Aktivität der Astralmaterie der jeweiligen Stufe.

Dieses »Aufsteigen« ist nicht unbedingt räumlich zu verstehen, es handelt sich vielmehr um eine Bewusstseinsverlagerung. Ein Mensch, dessen Astralkörper sich neu geordnet hat, konzentriert sein Bewusstsein von der äußeren auf die nächste innere Hülle. Auf diese Weise wird er allmählich weniger auf die niederen Schwingungen reagieren und statt dessen empfänglicher für die der höheren Ebenen werden. Die eine Welt mit ihren Kulissen und Bewohnern wird langsam seinen Blicken entschwinden und eine neue auftauchen.

Da sich die Hülle mit der Zeit zersetzt, verblasst das Gegenstück der physischen Objekte für ihn, während er die Gedankenformen klarer zu erkennen beginnt. Wenn er im Laufe dieses Prozesses einem anderen Menschen dann und wann begegnet, wird er annehmen, dass sich dessen Charakter zunehmend verbessert, was aber darauf zurückzuführen ist, dass er selbst nun dessen feinere Eigenschaften zu schätzen weiß. Die Neugestaltung des Astralkörpers beeinträchtigt fortwährend seinen Blick für die Freunde auf den einzelnen Stufen ihres Astrallebens.

Die meisten Menschen unterliegen einer solchen Neugestaltung ihrer Astralhülle, der willentlich entgegengewirkt werden kann. Jeder, der die Gegebenheiten dieser Ebene kennt, sollte es nicht zulassen, dass das Wunsch-Elemental den Astralkörper umbaut. Seine einzelnen Teilchen bleiben dann ebenso wie während des Lebens miteinander vermischt. Anstatt zeitweilig auf eine astrale Unterebene festgelegt zu sein, wird der Mensch, dem Aufbau des Astralkörpers entsprechend, von allen Unterebenen frei sein.

In seiner seltsam halbbewussten Weise wird sich das ängstliche Elemental bemühen, seine Furcht auf den Menschen zu übertragen, um ihn davon abzuhalten, es hinauszustoßen. Es ist vorteilhaft, diese Dinge vor dem Tode zu wissen.

Wenn die Neugestaltung oder Ringbildung bereits eingetreten ist, kann dieser Zustand trotzdem von jemandem aufgebrochen werden, der dem Menschen helfen möchte, so dass dieser auf der gesamten Astralebene zu wirken vermag, anstatt auf eine Ebene beschränkt zu sein.

KAPITEL 13

Das Leben nach dem Tode – Die Grundlagen

Es kann nicht nachdrücklich genug betont werden, dass sich im Menschen nach seinem Tode kein plötzlicher Wandel vollzieht. Im Gegenteil, er bleibt genau derselbe, der er vorher war, ausgenommen das Fehlen des physischen Körpers. Er besitzt denselben Intellekt, dieselbe Wesensart, dieselben Tugenden und Laster. Der Verlust der irdischen Hülle macht ihn ebenso wenig zu einem anderen Menschen wie das Ausziehen eines Mantels. Die Umstände, die er vorfindet, haben seine eigenen Gedanken und Wünsche bereits für ihn geschaffen. Es gibt keine von außen kommende Belohnung oder Strafe, sondern nur die unmittelbare Folge seiner eigenen Taten, Worte und Gedanken während seines irdischen Daseins.

Das Astralleben nach dem Tode entspricht der katholischen Vorstellung vom Fegefeuer und dem Hades oder der Unterwelt der antiken Griechen.

Bei der poetischen Vorstellung vom Tod als einem universellen Gleichmacher handelt es sich um eine aus Unwissenheit geborene Unsinnigkeit, da der Verlust des physischen Körpers den Intellekt oder den Charakter des Menschen keineswegs verändert. Unter den so genannten Toten gibt es eine ebensolche Vielfalt an Intelligenz wie unter den Lebenden.

Die erste und wichtigste Tatsache, die man erkennen muss, ist, dass es nach dem Tode kein fremdes, neues Leben gibt, sondern eine Fortsetzung des bisherigen Erdenlebens, nur unter anderen Voraussetzungen.

Dies zeigt sich darin, dass der Mensch kurz nach seiner Ankunft auf der Astralebene oft nicht weiß, dass er »tot« ist. Selbst wenn er erkennt, was mit ihm geschehen ist, versteht er am Anfang nicht, worin sich die Astralwelt von der physischen unterscheidet.

In einigen Fällen betrachten die Menschen die Tatsache, dass sie Bewusstsein haben, als einen Beweis dafür, dass sie gar nicht gestorben sind, und das trotz des viel gerühmten Glaubens an die Unsterblichkeit der Seele.

Wenn jemand vorher niemals etwas von einem Leben auf astraler Ebene gehört hat, werden ihn die völlig unerwarteten Gegebenheiten, in denen er sich befindet, wahrscheinlich mehr oder weniger verwirren. Schließlich akzeptiert er dieses Umfeld, das er nicht begreift, und hält es für erforderlich und unumgänglich.

Auf den ersten Blick wird er in den neuen Welten wahrscheinlich kaum einen Unterschied feststellen und annehmen, auf die gleiche Umgebung zu schauen wie zuvor. Jede Stufe astraler Substanz wird von der entsprechenden Stufe physischer Materie angezogen. Angenommen die physische Welt sei ausgelöscht, so würde man ein genaues, völlig unverändertes Ebenbild auf der Astralebene vorfinden. Demnach wird ein Mensch dort immer noch die Wände, Möbel, Leute und so fort, an die er gewöhnt war, genauso klar umrissen sehen. Bei näherer Betrachtung könnte er jedoch erkennen, dass sich die sichtbaren Astralteilchen, im Gegensatz zu den unsichtbaren, physischen, in ununterbrochener Bewegung befinden. Doch da nur wenige genau hinschauen, bemerkt der Verstorbene die Veränderung zunächst überhaupt nicht. Vor allem in der westlichen Welt können viele nicht glauben, dass sie tot sind, einfach weil sie immer noch hören, sehen, fühlen und denken. Was geschehen ist, wird ihm wahrscheinlich allmählich dämmern, da er erkennt, dass er zu den Freunden, die er sieht, keine Verbindung aufnehmen kann. Manchmal spricht er sie an, aber sie hören ihn nicht. Er versucht sie zu berühren und muss feststellen, dass sie es nicht bemerken. Selbst dann mag er sich eine Zeit lang einreden, er träume, da ihn seine Freunde, wenn sie schlafen, erkennen und sich mit ihm wie in alten Zeiten unterhalten.

Schritt für Schritt beginnt der Mensch, die Unterschiede zwischen seinem gegenwärtigen Leben und demjenigen, das er auf physischer Ebene führte, zu erkennen. So bemerkt er bald, dass alle Schmerzen und jegliche Müdigkeit von ihm abgefallen sind. Außerdem stellt er fest, dass sich die Gedanken und Gefühle in der Astralwelt in sichtbaren Formen ausdrücken, obwohl diese meistens aus der feineren Substanz der Ebene bestehen. Im Laufe seines Daseins treten sie zunehmend deutlicher hervor.

Obgleich ein Mensch in der Astralwelt die irdischen Körper seiner Freunde nicht sehen kann, nimmt er ihre Astralkörper wahr und kennt daher ihre Gefühle und Emotionen. Die Einzelheiten der Ereignisse in ihrem Leben vermag er nicht unbedingt wahrzunehmen, wohl aber Gefühle wie Liebe oder Hass, Eifersucht oder Neid, da sich diese über den Astralkörper der Freunde zum Ausdruck bringen.

Die Lebenden stehen oft unter dem Eindruck, die Toten »verloren« zu haben, was diese umgekehrt keineswegs so empfinden.

Jemand, der nach seinem Tode in seinem Astralkörper lebt, wird schneller und tiefer von den Gefühlen seiner Freunde in der physischen Welt berührt als zu Lebzeiten, da er keinen irdischen Körper mehr besitzt, der sein Empfinden abstumpft.

Gewöhnlich nimmt er nicht das vollständige Ebenbild eines Gegenstands wahr, sondern nur den Teil derjenigen Unterebene, auf der er sich zu diesem Zeitpunkt gerade aufhält.

Er erkennt durchaus nicht immer mit Sicherheit das astrale Gegenstück eines physischen Körpers, selbst wenn er es sieht. Es bedarf meistens einer erheblichen Erfahrung, bevor er die Objekte deutlich zu identifizieren vermag, und jeder Versuch, sich mit ihnen auseinanderzusetzen, macht ihn unbeholfen und unsicher. Das zeigt sich in Häusern, in denen es spukt, in denen Steine fliegen und in denen man die undeutlichen, schwerfälligen Bewegungen physischer Materie beobachten kann.

Da es dem Menschen oft nicht bewusst ist, dass er hier zum Leben weder durch Arbeit seinen Unterhalt verdienen muss noch der Nahrung und des Schlafes bedarf, fährt er nach dem Tode fort, mittels seiner Vorstellungskraft Mahlzeiten zuzubereiten und zu sich zu nehmen oder sogar ein Haus zu bauen, um darin zu wohnen. Es wurde von einem Fall berichtet, bei dem jemand Stein für Stein ein Haus errichtete und jeder einzelne Stein von seinen eigenen Gedanken geschaffen wurde. Unter Einsatz derselben Mühe hätte er das Haus natürlich auf einmal erbauen können. Man machte ihn aufgrund der Gewichtslosigkeit der Steine schließlich darauf aufmerksam, dass sich die Verhältnisse von denjenigen im physischen Leben unterschieden, was ihn veranlasste, die neue Umgebung weiter zu untersuchen.

In ähnlicher Weise kann es geschehen, dass jemand, dem das Astralleben noch nicht vertraut ist, die Tür oder das Fenster benutzt, um von einem Raum in den anderen zu gelangen und nicht weiß, dass er ebenso leicht durch die Wand gehen könnte. Aus demselben Grund wandert er über die Erde, anstatt über ihr zu schweben.

Hat sich jemand bereits während seines irdischen Lebens in irgendeiner Weise mit den astralen Bedingungen vertraut gemacht, wird ihm dieses Umfeld nach seinem Tode nicht fremd sein, und er wird wissen, was er mit sich selbst anfangen soll.

Wie die Erfahrung gezeigt hat, kann schon eine vernünftige Aufgeschlossenheit für die esoterische Lehre zu diesem Thema einem Menschen nach seinem Tode zum Vorteil gereichen, selbst wenn er diese Lehre nur als eine von vielen Vermutungen betrachtete und sie nicht weiter verfolgt hatte. Die weniger Glücklichen in dieser Beziehung sollten eine Bestandsaufnahme ihrer Lage vornehmen, die Art des vor ihnen liegenden Lebens zu erfassen trachten und sich bemühen, das Beste daraus zu machen. Sie täten gut daran, einen erfahrenen Freund um Rat zu fragen.

Die Bedingungen dieses Lebens führten zu *Kâmaloka*, was wörtlich der Ort oder die Welt des *Kâma* oder Verlangens heißt, es ist die Vorhölle der scholastischen Theologie. Im Grunde genommen versteht man unter *Kâmaloka* einen Bereich, in dem sich intelligente und halb-intelligente Wesen aufhalten. Dort drängen sich zahlreiche Arten und Formen lebendiger Dinge, die sich von einander unterscheiden wie der Grashalm vom Tiger und dieser vom Menschen, wobei unendlich viele andere Wesen Seite an Seite mit verstorbenen Menschen leben (vgl. Kap. XIX-XXI). Diese und die physische Welt durchdringen sich gegenseitig. Da beide einen unterschiedlichen Materiezustand besitzen, bestehen sie nebeneinander, ohne dass die jeweils in ihnen lebenden Wesen sich der gegenseitigen Anwesenheit bewusst sind, was nur unter ungewöhnlichen Umständen geschieht.

Kâmaloka wird nicht örtlich, sondern aufgrund des Bewusstseinszustandes der darin lebenden Wesen von der übrigen Astralwelt abgetrennt. Bei diesen Wesen handelt es sich um Menschen, die ihren grobstofflichen und ätherischen Körper abgeschüttelt, sich aber noch nicht vom *Kâma*, der leidenschaftlichen und emotionalen Natur, gelöst haben. Dieser Zustand wird auch *Pretaloka* genannt. *Preta* bedeutet ein Menschenwesen, das seinen physischen Körper verloren hat, auf dem aber noch das Gewand seiner tierischen Natur lastet. Den Zustand des *Kâmaloka* gibt es auf jeder Unterstufe der Astralebene.

Viele Verstorbene fühlen sich zunächst recht unbehaglich, andere erfasst eine schreckliche Furcht. Wenn sie den Gedankenformen gegenüberstehen, die sie und andere ihrer Art über die Jahrhunderte hinweg erschaffen haben – Gedanken eines persönlichen Teufels, einer verärgerten und grausamen Gottheit und der ewigen Verdammnis – schrumpfen sie oft zu einem bemitleidenswerten Zustand absoluter Furcht zusammen und verharren lange im Schmerz mentalen Leids, ehe sie sich aus der verhängnisvollen Verstrickung solcher törichter und völlig falscher Vorstellungen befreien können.

Es soll jedoch erwähnt werden, dass sich dieses fürchterliche Übel nur in den protestantischen Gemeinden in solcher Form verschärft. Die römisch-katholische Kirche, mit ihrer Lehre vom Fegefeuer, kommt der wahren Vorstellung von der Astralebene sehr viel näher. Ihre Gläubigen erkennen jedenfalls, dass der Zustand, in dem sie sich kurz nach dem Tode befinden, nur vorübergehend ist und es an ihnen liegt, sich möglichst bald durch intensives geistiges Streben darüber zu erheben. Sie nehmen jede Form von Leid als unumgänglich für die Vervollkommnung ihres Charakters an, ehe sie in höhere und lichtere Sphären aufzusteigen vermögen.

Obwohl die jeweilige Religion den Menschen auf das, was ihn erwartet und wie er sein Dasein auf der Astralebene gestalten sollte, vorbereiten müsste, wird dies in den meisten Fällen unterlassen. Folglich bedarf es in Bezug auf die neue Welt, in der er sich wiederfinden wird, einer umfangreichen Erklärung. Doch ebenso wie vor dem Tode, zeigen auch danach nur wenige Menschen eine vernünftige Aufgeschlossenheit für die Weiterentwicklung und die Möglichkeit, ihrer Lage entsprechend, das Beste daraus machen. Heute gibt es eine große Anzahl von Leuten, »lebendig« oder »tot«, die sich darum bemühen, denjenigen zu helfen, die verstorben sind, ohne um die wahre Natur eines Lebens nach dem Tod zu wissen (vgl. Kap. XXVIII über *Die unsichtbaren Helfer*). Leider zeigt sich der Unwissende auf astraler wie auf physischer Ebene selten bereit, aus dem Rat oder Beispiel eines Weisen Nutzen zu ziehen.

Für einen Menschen, der sich vor seinem physischen Tod bereits mit den wirklichen Gegebenheiten eines Lebens auf der Astralebene vertraut gemacht hat, ist eines der angenehmsten Merkmale dieses Daseins die Ruhe und vollkommene Freiheit von solchen zwingenden Notwendigkeiten wie Essen und Trinken, die das physische Leben belasteten. Auf der Astralebene findet er wirkliche Freiheit, er kann tun und lassen, was er will.

Wie bereits erwähnt, zieht sich jemand, der die irdische Ebene verlassen hat, ständig weiter in sich zurück. Der gesamte Kreislauf von Leben und Tod kann mit einer Ellipse verglichen werden, von der nur der untere Teil durch die physische Welt führt. Während des ersten Zyklusabschnitts tritt das Ego in die

Materie ein; der Zentralpunkt der Kurve sollte auf der Mitte des irdischen Lebens liegen, wenn sich die Kraft des Egos im nach außen gerichteten Vorstoß erschöpft hat und sich umwendet, um den langen Rückzugsprozess zu beginnen.

So kann jede physische Inkarnation als ein nach außen gerichtetes Eintreten des Egos, dessen Heimat im höher mentalen Bereich liegt, in die unteren Ebenen betrachtet werden. Das Ego setzt die Seele sozusagen als Kapitalanlage ein und erwartet als Gegenleistung zusätzliche Erfahrungen, die neue Werte in ihr entwickelt haben werden.

Der Lebensabschnitt, der nach dem Tode auf der Astralebene verbracht wird, liegt im Zeitraum des Rückzugs zum Ego. Während des letzten Abschnitts des Lebens auf der Erde sollten sich die Gedanken und Interessen des Menschen immer weniger auf rein physische Angelegenheiten richten. In ähnlicher Weise sollte er auf der Astralebene seine Aufmerksamkeit der niederen astralen Materie, aus denen sich das Ebenbild physischer Objekte zusammensetzt, allmählich entziehen und sie der höheren Materie zuwenden, aus der Wunsch- und Gedankenformen entstehen. Die Veränderung, der er sich unterzieht, hat weniger mit einer räumlichen (vgl. Kap. XIV) als vielmehr mit einer innerlichen Verlagerung seines Bewusstseins zu tun. Das Gegenstück zu der physischen Welt, die er verlassen hat, verblasst allmählich, und sein Leben gestaltet sich zunehmend in der Welt der Gedanken. Seine Wünsche und Emotionen bleiben. Aufgrund der Bereitschaft der Astralmaterie, diesen zu gehorchen, werden die Formen, die ihn umgeben, vorwiegend ein Ausdruck seiner eigenen Gefühle sein, deren Natur hauptsächlich dazu beiträgt, ob er ein glückliches oder unbehagliches Leben führen wird. Obwohl wir uns in diesem Buch nicht mit jenem Lebensabschnitt beschäftigen werden, der sich in den »himmlischen Welten«, nämlich der Mentalebene, abspielt, soll zum besseren Verständnis der Geschehnisse im Astralen darauf hingewiesen werden, dass es sich bei dem Astralleben weitgehend um eine Zwischenstation im Rahmen des Kreislaufs von Leben und Tod handelt. Dieser Aufenthalt bereitet das Leben auf der Mentalebene vor.

Unmittelbar nach dem physischen Tod wird der Astralkörper freigesetzt; aus der Sicht des Bewusstseins heißt das, *Kâma-Manas* wird frei. Daraus löst sich allmählich der Teil des niederen *Manas*, der nicht gänzlich mit *Kâma* verwickelt ist, und nimmt diejenigen Erfahrungen mit, die vom höheren Mentalkörper aufgenommen werden können.

Jener Anteil des niederen *Manas*, der mit dem *Kâma* verwoben bleibt, verleiht dem Astralkörper ein etwas verwirrtes Bewusstsein, eine zerrissene Erinnerung an das soeben abgeschlossene physische Leben. Waren die Emotionen und Leidenschaften stark und das mentale Element schwach, wird der Astralkörper gekräftigt werden, was ihn einen erheblichen Zeitraum am Leben erhalten wird. Andererseits erreicht er aufgrund der mit ihm verwobenen Mentalsubstanz eine beachtliche Bewusstseinshöhe. Falls sich das soeben beendete Erdenleben durch Geistigkeit und Reinheit und weniger durch Leidenschaft ausgezeichnet hat, wird der Astralkörper kaum Energie gewinnen, ein blasses Abbild des Menschen darstellen und verhältnismäßig rasch zerfallen und vergehen.

KAPITEL 14

Das Leben nach dem Tode

Das Astralleben eines Menschen betrachtend, müssen zwei wesentliche Punkte beachtet werden: (1) Die Länge der *Zeit*, die er auf den einzelnen Unterebenen verbringt und (2) seine *Bewusstseinsstufe* auf jeder dieser Unterebenen.

Der Zeitfaktor richtet sich nach dem Anteil der zu der Unterebene gehörenden Materie, die er im Laufe seines Erdendaseins in seinen Astralkörper eingebaut hat. Er wird sich so lange auf dieser Unterebene aufhalten müssen, bis sich die ihr entsprechende Materie in seinem Astralkörper aufgelöst hat.

Die Astralhülle, die er während seines physischen Lebens aufgebaut hat, wird direkt von seinen Leidenschaften, Wünschen, Emotionen und indirekt von seinen Gedanken sowie seinen irdischen Angewohnheiten bestimmt, wie Essen, Trinken, Sauberkeit, Enthaltsamkeit und so fort. Ein grober und plumper Astralkörper, der als Folge eines derben, ausschweifenden Lebens entstanden ist, wird den Menschen nur auf die niederen astralen Schwingungen reagieren lassen, so dass er nach dem Tode, während des langen und langsamen Zerfalls seines Astralkörpers, an die Astralebene gebunden bleibt.

Eine verfeinerte Astralhülle, die durch ein reines, edles Leben geschaffen wurde, macht den Menschen für die niederen und groben Astralschwingungen unempfänglich. Er reagiert nur noch auf die höheren Einflüsse, und es werden ihm kaum Schwierigkeiten in seinem Leben nach dem Tode begegnen. Seine Entwicklung wird leicht und rasch voranschreiten.

Seine Bewusstseinsstufe richtet sich danach, bis zu welchem Grad er die Materie der jeweiligen Unterebene in seinem irdischen Leben belebt und verwendet hat.

Wurde der tierischen Natur nachgegeben und durfte sie überhand nehmen, wurden die intellektuellen und geistigen Aspekte vernachlässigt oder unterdrückt, wird der Astral- oder Wunschkörper lange Zeit nach dem physischen Tod erhalten bleiben.

Wenn aber andererseits das Verlangen während des irdischen Lebens überwunden, im Zaum gehalten, geläutert und der höheren Natur untergeordnet wurde, vermag der Astralkörper kaum Energie zu gewinnen und wird schnell zerfallen und vergehen.

Der Durchschnittsmensch hat sich vor seinem Tode bestimmt nicht von allen niedrigen Wünschen befreit, weshalb er eine lange Periode in mehr oder weniger bewusstem Zustand auf den einzelnen Unterebenen zubringen muss, damit die von ihm selbst ins Leben gerufenen Kräfte sich auswirken können und das höhere Ego freigeben.

Sobald sich die Anziehungskräfte des Astralkörpers zu einer Ebene erschöpft haben, fällt der größere Teil seiner groben Partikel fort und er fühlt sich zu einer etwas höheren Existenzebene hingezogen. Seine spezifische Schwerkraft nimmt fortwährend ab, so dass er sich in einem ständigen Aufstieg von der dichten zur leichteren Schicht befindet und nur im Augenblick vollkommener Ausgeglichenheit innehält.

Auf einer bestimmten Unterebene der Astralwelt zu sein bedeutet, die Reaktionsfähigkeit derjenigen Partikel des Astralkörpers entwickelt zu haben, die zu dieser Ebene gehören. Um alle Unterebenen gleichzeitig wahrnehmen zu können, muss der gesamte Astralkörper diese Reaktionsfähigkeit besitzen.

Hat jemand ein reines und gutes Leben geführt und seine stärksten Gefühle und Bestrebungen sind selbstlos und geistiger Natur gewesen, wird ihn die Astralwelt nicht anziehen. Es wird kaum etwas geben, das ihn dort halten könnte oder tätig werden ließe, falls es einen kurzen Aufenthalt gäbe. Da er die irdischen Leidenschaften während seines physischen Lebens bewältigt und seine Willenskraft in höhere Kanäle geleitet hat, wird es nur wenig Energie des niederen Verlangens geben, die verarbeitet werden muss. Wahrscheinlich wird er diese kurze Zeit in träumerischem Halbbewusstsein zubringen, bis er in den Schlaf sinkt und seine höheren Prinzipien sich schließlich vom Astralkörper lösen und er in die Glückseligkeit der höheren Gefilde eintritt.

Mit anderen Worten, im Laufe des irdischen Lebens hat *Manas* das mit ihm verwobene *Kâma* geläutert, so dass nach dem Tode das sich zurückziehende Ego noch verbliebenes *Kâma* leicht abschüttelt. Ein solcher Mensch wird sich der Astralwelt kaum bewusst sein.

Vielleicht hat jemand aus seinen früheren Leben sehr viel grobe Materie in seinem Astralkörper angehäuft. Selbst wenn diese aufgrund seiner Erziehung und Lebensführung nicht zum Tragen gekommen, größtenteils herausgefallen und durch feinere Materie ersetzt worden ist, mag noch ein beachtlicher Anteil zurückgeblieben sein. Das bedeutet, dass er sich so lange auf einer niederen Astralstufe aufhalten muss, bis sich die grobe Materie vollständig herausgelöst hat. Da sie nicht belebt worden war, wird der Mensch diese Zeit auf der Astralebene schlafend verbringen.

Es gibt einen so genannten kritischen Punkt zwischen zwei Erscheinungsformen eines Stoffes. Eis kann zu einem Punkt gebracht werden, an dem es durch die geringste Erhöhung der Wärmezufuhr zur Flüssigkeit wird. Mit Wasser verhält es sich ebenso; an jenem kritischen Punkt geht es in den dampfförmigen Zustand über. In gleicher Weise können alle Unterschichten der Astralmaterie bis zu einem gewissen Feinheitsgrad gebracht werden. Jede weitere Verfeinerung würde zu einer Umwandlung in die nächst höhere Unterschicht führen. Ist dieser Vorgang in jeder einzelnen Materieschicht des Astralkörpers abgelaufen, so dass dieser bis ins Letzte geläutert wurde, wird die erste Berührung der Zersetzungskraft seinen Zusammenhalt erschüttern, ihn auflösen und in seinen ursprünglichen Zustand zurückführen. In diesem Augenblick gibt er den Menschen frei, zur nächsten Unterebene weiterzuschreiten. In unvorstellbarer Geschwindigkeit wird er so die Astralwelt durcheilen und praktisch sofort in die höheren Welten hinübergehen.

Jeder muss nach seinem Tode alle Unterebenen der Astralwelt durchschreiten, bevor er in die himmlischen Welten gelangt. Inwieweit dies bewusst geschieht und wie lange er sich auf den einzelnen Ebenen aufhält, hängt von den genannten Faktoren ab.

Wie bewusst und wie lange jemand die Astralwelt erlebt, ist demnach sehr unterschiedlich. Manche verweilen nur wenige Stunden oder Tage dort, andere wiederum etliche Jahre oder sogar Jahrhunderte. Für den Durchschnittsmenschen beträgt dieser Zeitraum etwa zehn bis dreißig Jahre.

Der Abstand zwischen den einzelnen Erdenleben lässt sich nicht allgemein festlegen. An dieser Stelle kann nur der astrale Aspekt kurz angesprochen werden. Zum Zwecke eingehender Studien sei auf das Buch *»Das innere Leben«* (Bd II) von C.W. Leadbeater hingewiesen.

Drei Hauptfaktoren sollten beachtet werden:

(1) Die Stufe des Egos

(2) Die Art der Individualisierung

(3) Länge und Art des letzten Erdenlebens

Im Allgemeinen kann man sagen, dass ein Mensch, der jung stirbt, sich rascher wieder inkarnieren wird als jemand, der ein hohes Alter erreicht hat. Im ersten Falle bedeutet dies jedoch einen langen Aufenthalt auf astraler Ebene, da der größte Teil der hier zu verarbeitenden Emotionen ihren Ursprung in den Anfängen des physischen Lebens nahm.

Unsere übliche Zeitrechnung ist in der Astralwelt kaum anwendbar. Sogar im physischen Leben scheinen einige Stunden der Furcht oder des Schmerzes unendlich lange zu dauern, was sich in der Astralwelt hundertfach verstärkt.

Diese Verzerrung der Tatsachen hat zu der falschen Annahme einer ewigen Verdammnis geführt.

Die Zeit, die auf den einzelnen Astralebenen verbracht und die Bewusstseinsstufe, mit der dieser Aufenthalt erlebt wird, hängt weitgehend davon ab, wie der Mensch auf der Erde gelebt hat. Ausschlaggebend ist außerdem seine geistige Einstellung nach dem physischen Tode.

Ebenso wie das irdische Leben, kann auch das astrale Dasein vom Willen gelenkt werden. Jemand mit geringer Willenskraft oder Initiative bleibt größtenteils ein Geschöpf seiner selbst gestalteten Umgebung. Ein entschlossener Mensch hingegen kann immer das Beste aus seiner Lage machen und sein eigenes Leben leben.

Aus diesem Grunde befreit sich der Mensch in der Astralwelt erst dann von seinen üblen Neigungen, wenn er dagegen angeht. Ohne entschiedenes Bemühen wird er zwangsläufig unter seiner Unfähigkeit leiden, seine Begierden zu befriedigen, was nur über einen physischen Körper geschehen kann. Im Laufe der Zeit werden die Wünsche erlahmen und absterben, da es keine Erfüllung für sie gibt.

Dieser Prozess kann erheblich beschleunigt werden, sobald der Mensch die Notwendigkeit erkennt, sich selbst von solchen üblen Begierden, die ihn zurückhalten, zu befreien und sich der erforderlichen Anstrengungen unterzieht. Jemand, der die wahre Lage nicht übersieht, brütet in seiner Unwissenheit gewöhnlich über seine Wünsche, verlängert somit deren Leben und klammert sich, solange er kann, verzweifelt an die grobe Astralsubstanz, da die damit verbundenen Empfindungen dem physischen Leben, nach dem er immer noch verlangt, am nächsten zu sein scheinen. Der richtige Weg wäre natürlich, alles irdische Verlangen abzutöten und sich möglichst rasch in sich selbst zurückzuziehen.

Selbst ein rein intellektuelles Wissen von den Gegebenheiten des Astrallebens, sind für ein Leben nach dem Tode von unschätzbarem Wert.

Der Mensch sollte unbedingt erkennen, dass er nach seinem physischen Tode beständig auf sein Ego zustrebt und er aus diesem Grunde seine Gedanken von den irdischen Dingen abwenden und seine Aufmerksamkeit den geistigen Angelegenheiten zuwenden sollte. Sie werden ihn beschäftigen, sobald er von der Astral- auf die Mentalebene oder in die himmlische Welt übergehen wird.

Mit einer solchen Einstellung wird er den natürlichen Zerfall des Astralkörpers stark fördern, anstatt unnötig und sinnlos auf den unteren Stufen der Astralebene Zeit zu verlieren.

Leider weigern sich sehr viele Menschen, ihre Gedanken aufwärts zu richten und klammern sich mit verzweifelter Hartnäckigkeit an irdische Dinge. Im Laufe des normalen Entwicklungsganges verlieren sie mit der Zeit die Verbindung zu den niederen Welten. Sich jeden Schritt ihres Weges erkämpfend, gestalten sie ihren Fortschritt unnötig schmerzhaft und langwierig.

Der Besitz eines physischen Körpers, der auf der irdischen Ebene als eine Art Angelpunkt wirkt, unterstützt den Menschen dabei, sich dem natürlichen Ablauf der Dinge zu widersetzen. Er sollte daher verbrannt werden, um die Verbindung zur physischen Ebene zu zerstören.

Einige typische Beispiele für das Leben nach dem Tode sollen die Natur und das Grundprinzip dieses Lebens beleuchten.

Ein farbloser Durchschnittsmensch, der weder besonders schlecht noch gut ist, wird durch den Tod keineswegs verwandelt – er bleibt farblos. Er wird weder besonders leiden noch große Freude verspüren. Das Leben mag ihm eher fade erscheinen, denn da er in seinem Erdendasein keine besonderen Interessen gepflegt hat, werden sie auch auf der Astralebene ausbleiben.

Haben ihn nur Klatsch, Sport, Geschäft oder Kleidung interessiert, wird er sich in der Astralwelt, in der es Derartiges nicht gibt, langweilen.

Jemand mit starken Begierden der niederen Art, wie ein Trunkenbold oder ein sinnlicher Mensch, wird sich in einer sehr viel schwierigeren Lage befinden. Seine Begierden und Wünsche bleiben nicht nur an ihm haften (die Sinneszentren haben ihren Sitz nicht im physischen Körper, sondern im *Kâma*); sie sind stärker als jemals zuvor, da sich ihre volle Kraft in der Astralmaterie zum Ausdruck bringt und nicht aufgesogen wird, um die schweren physischen Partikel in Bewegung zu setzen.

Auf dieser niedrigsten und verkommensten Stufe astralen Lebens scheint ein solcher Mensch der physischen Ebene immer noch nahe genug zu sein, um bestimmte Gerüche wahrzunehmen, obwohl der Kitzel gerade genügt, um seine wilden Begierden noch mehr zu erregen und ihn bis zur Verzweiflung zu quälen.

Da er aber keinen physischen Körper mehr besitzt, der allein sein Verlangen stillen kann, kommt er nicht zur Ruhe. Dieser Zustand wird auch als das »Feuer der Läuterung« bezeichnet, das so genannte »Fegefeuer«, von dem fast alle Religionen sprechen. Es kann lange währen, da es sich selbst verzehren muss, um zu vergehen.

Die diesem Vorgang zugrundeliegende Gerechtigkeit leuchtet ein. Der Mensch hat sein Umfeld aufgrund seiner Handlungen selbst geschaffen und das genaue Maß der Kraft und Dauer dieser Gegebenheiten festgelegt. Hierin liegt die einzige Möglichkeit, seine Fehler auszumerzen. Kehrte er sofort zur Erde zurück, würde er dieses nächste Leben genau an der Stelle beginnen, an der er das vorangegangene beendet hat, nämlich als Sklave seiner Leidenschaften und Gelüste. Die Möglichkeit, Herr seiner selbst zu werden, wäre kaum gegeben. Doch wie die Dinge liegen, werden sich seine Begierden erschöpft haben, und er wird sein nächstes Lieben ohne ihre Bürde beginnen können. Sein Ego, das eine herbe Lektion erfahren hat, wird wahrscheinlich alles daransetzen, seine niederen Körper davon abzuhalten, denselben Fehler erneut zu begehen.

Einem richtigen Trunkenbold gelingt es manchmal, sich mit einer Ätherhülle zu umgeben und sich teilweise zu manifestieren. Auf diese Weise atmet er den Alkoholgeruch ein, den er aber nicht im üblichen Sinne riecht. Ängstlich bemüht, zwingt er andere in den Zustand der Trunkenheit, damit er teilweise in ihren physischen Körper eintreten und Besitz von ihnen ergreifen kann, um durch sie seine Begierden stillen zu können.

Besessenheit kann dauerhafter oder vorübergehender Natur sein. Ein sinnlicher Mensch mag nach seinem Tode jeden Körper ergreifen, den er stehlen kann, um seine Gelüste zu befriedigen. Es gibt Fälle, in denen sich jemand des Körpers eines anderen bemächtigt, um Rache zu nehmen. So weiß man von einem Fall, in dem ein Mann die Tochter seines Feindes besetzte.

Die Willenskraft ist das beste Mittel, um einer Besessenheit vorzubeugen. Wenn sie auftritt, liegt es fast immer daran, dass das Opfer den eindringenden Einflüssen nachgegeben hat. Deshalb muss zuerst der Schritt der Unterwerfung rückgängig gemacht werden. Der Geist sollte erkennen, dass die menschliche Willenskraft stärker als jeder üble Einfluss ist und beständig darauf konzentriert sein, einer Besetzung entschieden entgegenzuwirken.

Eine solche Besessenheit ist höchst unnatürlich und für beide Teile äußerst schädigend.

Übertriebener Tabakgenuss wirkt sich nach dem Tode in bemerkenswerter Weise auf den Astralkörper aus. Dieser ist so stark von dem Gift durchtränkt, dass er sich versteift und weder richtig funktionieren noch sich frei bewegen kann. Der Mensch scheint wie gelähmt zu sein – fähig zu sprechen, aber bewegungslos und fast völlig von höheren Einwirkungen abgeschnitten. Wenn sich der vergiftete Teil seines Astralkörpers verbraucht hat, taucht er aus dieser misslichen Lage empor.

Der Astralkörper verändert seine Bestandteile ebenso wie der physische Körper, aber es gibt nichts, was der Zufuhr und Verarbeitung von Nahrungsmitteln entspricht. Die Astralteilchen, die wegfallen, werden durch andere aus der umgebenden Atmosphäre ersetzt. Das *rein physische* Verlangen von Hunger und Durst existiert nicht mehr; aber die im Astralen angesiedelte *Gier* des Vielfraßes, seine Esslust zu befriedigen oder die *Gier* des Trunkenbolds nach dem Gefühl, das der Aufnahme von

Alkohol folgt, bleiben bestehen. Da der physische Körper fehlt, durch den allein Befriedigung erzielt werden könnte, mag es zu schrecklichem Leid kommen.

Zahlreiche Mythen und Überlieferungen versinnbildlichen diesen Zustand. Tantalus, der unter brennendem Durst litt, musste zusehen, wie der Wasserspiegel sank, kurz bevor das Wasser seine Lippen berührte. Sisyphus war dazu verdammt, einen schweren Felsen bergauf zu stoßen, der immer wieder zurückrollte. Der Felsen symbolisiert die ehrgeizigen Pläne, mit dehnen sich dieser Mann fortwährend beschäftigt und feststellen muss, dass ihm der physische Körper fehlt, um sie auszuführen. Schließlich gibt er seine selbstsüchtigen Ambitionen auf, erkennt die Unsinnigkeit, seinen Felsen vorwärts stoßen zu wollen und lässt ihn am Fuße des Hügels ruhen.

Tityus war an einen Felsen gefesselt. Geier nagten an seiner Leber, die ebenso schnell nachwuchs wie sie aufgefressen wurde. Diese Geschichte versinnbildlicht einen Menschen, den die nagende Reue über seine auf der Erde begangenen Sünden quält.

Das Schlimmste, das sich der Durchschnittsmensch dieser Welt nach seinem Tode vorstellen kann, ist eine sinnlose und unsagbar langweilige Existenz, ohne vernünftige Interessen – die natürliche Folge eines Lebens, das hier auf der Erde mit Selbstgefälligkeit, Banalität und Geschwätz vergeudet wurde.

Die einzigen Dinge, nach denen ihn verlangt, fehlen, denn in der Astralwelt gibt es keine Beschäftigung, der er nachgehen könnte. Obwohl er beliebig viele Kameraden um sich hat, bedeutet Gesellschaft für ihn jetzt etwas anderes, da die Ansprüche, auf die sie sich gewöhnlich gründete, in dieser Welt nicht erhoben werden können.

Der Mensch gestaltet sein Fegefeuer und seinen Himmel selbst. Dabei handelt es sich nicht um Orte, sondern um Bewusstseinsebenen. Eine Hölle gibt es nicht; sie ist nur ein theologisches Fantasieprodukt. Weder das Fegefeuer noch der Himmel können jemals ewig sein, denn eine endliche Ursache kann keine unendliche Folge bewirken.

Dennoch, die schlimmsten Bedingungen, die ein Mensch nach dem Tode vorfinden mag, lassen sich wohl mit dem Ausdruck »Hölle« beschreiben, obwohl sie *nicht* von Dauer sind. Es kann geschehen, dass ein Mörder von seinem Opfer verfolgt wird und es ihm niemals gelingt, seiner quälenden Gegenwart zu entfliehen. Das Opfer selbst (falls nicht auch niederträchtiger Art) ist unbewusst, und gerade diese Unbewusstheit scheint der automatischen Verfolgung einen neuen Aspekt des Schreckens hinzuzufügen.

Solche Gegebenheiten entstehen nicht willkürlich. Es handelt sich dabei um die zwangsläufige Folge von Ursachen, die jede einzelne Person hervorruft. Die Lektionen der Natur sind hart, auf die Dauer gesehen aber gnädig, da sie in strenger, doch heilsamer Weise zur Entwicklung der Seele beitragen.

Die meisten Menschen sind nach dem Tode glücklicher als in ihrem Leben auf der Erde. Das erste Empfinden, das ihnen gewöhnlich bewusst wird, ist das einer wunderbaren und herrlichen Freiheit. Sie brauchen sich um nichts zu sorgen, und keine Pflichten lasten auf ihnen, ausgenommen derjenigen, die sie freiwillig übernommen haben.

Aus dieser Sicht betrachtet, ist die Behauptung durchaus gerechtfertigt, dass physisch »lebendige«, in einem irdischen Körper begrabene und eingezwängte Leute in Wirklichkeit weniger »lebendig« sind als die so genannten Toten. Letztere sind freier, weniger behindert durch materielle Gegebenheiten und können sehr viel wirkungsvoller und umfassender arbeiten.

Ein Mensch, der die Neugestaltung seines Astralkörpers nicht zugelassen hat, bewegt sich frei in der gesamten Astralwelt. Er empfindet sie nicht als unangenehm überfüllt, da sie das Ausmaß der Erdoberfläche bei weitem übersteigt, während ihre Einwohnerzahl geringer ist als die der Erde, da die durchschnittliche Lebensdauer in der Astralwelt kürzer ist als auf der physischen Ebene.

Neben den Verstorbenen halten sich auf der Astralebene etwa ein Drittel der Lebenden auf, die ihren Astralkörper während des Schlafes vorübergehend verlassen haben.

Obwohl die gesamte Astralebene allen, die eine Neugestaltung ihrer Astralhülle vermieden, offensteht, verweilt die größere Mehrheit in der Nähe der Erdoberfläche.

Betrachten wir als nächstes einen Menschen mit einigen geistigen Interessen wie Musik, Literatur, Wissenschaft und so fort. Da die Notwendigkeit entfällt, täglich seinen »Lebensunterhalt« zu verdienen, bleibt es ihm überlassen, seinen Vorlieben nachzugehen, solange er sie ohne physische Materie zu verwirklichen weiß. Während des Astrallebens ist es nicht nur möglich, der wunderbarsten Musik zu lauschen, sondern sie auch weit besser als vorher aufzunehmen, da es auf dieser Ebene andere und vollere Harmonien gibt, als sie das recht grobe, physische Gehör wahrzunehmen vermag. Dem Künstler steht die Lieblichkeit der höheren astralen Welt offen, um sich daran zu erfreuen. Der Mensch kann sich rasch von Ort zu Ort bewegen und die Wunder der Natur betrachten, was offensichtlich leichter geschieht, als es ihm auf der Erde jemals möglich gewesen wäre. Dem Historiker oder Wissenschaftler stehen die Bibliotheken und Laboratorien dieser Welt zur Verfügung. Sein Verständnis für die natürlichen Abläufe wird vollkommener sein, da er die inneren und äußeren Funktionen sieht und Ursachen erkennt, von denen ihm früher nur die Auswirkungen bekannt waren. Da er keinerlei Müdigkeit verspürt, wird seine Freude an diesen Erkenntnissen um so größer sein.

Ein Menschenfreund kann seine Wohltätigkeitsarbeit intensiver und unter besseren Bedingen verfolgen als dies auf physischer Ebene jemals möglich gewesen wäre. Es gibt Tausende, denen er helfen und mit größerer Gewissheit wahre Wohltaten erweisen kann.

Jeder besitzt nach dem Tode die Möglichkeit, sich auf der Astralebene neuen Studien zu widmen. Es gibt Leute, die auf diese Weise zum ersten Mal von der Theosophie hören. Es wird sogar von einem Fall berichtet, bei dem jemand dort die Tonkunst erlernte, was jedoch ungewöhnlich ist.

Im Allgemeinen gestaltet sich das Leben auf der Astralebene aktiver als in der physischen Welt, da die Astralsubstanz lebendiger und formbarer ist. Die Möglichkeiten in bezug auf Freude und Fortschritt überwiegen diejenigen des Erdenlebens in jeder Hinsicht. Sie liegen jedoch auf einer höheren Stufe, und es bedarf einer gewissen Intelligenz, um sie zu nutzen. Jemand, der während seines irdischen Daseins alle seine Gedanken und seine gesamte Energie ausschließlich materiellen Dingen gewidmet hat, wird wohl kaum fähig sein, sich an anspruchsvollere Umstände zu gewöhnen, da sein halb verkümmerter Geist nicht stark genug sein wird, die umfassenden Möglichkeiten eines großartigeren Lebens zu erfassen.

Ein Mensch, dessen Lebensweise und Interessen höherer Natur sind, vermag in wenigen Jahren astraler Existenz mehr Gutes zu vollbringen, als es ihm selbst das längste Erdenleben erlaubt hätte.

Da die astralen Freuden die der Erde bei weitem übersteigen, besteht die Gefahr, dass der Mensch von seinem Pfad abweicht. Doch selbst den Wonnen astralen Daseins gelingt es nicht, diejenigen in ernste Gefahr zu bringen, die bereits einen flüchtigen Einblick in die höheren Bereiche gewonnen haben. Der Mensch sollte nach dem Tode danach trachten, die Astralebenen möglichst rasch und sinnvoll zu durcheilen und sich den verfeinerten Freuden nicht stärker hinzugeben als denen der irdischen Welt.

Jeder entwickelte Mensch betätigt sich nach dem Tode, während seines Astrallebens, ebenso eifrig wie im physischen Leben. Zweifellos kann er in jedem Falle seinen eigenen Fortschritt und den anderer fördern oder hemmen und somit wesentliches Karma schaffen.

Wenn sich ein Mensch dauerhaft in der Astralwelt aufhält, verfügt er gewöhnlich über ein klareres Bewusstsein als bei seinem astralen Besuch während des Schlafes und kann daher besser denken und entschiedener handeln, so dass sich die Möglichkeiten, gutes oder schlechtes Karma zu bewirken, erhöhen.

Generell vermag ein Mensch Karma zu schaffen, ganz gleich wo sich sein Bewusstsein entwickelt oder wo er handelt oder Entscheidungen trifft. Auf der Astralebene ausgeführte Taten mögen demnach in der folgenden Inkarnation Früchte tragen.

Auf der untersten Stufe der astralen Unterebene beschäftigt sich ein Mensch, dessen Aufmerksamkeit anderen Dingen zugewandt ist, wenig mit dem, was sich in der physischen Welt abspielt, es sei denn er geistert an armseligen Orten herum.

Auf der nächsten, der sechsten Unterebene befinden sich diejenigen Menschen, die ihre Wünsche und Gedanken während des irdischen Lebens hauptsächlich auf rein weltliche Angelegenheiten konzentriert haben. Aus diesem Grunde halten sie sich auch weiterhin in der Nähe von Personen und Orten auf, mit denen sie im Leben am engsten verbunden gewesen sind. Sie erkennen Einzelheiten, die mit ihnen in Zusammenhang stehen. Die physische Materie selbst sehen sie nicht, nur deren astrales Gegenstück.

Ein von Menschen erfülltes Theater besitzt sein astrales Ebenbild, das die Astralwesen sehen können. Es ist ihnen jedoch nicht möglich, die Kostüme oder die Ausdrucksweise der Schauspieler wahrzunehmen. Die vorgetäuschten Emotionen der Schauspieler hinterlassen in der Astralwelt keinen Eindruck.

Die sechste Unterebene befindet sich auf der Erdoberfläche. Diejenigen, die sich dort aufhalten, sehen sich von den astralen Ebenbildern der auf physischer Ebene tatsächlich existierenden Gebirge, Bäume, Seen und so fort umgeben.

Auf der vierten und fünften Unterebene ist diese Bewusstheit irdischer Gegebenheiten ebenfalls möglich, wenn auch in rasch erfolgenden Abstufungen.

Von der dritten und zweiten Ebene aus wird ein Kontakt zur irdischen Welt nur mit großer Anstrengung über ein Medium möglich.

Von der höchsten, der ersten Unterebene aus, gestaltet sich sogar die Verbindung über ein Medium äußerst schwierig.

Diejenigen, die auf den höheren Unterebenen leben, gestalten ihr Umfeld nach eigenen Wünschen. Einige übernehmen bereits bestehende Landschaften, die von anderen geschaffen wurden. (Eine Beschreibung der verschiedenen Stufen der einzelnen Unterebenen findet sich in Kap. XVI)

In einigen Fällen gestalten Menschen seltsame, in ihren jeweiligen Religionsschriften beschriebene Szenen. Ihre unbeholfenen Bemühungen lassen Edelsteine auf Bäumen wachsen, gläserne Seen mit Feuer vermischen und Geschöpfe mit vielen inneren Augen und Gottheiten mit hundert Köpfen und Armen entstehen.

In dem so genannten »Sommerland« der Spiritisten halten Menschen gleicher Rasse und Religion ebenso zusammen wie in ihrem irdischen Alltag. Das führt zu einem Netzwerk von »Sommerland-Gruppen« über dem jeweiligen Land, dem sie einst angehörten. Ihre Gemeinden unterscheiden sich genau so von einander wie ähnliche Gemeinschaften auf physischer Ebene. Dieses Erscheinungsbild ist nicht nur bedingt durch eine natürliche Anziehung, sondern auch durch die Tatsache, dass es auf der Astralebene ebenfalls Sprachbarrierren gibt.

Bei spiritistischen Séancen in Ceylon stellte sich heraus, dass die sich mitteilenden Wesen Buddhisten waren, die ihre religiösen Ansichten jenseits des Grabes bestätigt fanden, ähnlich wie es bei Mitgliedern verschiedener christlicher Sekten Europas der Fall gewesen ist. Der Mensch begegnet auf der Astralebene nicht nur seinen eigenen Gedankenformen, sondern auch denen anderer Menschen, die mitunter das Ergebnis von jahrhundertelang praktizierten gleichartigen Gedankengängen bilden.

Eltern bemühen sich häufig, ihre persönlichen Wünsche,

die sich auf Dinge beziehen, die ihnen am Herzen liegen, auf ihre Kinder zu übertragen. Eine solche Beeinflussung ist tückisch. Der Durchschnittsmensch wird den ständigen Druck wahrscheinlich für seinen eigenen unbewussten Wunsch halten.

In zahlreichen Fällen haben sich Verstorbene zum Schutzengel der Lebenden ernannt. Jahrelang beschützen Mütter ihre Kinder, Ehemänner ihre Witwen und so fort.

In anderen Fällen überträgt ein verstorbener Schriftsteller oder ein Komponist seine Einfälle auf einen Schriftsteller oder Komponisten in der physischen Welt. Viele Bücher, die den Lebenden zugeschrieben werden, sind daher eigentlich das Werk von Toten. Die ausführende Person mag sich eines solchen Einflusses bewusst sein oder ihn nicht im Geringsten ahnen.

Ein bekannter Romanschriftsteller erklärte, er wisse nicht, woher seine Erzählungen kämen. Eigentlich wären sie nicht vom ihm, sondern durch ihn geschrieben. Sicherlich gibt es zahlreiche Beispiele für ähnliche Situationen, nur dass der Schreiber sich dessen nicht bewusst ist.

Ein Arzt interessiert sich häufig auch noch nach dem Tode für seine Patienten und ist bemüht, sie aus der anderen Welt zu heilen oder seinem Nachfolger Behandlungsmethoden einzugeben, die er aufgrund seiner neu erworbenen astralen Fähigkeiten für sinnvoll hält.

Die Mehrheit der durchschnittlich »guten« Leute, die eines natürlichen Todes sterben, nehmen wohl kaum etwas Physisches wahr, wenn sie die niederen Ebenen durcheilen und zu astralem Bewusstsein erwachen. Manche aber zieht es aus Sorge um einen Hinterbliebenen in den Einflussbereich der irdischen Welt zurück.

Die Trauer von Angehörigen und Freunden mag ebenfalls die Aufmerksamkeit des Heimgegangenen erregen und ihn unter Umständen wieder in die Erdsphäre ziehen. Diese abwärts gerichtete Tendenz nimmt aufgrund der Gewohnheit zu, und der Mensch wird wahrscheinlich seinen Willen einsetzen, um mit der physischen Welt in Berührung zu bleiben. Eine Zeit lang mag seine Kraft, irdische Dinge zu erkennen, zunehmen und dann plötzlich wieder schwinden. Wahrscheinlich wird dieses Empfinden seiner nachlassenden Kraft mentalen Schmerz verursachen, und er leidet. In vielen Fällen bereiten die Leute nicht nur sich selbst unnötigen Kummer, sondern fügen auch denjenigen, die sie beklagen, mit ihrer tiefen und unbeherrschten Trauer oft ernsthaften Schaden zu.

Ungeachtet der Länge seines astralen Aufenthalts, bleibt der Mensch während der gesamten Zeit im Einflussbereich der Erde. Der heftige Schmerz und die Sehnsucht von Freunden, die noch auf der Erde weilen, versetzen den Astralkörper des Verstorbenen in Schwingung und erregen dadurch seinen Geist oder das niedere Manas. Aus seinem träumerischen Zustand zur lebendigen Erinnerung an das irdische Leben aufgerüttelt, bemüht er sich vielleicht, seine irdischen Freunde über ein Medium zu erreichen. Ein solches Erwachen verursacht oft tiefes Leid, und der natürliche Rückzugsprozess des Egos wird in jedem Falle verzögert.

Die esoterischen Lehren raten durchaus nicht, die Verstorbenen zu vergessen. Die liebevolle Erinnerung an sie ist eine Kraft, die sehr wertvoll sein kann, wenn sie darauf ausgerichtet ist, den Weg in die himmlischen Welten und den unmittelbaren Zustand helfend zu unterstützen. Im Hinduismus gibt es daher die *Shrâddha*-Zeremonien und in der katholischen Kirche die Gebete für die Verstorbenen.

Gebete mit ihren begleitenden Zeremonien schaffen Elementale, die gegen den Astralkörper des *Kâmalok*a-Bewohners schlagen, seinen Zerfall beschleunigen und dadurch den Aufstieg in die himmlische Welt beschleunigen.

Bei einer für den Verstorbenen gehaltenen Messe wird diesem die herabströmende Kraft zweifellos zugute kommen. Das starke Gedenken an ihn erregt seine Aufmerksamkeit, so dass er bei der kirchlichen Zeremonie zugegen sein und an deren Auswirkungen großen Anteil haben kann. Selbst wenn dies unbewusst geschieht, lenken der Wille und die Gebete des Priesters den Kraftstrom auf die betreffende Person.

Ein einzelnes aufrichtiges Gebet oder der allgemeine Wunsch zum Wohle des Verstorbenen, mögen verschwommener und deshalb weniger wirkungsvoll sein als ein zielgerichteter Gedanke, besitzen aber insgesamt eine ungeahnte Wirkungskraft. Die Europäer sind sich kaum bewusst, wie viel sie jenen großen Religionsorden schulden, die sich Tag und Nacht dem unaufhörlichen Gebet für die verstorbenen Gläubigen widmen.

KAPITEL 15

Das Leben nach dem Tode II

Es gibt nach dem Tode praktisch keinen Unterschied zwischen dem Bewusstsein einer übersinnlich veranlagten Person und einem Durchschnittsmenschen, ausgenommen dass erstere mit der Astralmaterie vertrauter ist und sich in der neuen Umgebung eher zu Hause fühlen wird. Übersinnlich veranlagt zu sein bedeutet, einen in gewisser Weise empfindsameren physischen Körper zu besitzen, als es allgemein der Fall ist. Das Wegfallen des irdischen Körpers hebt diese Ungleichheit auf.

Ein plötzlicher Tod, wie durch einen Unfall, muss sich auf das Astralleben nicht unbedingt negativ auswirken. Doch der natürliche Tod erweist sich für die meisten Menschen als vorteilhafter. Das allmähliche Dahinschwinden der Alten oder die verheerenden Auswirkungen einer lang anhaltenden Krankheit werden fast unweigerlich von einer starken Lockerung und einem Aufbrechen der Astralteilchen begleitet. Wenn der Mensch auf der Astralebene sein Bewusstsein wiedererlangt, wird er feststellen, dass ein Teil seiner Hauptarbeit dort bereits für ihn erledigt wurde.

Wird das irdische Leben durch einen Unfall oder durch Selbstmord plötzlich abgebrochen, zerreißt die Bindung zwischen *Kâma* (Begierde) und *Prâna* (Lebenskraft) in den meisten Fällen nicht ohne Weiteres, was den Astralkörper stark belebt.

Der Rückzug der höheren Körper aus ihrem physischen Mantel, als Folge irgendeines plötzlichen Todes, lässt sich mit dem Herausziehen des Steins aus einer unreifen Frucht vergleichen. Ein erheblicher Teil grober Materie hängt noch an der Persönlichkeit fest, die folglich in der siebten oder niedrigsten astralen Unterebene gehalten wird.

Das mentale Entsetzen und die Verwirrung, die bisweilen mit einem Unfalltod einhergehen, bilden natürlich eine höchst ungünstige Vorbereitung für das Astralleben. In gewissen Fällen mag diese Erregung und der Schrecken noch einige Zeit nach dem Tode bestehen bleiben. Die Opfer der Todesstrafe erleiden nicht nur großen Schaden, weil der vor Hass, Leidenschaft, Rache und so fort bebende Astralkörper unvermittelt aus der physischen Hülle gerissen wird, sondern sie bilden auch ein besonders gefährliches Element in der Astralwelt. So unangenehm ein Mörder in seinem physischen Körper auch sein mag, er stellt sicherlich eine größere Gefahr dar, wenn er aus diesem hinausgetrieben wurde. Die Gesellschaft hat vielleicht die Möglichkeit, sich vor Mördern in ihrem physischen Körper zu schützen, vermag sich gegenwärtig aber nicht gegen Verbrecher zu verteidigen, die in der Flut ihrer Leidenschaften auf die Astralebene befördert wurden.

Sie können andere zum Mord anstiften. Es ist bekannt, dass sich manchmal in einer Gemeinde bestimmte Morde wiederholen.

Die Lage des Selbstmörders wird durch die Tatsache erschwert, dass der überstürzte Vorgang die Kraft des höheren Egos, seinen niederen Anteil zurückzuziehen, erheblich beeinträchtigt und ihn dadurch anderen großen Gefahren aussetzt. Dem Sachverhalt entsprechend, unterscheidet sich die Strafbarkeit des Selbstmords gewaltig, von der moralisch untadeligen Handlung des Sokrates bis hin zu dem armen Kerl, der Selbstmord begeht, um den irdischen Folgen seiner eigenen Untaten zu entfliehen. Ebenso verschieden gestaltet sich demnach auch die Lage nach dem Tode.

Die karmischen Folgen des Selbstmords sind gewöhnlich von großer Tragweite. Sie wirken sich mit Sicherheit auf das nächste und wahrscheinlich sogar auf mehrere Leben aus. Es handelt sich um ein Verbrechen gegenüber der Natur, in den gegebenen Zeitraum physischen Daseins einzugreifen. Jedem Menschen ist eine bestimmte, aufgrund eines verwickelten Netzes vorangegangener Ursachen (Karma) festgesetzte Lebenszeit gegeben, und diese Zeitspanne muss vor Auflösung der Persönlichkeit bis zum letzten Tag gelebt werden.

Die geistige Einstellung zum Zeitpunkt des Todes bestimmt die nachfolgende Lage der Person. Es besteht ein gewaltiger Unterschied zwischen demjenigen, der sein Leben aus selbstlosen Motiven *hingibt,* oder jemandem, der sein Leben absichtlich durch selbstsüchtige Motive zerstört.

Reine und geistig ausgerichtete Menschen, die Opfer von Unfällen sind, verbringen den Rest ihrer natürlichen Lebenszeit in glücklichem Schlaf. In anderen Fällen verharren sie eine Zeit lang bewusst – oft in die letzten Szenen irdischen Lebens verwickelt – in einer Region, die der äußersten Schicht ihres Astralkörpers entspricht. Ihr normales *Kâmaloka*-Leben beginnt nicht eher, als bis das natürliche Gewebe des Erdenlebens zu Ende gesponnen ist und sie sich ihres astralen und physischen Umfelds lebhaft bewusst sind.

Man sollte daher keineswegs annehmen, dass ein Mensch aufgrund der zahlreichen höheren Aspekte des astralen gegenüber dem physischen Leben das Recht besitzt, Selbstmord zu begehen oder den Tod zu suchen. Der Mensch hat sich aus einem bestimmten Zweck in einen irdischen Körper begeben, der nur in der physischen Welt erfüllt werden kann. Es gibt Lektionen auf der Erde zu lernen, die nirgendwo anders gelernt werden können, und je rascher wir sie lernen, desto schneller werden wir uns von der Notwendigkeit befreien, in das niedere und begrenztere Leben zurückzukehren. Dem Ego bereitet es große Mühe, in einen physischen Körper hinabzusteigen und die ermüdende Periode der frühen Kindheit zu durchleben, während der es allmählich und mit großer Anstrengung seine neuen Träger ein wenig in den Griff bekommt, weshalb sein Bemühen nicht töricht vergeudet werden darf. In dieser Hinsicht sollte dem natürlichen Instinkt der Selbsterhaltung Folge geleistet werden, indem der Mensch es als seine Pflicht betrachtet, sein Erdendasein zu nutzen und es so lange aufrecht zu erhalten wie es die Umstände erlauben.

Ein Mensch, der plötzlich getötet wurde und ein niederes, brutales, selbstsüchtiges und sinnliches Leben geführt hat, wird auf der siebten astralen Unterebene voll bewusst und verantwortlich dafür sein, sich in ein schreckliches Wesen zu entwickeln. Entflammt von Begierden, die er nicht mehr zu erfüllen vermag, bemüht er sich, seine Leidenschaften durch ein Medium oder irgendeine empfängliche Person, die er besetzen kann, zu befriedigen. Solche Wesen finden eine teuflische Freude daran, sich der Künste astraler Täuschung zu bedienen, um andere in dieselben Ausschweifungen zu führen, an denen sie sich selbst ergötzen. Dieser Ebene und den belebten Hüllen sind die Versucher, die »Teufel« kirchlicher Literatur, entnommen.

Der folgende, hart formulierte Bericht beschreibt die verkommenen und groben Opfer eines plötzlichen Todes, der entweder durch Unfall oder Selbstmord eintrat.

»Unglückliche Schatten, wenn sündig und sinnlich, wandern umher...bis ihre Todesstunde kommt. Dahingerafft im Rausch ihrer irdischen Leidenschaften, die sie an familiäre Szenen binden, erliegen sie der Verlockung, diese über ein Medium, das ihnen die Möglichkeit bietet, zu befriedigen. Sie sind die *Pishâchas*, die Inkuben und Sukkuben des Mittelalters, die Dämonen von Durst, Vielfraß, Lust und Habsucht; Elementale von ungeheurer Kunstfertigkeit, Verruchtheit und Grausamkeit, die ihre Opfer zu schrecklichen Verbrechen herausfordern und in ihrem Tun schwelgen!«

Auf dem Schlachtfeld getötete Soldaten lassen sich nicht ganz auf dieselbe Stufe einordnen, denn ob der Grund für ihre Kampfbereitschaft richtig oder falsch sein mag, so handeln sie ihrer Meinung nach doch richtig. Sie betrachten es als Pflichterfüllung und opfern ihr Leben bereitwillig und selbstlos auf. Trotz seiner Schrecken, kann der Krieg auf einer bestimmten Ebene einen einflussreichen Faktor in der Evolution bilden. Diese Tatsache liegt der Vorstellung des islamischen Fanatismus zugrunde, dass ein Mann, der im Kampf für seinen Glauben stirbt, geradewegs in ein sehr gutes Leben in der nächsten Welt eingehen wird.

Kinder, die früh sterben, haben wohl kaum eine starke Neigung für die niederen Unterabteilungen der Astralwelt entwickelt, und die Erfahrung hat gezeigt, dass sie nur selten auf den niedrigsten astralen Unterebenen zu finden sind.

Einige Leute klammern sich so verzweifelt an die materielle Existenz, dass sich ihr Astralkörper beim Tod nicht völlig von der Ätherhülle lösen kann und sie folglich noch eingeschlossen in Äthersubstanz erwachen. Solche Personen befinden sich in einer misslichen Lage. Aufgrund der Ätherhülle, die sie umgibt, finden sie keinen Zugang zur Astralwelt, und gleichzeitig sind sie von dem üblichen physischen Leben ausgeschlossen, da sie keine physischen Sinnesorgane besitzen.

Einsam, stumm und entsetzt treiben sie umher, unfähig, mit den Wesen der einen oder anderen Ebene Verbindung aufzunehmen. Sie können nicht erkennen, dass sie nach einem kurzen Augenblick der Bewusstlosigkeit in das übliche Leben der Astralebene gleiten würden, wenn sie nur ihren krampfhaften Zugriff auf die Materie lösen wollten. Statt dessen klammern sie sich lieber mit ihrem miserablen Halbbewusstsein an ihre graue Welt, als sich in die völlige Auslöschung, wie sie annehmen, fallen zu lassen oder sogar in die Hölle, an die man sie zu glauben gelehrt hat.

Im Laufe der Zeit verbraucht sich die Ätherhülle, und der übliche Verlauf der Natur macht sich trotz allen Widerstands wieder geltend. In blanker Verzweiflung lassen sie los und ziehen sogar die Vorstellung völliger Vernichtung der gegenwärtigen Existenz vor – mit einem Ergebnis, das sie überwältigt und angenehm überrascht.

In einigen Fällen mag ein anderes Astralwesen ihnen helfen können, indem es sie überredet, nicht länger an dem festzuhalten, was sie als das Leben betrachten. Es kann ihm helfen, daraus zu entrinnen.

Manche mögen derartig unglücklich sein, dass sie ihre Verbindung zum irdischen Leben bis zu einem gewissen Grad über ein Medium neu zu beleben suchen, obwohl der »Geistführer« des Mediums in der Regel den Zutritt verbietet.

Der »Führer« handelt richtig, denn solche Wesen werden in ihrer verzweifelten Angst und in ihrer Not recht skrupellos und würden von einem Medium Besitz ergreifen und es in den Wahnsinn treiben, so wie ein Ertrinkender um sein Leben kämpft. Sie könnten jedoch nur erfolgreich sein, wenn das Ego des Mediums seine Träger nicht mehr vollkommen beherrschte, indem es unerwünschten Gedanken und Leidenschaften freien Lauf ließe.

Manchmal gelingt es einem Wesen, den Körper eines Säuglings in Besitz zu nehmen, indem es die schwache Persönlichkeit, für den er bestimmt war, vertreibt. Es kann auch geschehen, dass ein solches Wesen sich eines Tierkörpers bemächtigt, dem Fragment einer Gruppenseele, das beim Tier für das Ego steht und das den Körper weniger stark im Griff hat. Eine solche Besessenheit kann sich vollständig oder teilweise vollziehen. Auf diese Weise gelingt es dem Besitz ergreifenden Wesen, erneut mit der physischen Ebene in Berührung zu kommen. Es sieht durch die Augen des Tieres und fühlt jeden Schmerz, der dem Tier zugefügt wird. Dies geht so weit, dass es im Hinblick auf sein eigenes Bewusstsein tatsächlich für diesen Zeitraum das Tier *ist*.

Ein Mensch, der sich auf diese Weise mit einem Tier verstrickt hat, kann den Tierkörper nicht nach Belieben, sondern nur allmählich und mit ungeheurer Anstrengung ablegen, was oft tagelang dauern mag. Gewöhnlich setzt ihn erst der Tod des Tieres frei. Selbst dann bleibt noch eine astrale Verbundenheit, die abgeschüttelt werden muss. Wenn das Tier gestorben ist, sucht eine solche Seele oft ein anderes Mitglied desselben Rudels zu besetzen oder auch irgendeine andere Kreatur, die sie in ihrer Verzweiflung zu fassen bekommt. Die Tiere, von denen Besitz ergriffen wird, scheinen gewöhnlich den weniger entwickelten Rassen anzugehören – Rinder, Schafe und Schweine. Intelligentere Geschöpfe, wie Hunde, Katzen und Pferde, lassen sich offensichtlich nicht so leicht enteignen, obwohl auch solche Fälle bekannt sind.

Jede Besitzergreifung, sei es von einem Menschen- oder einem Tierkörper, ist für die besetzende Seele von Übel und bedeutet ein Hindernis, da sie vorübergehend den Zugriff auf das Materielle stärkt und somit den natürlichen Fortgang zum Astralleben verzögert; außerdem bewirkt sie unerwünschte karmische Verknüpfungen.

Wenn jemand durch sein gieriges Verlangen eine enge Verbindung mit irgendeiner Tierart eingeht, weist sein Astralkörper tierische Merkmale auf und mag in seinem Erscheinungsbild dem Tier ähneln, dessen Eigenschaften im Laufe des irdischen Lebens gefördert wurden. In Extremfällen kann es geschehen, dass der Mensch an den tierischen Astralkörper gebunden und somit als ein Gefangener an den physischen Körper des Tieres gekettet ist. In der Astralwelt ist sich der Mensch bewusst, besitzt seine menschlichen Fähigkeiten, vermag aber den Tierkörper nicht zu beherrschen oder sich durch diesen auf physischer Ebene zum Ausdruck zu bringen. Der Tierorganismus dient eher als Kerkermeister, nicht als Träger. Hinzu kommt, dass die Tierseele nicht hinausgetrieben wurde, sondern als eigentlicher Bewohner seines Körpers bleibt.

Fälle dieser Art erklären zumindest teilweise den Glauben einiger orientalischer Länder, dass sich ein Mensch unter gewissen Umständen als Tier wiederverkörpert.

Ein ähnliches Schicksal mag einen Menschen heimsuchen, wenn er auf seinem Weg der Wiedergeburt zur Astralebene zurückkehrt, wovon in Kapitel XXIV über die *Wiedergeburt* die Rede sein wird.

Die Gruppe derjenigen Personen, die aufgrund ihrer Ängstlichkeit eindeutig in Erdnähe weilen, werden oft als »erdgebunden« bezeichnet. Die Kirche nannte sie »Verbliebene«, nicht »Rückkehrende«, da sie sich erst dann von der physischen Materie völlig lösen können, wenn irgendeine Sache, an der sie besonders interessiert sind, ihren Abschluss gefunden hat.

Der wahre Mensch zieht sich nach dem physischen Tod beständig von seinen äußeren Körpern zurück. Insbesondere *Manas* oder der Geist trachtet danach, sich dem *Kâma* oder Verlangen zu entwinden. In seltenen Fällen kann es geschehen, dass die Persönlichkeit oder der niedere Mensch so stark vom *Kâma* beherrscht wird, dass das niedere *Manas* völlig versklavt ist und sich nicht befreien kann. Die Verbindung zwischen dem niederen und höheren Mentalen, dem »Silberfaden, der es an den Meister bindet«, reißt entzwei. In der Esoterik spricht man vom »Verlust der Seele«. Es handelt sich um den Verlust des persönlichen Selbst, das sich von seinem Ursprung, dem höheren Ego, getrennt und sich so selbst dazu verurteilt hat, zugrunde zu gehen.

In einem solchen Fall wird schon während des irdischen Lebens die niedere Vierheit der höheren Dreiheit entrissen. Die niederen Prinzipien, angeführt vom niederen *Manas*, werden von den höheren Prinzipien, *Âtmâ, Buddhi* und höheres *Manas*, getrennt. Der Mensch ist entzweit; das Tier hat sich losgerissen und stürmt zügellos davon, den Widerschein jenes geistigen Lichtes tragend, das es auf seinem Lebensweg hätte führen sollen. Ein solches Geschöpf stellt aufgrund seiner geistigen Verfassung eine größere Gefahr dar als ein unentwickeltes Tier. Obwohl von menschlicher Gestalt, besitzt es die Natur eines Tieres, ohne Sinn für Wahrheit, Liebe oder Gerechtigkeit.

Nach dem physischen Tod bildet ein solcher Astralkörper ein Wesen von ungeheurer Macht. Seine Einzigartigkeit besteht darin, dass es sich in bestimmten Ausnahmefällen in der Welt der Menschen erneut verkörpern kann. Instinktlos, tierisch, nur von Leidenschaften, nicht einmal Emotionen getrieben, mit einer Schlauheit, dem kein Tier gewachsen ist; mit absichtlicher Bosheit und absolut gemein, ist es der natürliche Widersacher aller gewöhnlichen Menschen. Mit jeder Inkarnation sinkt ein solches Wesen, bekannt als »Elementarwesen«, tiefer, bis es zugrunde geht, da sich die negative Kraft allmählich verbraucht und es schließlich von der Quelle des Lebens abgeschnitten ist. Es zerfällt und existiert nicht mehr eigenständig.

Aus der Sicht des Egos hat die Persönlichkeit keine nutzbringende Ernte eingebracht. Der »Strahl« hat nichts zurückgebracht; das niedere Leben hat sich als ein völliges Versagen erwiesen.

Der Begriff »Elementarwesen« ist von zahlreichen Schriftstellern in unterschiedlichem Sinne benutzt worden. Es sollte aber möglichst auf oben beschriebenes Wesen beschränkt bleiben.

KAPITEL 16

Die Astralebene

In diesem Kapitel werden wir uns, soweit es die Vielschichtigkeit dieses Themas zulässt, auf eine Beschreibung der Natur und Erscheinungsform sowie der Eigenschaften der Astralebene beschränken. Ein späteres Kapitel wird ihren Bewohnern gewidmet sein.

Der aufmerksame Schüler hat wohl bemerkt, welche Schwierigkeit es bereitet, die Astralwelt in der gängigen Sprache zu beschreiben. Dieses Bemühen wurde mit einem Forschungsreisenden verglichen, den man um eine genaue Darstellung des unbekannten Tropenlandes bat, das er aufsuchte. Die Beschreibung der Astralwelt wird durch zwei weitere Faktoren erschwert. (1) Die einwandfreie Übertragung der Erinnerung an das Geschaute von der astralen auf die physische Ebene. (2) Die Unzulänglichkeit der irdischen Sprache, dieses mitzuteilen.

Eines der auffallendsten Merkmale der Astralwelt sind die sich ständig wandelnden Formen. Es gibt dort nicht nur Gedankenformen, die aus Elementaressenz bestehen und von einem Gedanken belebt werden, sondern auch unermessliche Mengen an Elementaressenz, aus der unaufhörlich Gestalten emportauchen und wieder in ihr versinken. Von dieser Essenz gibt es auf jeder Unterebene Hunderte von Arten, so als sei die Luft sichtbar und befinde sich in steter wellenförmiger Bewegung, in einem Farbenspiel, das sich mit schimmerndem Perlmutt vergleichen lässt. Gedankenströme durchlaufen unaufhörlich diese Astralsubstanz; starke Gedanken verweilen lange Zeit als Wesen, schwache kleiden sich in Elementaressenz und taumeln wieder hinaus.

Die Astralmaterie besitzt sieben Feinheitsgrade, die den sieben physischen Zuständen fest, flüssig, gasförmig und so fort entsprechen. Jede dieser sieben Materiestufen bildet die Grundlage für eine der sieben Ebenen, Unterabteilungen oder Unterebenen (wie sie unterschiedlich genannt werden) der Astralebene.

Üblicherweise ordnet man diese sieben Ebenen eine über der anderen an, unten mit der gröbsten beginnend und die feinste als letzte und höchste setzend. In zahlreichen Darstellungen geht man in dieser Weise vor. Diese Anordnung entspricht nicht vollkommen den Tatsachen.

Die Materie jeder Unterebene durchdringt sich mit der Materie der darunter liegenden Unterebene, was zur Folge hat, dass an der Erdoberfläche alle sieben Unterebenen zusammen in einem Raum angesiedelt sind. Andererseits trifft es zu, dass sich die höheren astralen Unterebenen weiter von der physischen Erde ausdehnen als die niederen Unterebenen.

Diese Beziehungen zwischen den astralen Unterebenen finden in der physischen Welt eine Entsprechung. Flüssigkeiten durchdringen bis zu einem bestimmten Ausmaß feste Stoffe, Wasser wird zum Beispiel im Erdboden gefunden, Gase durchdringen Flüssigkeiten (Wasser enthält gewöhnlich ein erhebliches Volumen an Luft) und so fort. Die Masse flüssiger Materie ruht in Seen, Flüssen und so weiter über der festen Erde. In ähnlicher Weise sitzt die Masse gasförmigen Stoffs über der Wasseroberfläche und reicht sehr viel weiter in den Raum hinaus als die feste oder flüssige Substanz.

Ähnlich verhält es sich mit der Astralmaterie. Die dichteste Zusammenballung liegt innerhalb der Grenzen der Erdsphäre. An dieser Stelle sei erwähnt, dass die Astralsubstanz der gleichen Gesetzmäßigkeit gehorcht wie die physische Materie und dem Erdzentrum zustrebt.

Die siebte oder tiefste astrale Unterebene dringt in das Erdinnere, so dass die auf ihr existierenden Wesen eigentlich in der Erdkruste leben.

Die sechste Unterebene fällt teilweise mit der Erdoberfläche zusammen.

Die dritte Unterebene, von den Spiritisten »Sommerland« genannt, erstreckt sich viele Kilometer in die Atmosphäre hinaus.

Der äußere Rand der Astralwelt erreicht fast die Einflusssphäre des Mondes, so dass sich im Perigäum (Erdnähe) die Astralebenen von Erde und Mond gewöhnlich berühren, was im Apogäum (Erdferne) nicht der Fall ist. (Mond und Erde liegen etwa 240000 Meilen voneinander entfernt.) Die Griechen nannten die Astralebene daher die sublunare Welt.

Die sieben Unterebenen teilen sich in drei Gruppen ein: (a) die siebte oder niedrigste; (b) die sechste, fünfte und vierte und (c) die dritte, zweite und erste. Der Unterschied innerhalb einer Gruppe entspricht etwa demjenigen von Feststoffen wie Stahl und Sand; der Unterschied zwischen zwei Gruppen lässt sich mit dem zwischen einer festen und einer flüssigen Substanz vergleichen.

Unterebene sieben besitzt als Hintergrund die physische Welt, obgleich nur ein verzerrtes und teilweises Bild sichtbar ist, da alles Lichte und Schöne unsichtbar zu sein scheint. Vor viertausend Jahren notierte der Schreiber Ani in einem ägyptischen Papyrus Folgendes: »An welchen Ort bin ich hier gelangt? Es gibt kein Wasser, es gibt keine Luft; er ist tief und unergründlich; er ist schwarz wie die schwärzeste Nacht, und Menschen irren hilflos umher; hier kann kein Mensch ruhigen Herzens leben.«

Für das unglückselige Menschenwesen auf dieser Ebene trifft es wirklich zu, dass »die Erde voller Dunkelheit und grauenvollen Aufenthalts ist«, aber es ist eine Dunkelheit, die ihm selbst entströmt und ein Dasein in einer »ewigen« Nacht des Bösen und des Schreckens schafft – eine wahre Hölle, doch, wie alle anderen Höllen, eine Schöpfung des Menschen selbst.

Die meisten Schüler betrachten die Untersuchung dieses Bereichs als eine höchst unangenehme Aufgabe. Es scheint dort eine gewisse Enge und Grobstofflichkeit zu herrschen, die dem befreiten Astralkörper widersteht und ihm das Empfinden gibt, sich seinen Weg durch eine schwarze, zähflüssige Masse zu bahnen, wobei die Bewohner und Einflüsse, denen er begegnet, ebenfalls äußert unangenehm sind.

Einen anständigen Menschen hält wahrscheinlich kaum etwas auf der siebten Unterebene auf. Die einzigen Personen, die diese Unterebene bewusst erleben, sind diejenigen mit groben, brutalen Begierden – Trunkenbolde, sinnliche Menschen, gewalttätige Verbrecher und dergleichen.

Die Unterebenen sechs, fünf und vier besitzen als Hintergrund die uns vertraute physische Welt. Das Leben auf der sechsten Unterebene gleicht unserem normalen irdischen Dasein, doch ohne den physischen Körper mit seinen Bedürfnissen. Die Ebenen fünf und sechs sind weniger materiell und der niederen Welt mit ihren Interessen stärker entzogen.

Wie im Falle der physischen Materie, ist die dichteste Astralsubstanz viel zu grob für die üblichen Formen astralen Lebens. Aber die Astralwelt besitzt ihre eigenen Formen, die dem oberflächlichen Schüler weitgehend unbekannt sind.

Auf der fünften und vierten Unterebene scheinen rein irdische Zusammenhänge immer weniger wichtig zu werden. Diejenigen, die sich dort aufhalten, neigen eher dazu, ihr Umfeld in Einklang mit ihren Gedanken dauerhaft zu gestalten.

Obwohl die Unterebenen drei, zwei und eins denselben Raum einnehmen, vermitteln sie den Eindruck, als seien sie der physischen Welt weiter entrückt und dementsprechend weniger materiell. Auf diesen Ebenen verlieren die Bewohner den Blick für die Erde und ihre Angelegenheiten. Sie befinden sich meistens in tiefer Selbstbetrachtung und erschaffen ihre Umgebung weitgehend selbst, obgleich sie von anderen Wesen durchaus wahrgenommen werden können.

Sie sind sich der Wirklichkeit dieser Ebene kaum bewusst, sondern leben in ihrer eigenen Fantasiewelt, die sie teilweise selbst durch ihre Gedanken erschaffen oder von ihren Vorgängern übernehmen und ergänzen.

Hier findet man die ewigen Jagdgründe der Indianer, die

Walhalla der Nordländer, das mit Huris erfüllte Paradies der Moslems, das goldene, mit Edelsteinen geschmückte Tor des neuen Jerusalems der Christen, den mit Gärten erfüllten Himmel der materialistischen Reformer. Hier liegt auch das »Sommerland« der Spiritisten, in dem es Schulen, Häuser, Städte und dergleichen gibt, die oft kläglich von dem abweichen, für das ihre entzückten Bewohner sie halten. Viele Schöpfungen sind trotzdem von wirklicher, wenn auch vorübergehender Schönheit. Ein Besucher, der nichts Besseres kannte, mag zufrieden in der Naturlandschaft umherwandern, die bei Weitem alles Irdische überbietet. Vielleicht zieht er es auch vor, seiner eigenen schöpferischen Gestaltung nachzukommen.

Die zweite Unterebene bietet insbesondere dem selbstsüchtigen oder geistlosen religiösen Schwärmer eine Heimat. Hier trägt er seine goldene Krone und verehrt seine eigene grobmaterielle Darstellung der Gottheit seines Landes und seiner Zeit.

Die erste Unterebene eignet sich besonders für diejenigen, die sich während ihres irdischen Lebens materialistischen, doch intellektuellen Absichten gewidmet haben, indem sie diese nicht zum Wohle ihrer Mitmenschen, sondern entweder aus ichbezogenem Ehrgeiz oder einfach zum Zwecke intellektueller Übung verfolgten. Solche Leute können unter Umständen jahrelang auf dieser Ebene verweilen und sind glücklich, ihre verstandesmäßigen Probleme lösen zu können. Sie tun niemandem etwas Gutes und machen kaum Fortschritte auf ihrem Weg in die himmlische Welt.

Im Gegensatz zu den niederen Ebenen gestaltet der Mensch auf dieser atomaren Unterebene keine Fantasiegebilde. Denker und Wissenschaftler bedienen sich zum Zwecke ihrer Studien fast aller Kräfte der gesamten Astralebene, da es ihnen möglich ist, entlang bestimmter, begrenzter Linien fast bis zum Physischen hinabzusteigen. Auf diese Weise können sie sich auf das astrale Gegenstück eines irdischen Buches stürzen und die gewünschten Informationen entnehmen. Es fällt ihnen leicht, den

Geist eines Autors zu berühren, ihm ihre Ideen einzuflößen und dessen Antwort zu erhalten. Manchmal zögern sie durch ihre Lernbegierde ihr Voranschreiten beträchtlich hinaus.

Obwohl wir von der Astralmaterie als von einer festen Substanz sprechen, ist sie niemals *wirklich*, sondern nur verhältnismäßig fest. Einer der Gründe, weshalb die mittelalterlichen Alchemisten das Wasser als Symbol für die Astralsubstanz wählten, liegt an ihrem flüssigen Zustand und ihrer Durchdringbarkeit. Die einzelnen Teilchen sind, ihrer Größe entsprechend, in der dichtesten Astralmaterie weiter voneinander entfernt als gasförmige Partikel in ihrem Milieu. Aus diesem Grunde durchdringen sich zwei Astralkörper leichter, als sich das leichteste Gas in der Luft verteilen kann.

Auf der Astralebene geht der eine durch den anderen und auch durch feststehende Astralobjekte. Es kann nicht zu einem so genannten Zusammenprall kommen, und zwei sich unter normalen Umständen durchschreitende Körper werden kaum davon beeinflusst. Falls diese Durchdringung jedoch eine Weile anhält, das heißt, wenn zwei Personen Seite an Seite in der Kirche oder in einem Theater sitzen, kann sich dies beträchtlich auswirken.

Wenn jemand einen Berg als Hindernis *betrachtet*, vermag er nicht hindurchzugehen. Ein Aspekt der so genannten »Prüfung auf Erden« besteht darin, zu lernen, dass ein Berg kein Hindernis darstellt.

Eine Explosion auf der Astralebene könnte vorübergehend genauso verheerend sein wie die Explosion eines Geschosses auf physischer Ebene, aber die astralen Bruchstücke würden sich rascher wieder sammeln. Es kann keinen Unfall im Sinne des Wortes auf dieser Ebene geben, da der Astralkörper aufgrund seiner Struktur weder zerstört noch dauerhaft geschädigt werden kann, wie dies bei dem physischen Körper der Fall ist.

Ein rein astraler Gegenstand könnte durch eine astrale Hand nach Belieben bewegt werden, nicht aber das astrale Ebenbild eines physischen Objekts. Um ein astrales Gegenstück bewegen zu können, müsste eine Hand materialisiert und der physische Gegenstand verrückt werden, was natürlich das astrale Ebenbild gleichzeitig mit bewegen wird. Das astrale Gegenstück existiert, weil es einen physischen Gegenstand gibt, ebenso wie der Duft einer Rose den Raum erfüllt, weil die Rose dort steht. Ein physisches Objekt lässt sich ebenso wenig durch die Bewegung seines astralen Ebenbildes verlagern wie eine Rose, weil man ihren Duft entfernt.

Auf der Astralebene berührt man niemals die Oberfläche von irgendetwas, so als ob sie sich hart oder weich, rauh oder glatt, heiß oder kalt anfühlt. Kommt man aber mit der sich durchdringenden Substanz in Berührung, wird man sich der unterschiedlichen Frequenz bewusst, die angenehm oder unangenehm, anregend oder niederdrückend sein kann.

Steht man auf dem Boden, dringt der Astralkörper teilweise in die Erde unter den Füßen ein, ohne dass er sich irgendeiner Art von Härte oder irgendeines Unterschieds in der Bewegungskraft bewusst wäre.

Auf der Astralebene hat man nicht das Gefühl, über einen Abgrund zu springen, man gleitet einfach darüber hinweg.

Obwohl auf allen Ebenen das Licht von der Sonne kommt, wirkt es sich auf astraler anders als auf physischer Ebene aus. In der Astralwelt herrscht eine verschwommene Helligkeit, die aus keiner bestimmten Richtung zu kommen scheint. Die gesamte Astralmaterie leuchtet aus sich heraus, obwohl ein Astralkörper nicht einer gemalten Kugel gleicht, sondern eher einer Kugel aus lebendigem Feuer. In der Astralwelt herrscht niemals Dunkelheit. Wenn eine physische Wolke vor der Sonne vorüberzieht, beeinträchtigt sie die Astralebene ebenso wenig wie der Erdschatten, den wir Nacht nennen. Aufgrund der Transparenz der Astralkörper gibt es keine Schatten.

Atmosphärische und klimatische Verhältnisse beeinflussen die Arbeit auf astraler und mentaler Ebene nicht. Im Hinblick auf die Masse der Gedankenformen besteht jedoch ein großer Unterschied, wenn man in einer Großstadt lebt.

Auf der Astralebene gibt es Strömungen, die solche Leute mitreißen, denen es an Willenskraft mangelt, aber auch jene, die ihren Willen nicht zu gebrauchen wissen.

Schlaf ist in der Astralwelt unbekannt. Man kann auf der astralen Ebene ebenso vergessen wie auf der physischen, vielleicht ist es dort sogar einfacher, da diese Welt so geschäftig und bevölkert ist.

Einen Menschen in der Astralwelt zu kennen, muss nicht unbedingt bedeuten, ihn auch auf physischer Ebene zu kennen.

Man hat die Astralebene oft das Reich der Illusionen genannt, was nicht bedeuten soll, dass sie sich trügerischer zeigt als die irdische Welt, sondern weil die Eindrücke, die der ungeschulte Seher zurückbringt, höchst unzuverlässig sind. Zwei wesentliche Eigenschaften der Astralwelt tragen die Verantwortung für diesen Umstand. (1) Viele ihrer Bewohner verfügen über die fabelhafte Macht, ihre Gestalt mit sprunghafter Geschwindigkeit zu verändern und jene, mit denen sie ihren Spaß treiben möchten, zu bezaubern. (2) Zwischen dem astralen und dem physischen Sehen besteht ein gewaltiger Unterschied. Das astrale Schauen umfasst einen ausgedehnteren Bereich.

Der Gegenstand wird sozusagen von allen Seiten zugleich gesehen. Jedes Teilchen im Inneren eines Festkörpers erschließt sich dem Blick ebenso klar wie diejenigen der Außenseite. Nichts ist verzerrt.

Betrachtet man eine Uhr in dieser Weise, sieht man nicht nur ihr Äußeres, sondern jedes einzelne Rädchen für sich allein. Schaut man auf ein geschlossenes Buch, blickt man nicht durch alle Seiten hindurch, sondern sieht jede Seite so, als sei sie die einzige.

Es leuchtet ein, dass unter diesen Umständen sogar der vertrauteste Gegenstand zunächst fremd wirkt und es einem unerfahrenen Seher Schwierigkeiten bereitet, das Geschaute wirklich zu verstehen, geschweige denn es in die unzulängliche Form der geläufigen Sprache zu übersetzen. Dennoch kommt der astrale Blick der Wirklichkeit sehr viel näher als das physische Sehen, das die Wahrnehmung verzerrt.

Abgesehen von diesen möglichen Fehlerquellen, wird die Sachlage dadurch erschwert, dass der astrale Blick Materieformen rein physischer Natur erkennt, die unter normalen Umständen unsichtbar sind. Dazu gehören die Bestandteile der Atmosphäre, die unaufhörlichen Ausstrahlungen von allem Lebendigen und die vier Stufen der Äthermaterie.

Dem astralen Schauen enthüllt sich ein völlig anderes Farbspektrum, das über die Grenzen der üblicherweise sichtbaren Farben hinausreicht. Die der Wissenschaft bekannten ultraroten und ultravioletten Strahlen sind klar zu sehen.

Ein mit den astralen Augen betrachteter Felsen ist nicht nur eine träge Steinmasse. (1) Die physische Materie wird in ihrer Gesamtheit gesehen, anstatt nur ein winziger Teil von ihr; (2) die Schwingungen der physischen Bestandteile sind sichtbar; (3) das astrale Ebenbild, das aus verschiedenen Stufen der Astralmaterie besteht und sich in ständiger Bewegung befindet, ist sichtbar; (4) man sieht das universale Leben (*Prâna*) durch den Felsen strömen und von ihm ausstrahlen; (5) die ihn umgebende Aura ist erkennbar; (6) man sieht, wie er von der entsprechenden, stets aktiven, doch sich ständig ändernden Elementaressenz durchdrungen wird. Im Pflanzen-, Tier- und Menschenreich sind diese Verflechtungen natürlich weitaus zahlreicher.

Ein oft auftretender Fehler besteht darin, dass Zahlen auf der Astralebene häufig umgekehrt wahrgenommen werden und der Seher, um ein Beispiel zu geben, 139 anstelle von 931 sagt. Für den von einem fähigen Meister unterrichteten Schüler ist ein derartiger Fehler unmöglich, es sei denn große Eile oder Nachlässigkeit sind dafür verantwortlich. Ein solcher Schüler muss sich einem langen und vielseitigen Training unterziehen, um einwandfrei sehen zu können. Ein ausgebildeter Seher gewinnt mit der Zeit Sicherheit und Vertrauen im Umgang mit den astralen Phänomenen, die alles auf physischer Ebene bei Weitem übersteigen.

Es ist falsch, verächtlich über die Astralebene zu sprechen und zu glauben, sie sei es nicht wert, dass man ihr Aufmerksamkeit schenkt. Andererseits würde es sich sicherlich für jeden Schüler verheerend auswirken, seine höhere Entwicklung zu vernachlässigen und sich mit dem Erreichen astralen Bewusstseins zufrieden zu geben. In manchen Fällen ist es tatsächlich möglich, die höheren mentalen Fähigkeiten zuerst zu entwickeln und die Astralebene vorerst sozusagen zu überspringen. Im Allgemeinen gehen die Meister der Weisheit nicht in dieser Weise mit ihren Schülern vor. Für die meisten gibt es kein sprunghaftes Vorwärtskommen; sie müssen langsam, Schritt für Schritt, voranschreiten.

In *Die Stimme der Stille* werden drei Hallen angesprochen. Die erste, die Halle der Unwissenheit, liegt auf physischer Ebene; die zweite, die Halle des Lernens, auf der Astralebene. Diese trägt ihren Namen, weil durch das Öffnen der astralen Chakras ungeheuer viel mehr offenbart wird, als auf physischer Ebene zu sehen ist, und der Mensch sich der Wahrheit näher fühlt. Dennoch handelt es sich nur um den Ort vorbereitenden Lernens. In der Halle der Weisheit, die auf der Mentalebene liegt, wird ihm reineres und höheres Wissen zuteil.

Einen wesentlichen Aspekt der astralen Landschaft bildet das, was oft fälschlicherweise die »Aufzeichnungen des Astrallichts« genannt wird. Diese Aufzeichnungen (bei denen es sich in gewisser Weise um die Materialisation der göttlichen Erinnerung handelt – eine lebendige fotografische Darstellung allen Geschehens) sind tatsächlich dauerhaft einer sehr hohen Ebene eingeprägt und spiegeln sich nur mehr oder weniger vereinzelt auf der Astralebene wider. Jemand, dessen Wahrnehmungsvermögen nicht darüber hinausgeht, wird wahrscheinlich nur gelegentliche und verzerrte Bilder der Vergangenheit auffangen, anstatt die zusammenhängende Geschichte zu erkennen.

Diese Widerspiegelungen unterschiedlichster Ereignisse der Vergangenheit werden ständig auf der Astralebene nachgestaltet und bilden einen wesentlichen Anteil der Umgebung des dort Forschenden.

Der Kommunikation auf der Astralebene sind durch die Kenntnisse des Menschen Grenzen gesetzt, wie dies auch in der physischen Welt der Fall ist. Jemand, der den Geistkörper zu benutzen weiß, vermag mittels mentaler Impressionen anderen seine Gedanken rascher zu übermitteln als auf der Erde. Im Allgemeinen besitzen die Bewohner der Astralebene diese Fähigkeit nicht. Sie scheinen in ähnlicher Weise begrenzt zu sein wie auf der physischen Ebene, wenn auch nicht ganz so starr. Folglich finden sie sich dort wie hier in Gruppen zusammen, die einander zugetan sind und denselben Glauben und dieselbe Sprache teilen.

KAPITEL 17

Verschiedene astrale Phänomene

Es gibt Grund zu der Annahme, dass die Anwendung von ein oder zwei übersinnlichen Kräften bald allgemein bekannt sein wird. Bei spiritistischen Séancen fällt unter anderem der Einsatz einer kaum zu widerstehenden Kraft bei der momentanen Bewegung ungeheurer Gewichte auf. Es gibt mehrere Möglichkeiten, solche Ergebnisse herbeizuführen.

(1) Auf der Erdoberfläche gibt es mächtige *ätherische Strömungen*, die von Pol zu Pol fließen, was diese Kraft aufgrund ihres Ausmaßes ebenso unaufhaltsam macht wie die Flut. Mittels bestimmter Methoden kann diese ungeheure Macht sicher eingesetzt werden, obgleich der ungeschickte Versuch, sie zu beherrschen, höchst gefahrvoll wäre.

(2) Es gibt einen *ätherischen Druck*, der dem atmosphärischen Druck in gewisser Weise entspricht, aber viel gewaltiger ist. Die praktische Esoterik lehrt, wie ein bestimmtes Äthervolumen vom übrigen Äther isoliert werden kann, so dass die ungeheure Kraft des Ätherdrucks ins Spiel gebracht wird.

(3) Es gibt eine unermessliche Fülle an *potenzieller Energie*, die im Laufe der Involution vom Fein- zum Grobstofflichen brachgelegt wurde. Durch eine Veränderung des Materiezustands kann sie teilweise freigesetzt und verwendet werden, vergleichbar mit gebundener Wärme, die durch eine Zustandsänderung sichtbarer Materie frei wird.

(4) Zahlreiche Ergebnisse lassen sich aufgrund der so genannten *Sympathieschwingung* hervorbringen. Den Grundton der zu beeinflussenden Stoffklasse anklingen lassend, werden unzählige Sympathieschwingungen hervorgerufen. Geschieht

dies auf physischer Ebene, indem ein Harfenton anklingt, auf den andere Gleichgestimmte entsprechend reagieren, entsteht keine zusätzliche Energie. Die Astralsubstanz ist weniger träge. Wird sie von einer Sympathieschwingung angeregt, fügt sie dem ursprünglichen Impuls ihre eigene lebendige Kraft hinzu, so dass er sich vervielfältigt. Durch die weitere rhythmische Wiederholung des ursprünglichen Impulses können die Schwingungen in einer Weise verstärkt werden, dass das Ergebnis offenbar in keinem Verhältnis zur eigentlichen Ursache steht. Ein erhabener Adept, der diese Kraft vollkommen beherrscht, vermag sie grenzenlos und mit Erfolg einzusetzen. Das Universum selbst entstand als Ergebnis der Schwingungen, die das gesprochene Wort in Bewegung setzte.

Die Gruppe der Mantras oder Zaubersprüche, deren Wirkung nicht darauf beruht, Macht über irgendein Elemental auszuüben, sondern auf die bloße Wiederholung bestimmter Klänge zurückzuführen ist, verdankt ihre Wirksamkeit der Aktivität der Sympathieschwingung.

Das Phänomen der *Auflösung* kann ebenfalls durch äußerst rasche Schwingungen herbeigeführt werden, die den molekularen Zusammenhalt eines Gegenstands überwinden. Eine noch höhere Schwingung anderer Art zerlegt diese Moleküle in ihre atomaren Bestandteile. Ein auf diese Weise in seinen ätherischen Zustand zurückgeführter Körper kann mit größter Geschwindigkeit von einem Ort zum anderen bewegt werden. In dem Augenblick, in dem die angewendete Kraft zurückgezogen wird, zwingt ihn der ätherische Druck, seinen ursprünglichen Zustand wieder einzunehmen.

Wie die Form eines aufgelösten Gegenstands bewahrt und dann wieder verstofflicht wird, bedarf der Erklärung. Wenn man einen Metallschlüssel mittels Hitze in seinen dampfförmigen Zustand versetzt und die Hitze wird entfernt, verfestigt sich das Metall. Anstatt eines Schlüssels wird man jedoch einen Metallklumpen vor sich sehen. Der Grund hierfür liegt in dem

Umstand, dass sich die Elementaressenz, die den Schlüssel durchdringt, aufgrund der Veränderung ihres Zustands verflüchtigt. Das bedeutet nicht, dass die Elementaressenz selbst durch die Hitze beeinflusst werden kann. Da aber ihr gegenwärtiger Festkörper zerstört wird, strömt sie in das große Reservoir solcher Essenz zurück, vergleichbar mit den höheren Prinzipien des Menschen, die, völlig unbeeinflussbar durch Hitze oder Kälte, aus dem irdischen Körper gedrängt werden, wenn man diesen verbrennt.

Sobald das Metall des Schlüssels wieder in seinen festen Zustand abkühlt, wird die »Erd«-Elementaressenz zwar in ihn zurückfließen, aber nicht mehr dieselbe wie vorher sein, weshalb der Schlüssel seine alte Form nicht annimmt.

Anders verhält es sich, wenn jemand einen Schlüssel auflöst, um ihn von einem Ort zum anderen zu bewegen. Er wird sorgfältig darauf achten, die Elementaressenz in genau derselben Gestalt zu bewahren, bis der Ortswechsel vollzogen ist. In dem Augenblick, in dem er seine Willenskraft zurückzieht, bildet sie die Gussform, in die die sich verfestigenden Teilchen hineinströmen oder, genauer gesagt, in der sie sich neu ansammeln. Auf diese Weise wird die Gestalt genau bewahrt, es sei denn, die Konzentrationskraft des Durchführenden schwindet.

Der *Apport* oder das augenblickliche Herbeibringen von Gegenständen aus großen Entfernungen zu spiritistischen Séancen erfolgt in dieser Weise. In aufgelöstem Zustand lassen sie sich leicht durch jede Festsubstanz, wie eine Hauswand oder die Seite einer verschlossenen Kiste, führen. Der Durchtritt von Materie durch Materie ist ebenso einfach wie das Fließen von Wasser durch ein Sieb oder wenn Gas durch eine Flüssigkeit strömt.

Die *Materialisation* oder die Veränderung eines Gegenstandes vom ätherischen in den festen Zustand kann durch den umgekehrten Vorgang herbeigeführt werden. In diesem Fall bedarf es ebenfalls einer anhaltenden Willenskonzentration, um die materialisierte Materie davor zu bewahren, in den ätherischen

Zustand zurückzufallen. Eine Beschreibung der unterschiedlichen Materialisationsformen findet sich in Kapitel XXVIII über die *Unsichtbaren Helfer.*

Elektrische Störungen jeglicher Art erschweren eine Materialisation ebenso wie eine Auflösung, wahrscheinlich aus demselben Grund, nämlich der Tatsache, dass helles Licht beides nahezu unmöglich macht – die zerstörende Wirkung einer starken Schwingung.

Eine Verdoppelung wird hervorgerufen durch die Bildung eines einwandfreien Mentalbildes des zu kopierenden Gegenstandes, das als Form dient und um das die nötige astrale und physische Substanz angesammelt wird. Dieses Phänomen erfordert ein beachtliches Maß an Willenskonzentration, da jedes einzelne Teilchen im Inneren und Äußeren des zu verdoppelnden Gegenstandes zur gleichen Zeit genau im Auge behalten werden muss. Jemand, dem es nicht gelingt, das nötige Material unmittelbar aus dem umgebenden Äther zu ziehen, mag es bisweilen dem eigentlichen Gegenstand entnehmen, der dann entsprechend an Gewicht verliert.

Die Materialisation von Briefen und dergleichen kann auf verschiedene Weise erfolgen. Ein Adept mag ein Blatt Papier vor sich hinlegen, ein Mentalbild von dem erschaffen, was er darauf geschrieben sehen möchte, und dem Äther die Materie entnehmen, mit der er die Vorstellung vergegenständlicht. Ebenso könnte er dasselbe Ergebnis auf einem Bogen Papier zustande bringen, den der Empfänger betrachtet, wobei die Entfernung keine Rolle spielt.

Eine dritte Methode, die schnell durchzuführen ist und aus diesem Grund häufiger angewendet wird, besteht darin, den gesamten Inhalt des Briefes dem Geist eines Schülers einzuprägen und ihm den technischen Teil der Materialisation zu überlassen. Der Schüler sieht im Geiste den geschriebenen Brief in der Hand des Meisters und vergegenständlicht ihn wie erwähnt. Sollte es ihm schwerfallen, die erforderliche Substanz aus dem umgebenden Äther zu ziehen, mag er Tinte oder Farbpuder bei der Hand haben, die den Vorgang erleichtern.

Auf diese Weise lässt sich sehr leicht die Handschrift eines anderen nachmachen. Mit den üblichen Mitteln kann eine solche Fälschung nicht aufgedeckt werden. Der Schüler eines Meisters verfügt über eine unfehlbare Prüfmethode. Andere aber können den Ursprung nur anhand des Inhalts und des geistigen Aspekts eines Briefes beurteilen, da die Handschrift als Beweismittel wertlos ist.

Ein Neuling in dieser Arbeit wird wohl nur einige Wörter auf einmal wahrnehmen können, während ein erfahrener Schüler sich sofort eine ganze Seite oder sogar den gesamten Brief vor Augen führen kann. Bei spiritistischen Séancen werden auf diese Weise manchmal sehr lange Briefe in wenigen Sekunden geschrieben.

Mit Bildern kann man ebenso verfahren, nur ist es in diesem Falle nötig, sich die gesamte Szene mit einem Male vor Augen zu führen. Werden mehrere Farben gebraucht, müssen sie hergestellt, gesondert aufbewahrt und genau aufgetragen werden. Dies gehört offensichtlich in den Bereich eines Künstlers, und ein erfahrener Künstler wird wohl erfolgreicher sein als ein unerfahrener.

Automatisches Schreiben erfolgt manchmal durch Materialisation, obwohl es häufiger geschieht, dass sich winzige Punkte von Geisterhand gerade genügend manifestieren, um das Bleistiftstück zu erfassen.

Levitation bedeutet, dass der menschliche Körper durch die Luft schwebt, was während Séancen oft durch »Geisterhände« geschieht, die den Körper des Mediums stützen. Sie kann auch mit Hilfe von Luft- und Wassergeistern erreicht werden. Im Osten und gelegentlich auch in den westlichen Ländern bedient man sich eines anderen Vorgangs. Die esoterische Wissenschaft kennt eine Methode, bei der die Schwerkraft neutralisiert oder sogar rückgängig gemacht werden kann. Sie besitzt magischen

Charakter, und eine Levitation erfolgt mühelos. Zweifellos fand sie ihren Einsatz bei den Luftschiffen im antiken Indien und auf Atlantis. Es ist durchaus möglich, dass eine ähnliche Methode beim Bau der Pyramiden und von Stonehenge angewendet wurde.

Einige indische Asketen verstehen sich auf die Levitation, und große Heilige des Christentums, wie die heilige Therese und der heilige Joseph von Cupertino, haben sich in tiefer Meditation vom Boden erhoben.

Licht besteht aus Ätherschwingungen. Jeder, der diese Schwingungen in Bewegung zu setzen vermag, kann leicht phosphoreszierende oder sprühende »*Geistlichter*« hervorbringen oder jene tanzenden Lichtkugeln schaffen, in die sich eine bestimmte Gruppe von Salamandern sehr leicht verwandelt.

Der Umgang mit Feuer, ohne sich dabei zu verletzen, setzt voraus, dass die Hand mit einer hauchdünnen Ätherschicht in einer Weise bedeckt wird, die für Hitze unempfindlich macht. Es gibt auch andere Methoden.

Das Entfachen von Feuer und der Schutz davor, liegen ebenfalls im Bereich der Astralebene. Es gibt drei Möglichkeiten, dies zu erreichen: (1) Die erforderliche Schwingungsfrequenz erzeugen und beibehalten, wenn eine Verbrennung folgen soll; (2) ein winziges Bruchstück glühender Materie in vierdimensionaler Weise einbringen und hineinblasen, bis es entflammt; (3) chemische Bestandteile einführen, die eine Verbrennung hervorrufen.

Die Verwandlung von Metallen kann erreicht werden, indem man ein Metallstück auf seinen atomaren Zustand zurückführt und die Atome auf andere Weise anordnet.

Auf die Rückwirkungen, die sich ebenfalls auf das Prinzip der Sympathieschwingung stützen, werden wir in dem Kapitel über die *Unsichtbaren Helfer* näher eingehen.

KAPITEL 18

Die vierte Dimension

In der Astralwelt gibt es zahlreiche Merkmale, die mit auffallender Genauigkeit mit der vierdimensionalen Welt der Geometrie und Mathematik übereinstimmen. Der Übergang ist so geringfügig, dass in gewissen Fällen das Studium der vierdimensionalen Geometrie den Schüler für das astrale Schauen geöffnet hat.

Für diejenigen, die sich mit diesem Thema noch nicht beschäftigt haben, seien die grundlegenden Merkmale der vierten Dimension kurz umrissen.

Ein *Punkt* mit einer »Lage, aber ohne Größenordnung« besitzt keine Dimension. Eine *Linie*, die durch die Bewegung eines Punktes entsteht, besitzt eine Dimension, die Länge; eine *Oberfläche*, die durch die rechtwinkelige Bewegung einer Linie geschaffen wird, besitzt zwei Dimensionen, eine Länge und eine Breite; ein Festkörper, der durch die rechtwinkelige Bewegung einer Oberfläche entsteht, besitzt drei Dimensionen, Länge, Breite und Dicke.

Bei einem *Tesserakt* handelt es sich um einen hypothetischen Gegenstand, der durch die rechtwinkelige, in eine neue Richtung verlaufende Bewegung eines Festkörpers entsteht und vier Dimensionen aufweist, Länge, Breite, Dicke und eine weitere, im rechten Winkel zu diesen drei verlaufende Dimension, die sich in unserer dreidimensionalen Welt nicht darstellen lässt.

Leadbeater bestätigt, dass es sich bei einem *Tesserakt* um eine recht geläufige Figur auf der Astralebene handelt. In *Some Occult Experiences*, von J. Van Manen, wird der Versuch unternommen, eine vierdimensionale Kugel graphisch darzustellen.

Es besteht eine enge Beziehung zwischen Phänomenen, die ein dreidimensionaler Gegenstand in einer hypothetischen zweidimensionalen Welt hervorruft, deren Bewohner sich nur zweier Dimensionen bewusst sind, und den zahlreichen astralen Erscheinungsformen, die sich uns, die wir in der physischen oder dreidimensionalen Welt leben, offenbaren.

(1) Objekte, die sich durch die dritte Dimension erheben, können in der zweidimensionalen Welt unter Einsatz des Willens erscheinen oder verschwinden.

(2) Ein völlig von einer Linie umgebener Gegenstand könnte durch die dritte Dimension dem umfassten Raum enthoben werden.

(3) Die Beugung einer zweidimensionalen Welt, die durch ein Blatt Papier dargestellt wird, führt dazu, dass sich zwei voneinander entfernte Punkte nähern oder sogar aufeinandertreffen und die zweidimensionale Vorstellung der Entfernung zerstören.

(4) Ein in der rechten Hand liegender Gegenstand könnte durch die vierte Dimension umgedreht werden und in der linken Hand wieder erscheinen.

(5) Blickt man von der dritten Dimension auf einen zweidimensionalen Gegenstand, sieht man jeden einzelnen Punkt gleichzeitig und völlig unverzerrt.

Für ein Wesen, das nur zwei Dimensionen kennt, würde die darüber liegende »wundersam« und unverständlich erscheinen.

Den Spiritisten ist die Tatsache wohl vertraut, dass wir in ähnlicher Weise hinters Licht geführt werden. (1) Wesen und Gegenstände erscheinen und verschwinden; (2) Dinge werden aus weiter Entfernung augenblicklich herbeigebracht; (3) Gegenstände werden aus verschlossenen Kisten entfernt; (4) der Raum scheint aufgehoben zu sein; (5) Gegenstände können umgekehrt werden, von der rechten in die linke Hand; (6) alle Teile eines Gegenstandes, zum Beispiel eines Würfels, werden gleichzeitig und ohne Verzerrung der Perspektive gesehen; in gleicher Weise kann man die Materie eines geschlossenen Buches mit einem Mal sehen.

Die in den Chakras aufwallende Kraft, die offenbar aus dem Nichts kommt, entstammt der vierten Dimension.

Eine auf eine Oberfläche gegossene Flüssigkeit breitet sich gewöhnlich in zwei Dimensionen aus und wird in der dritten sehr dünn. Ein Gas neigt dazu, sich in drei Dimensionen auszudehnen, wobei es in der vierten weniger werden kann. Die Gasdichte mag das Maß für seine relative Dicke in der vierten Dimension sein.

Die vierte Dimension bildet nicht das Ende; es gibt unendlich viele Raumdimensionen. Es scheint gewiss zu sein, dass die Astralwelt vierdimensional, die Mentalebene fünf- und die buddhische Ebene sechsdimensional ist.

Nehmen wir an, es gibt sieben Dimensionen, dann gibt es sie immer und überall; es gibt kein drei- oder vierdimensionales Wesen. Der scheinbare Unterschied liegt in dem begrenzten Wahrnehmungsvermögen des betreffenden Wesens, nicht an irgendeiner Veränderung des wahrgenommenen Gegenstands. Dieser Gedanke wird in Ouspenskys *Tertium Organum* eingehend behandelt.

Jemandem, der astrales Bewusstsein entwickelt hat, mag dennoch die Fähigkeit fehlen, die vierte Dimension zu erkennen und zu würdigen. Der Durchschnittsmensch wird diese Dimension mit Sicherheit nicht wahrnehmen, wenn er die Astralebene betritt. Sie erscheint ihm höchstens verschwommen, und die meisten Menschen durchleben ihren astralen Aufenthalt, ohne die Wirklichkeit der vierten Dimension in der sie umgebenden Materie zu entdecken.

Wesen, wie die Naturgeister, die der Astralebene angehören, besitzen die Gabe, den vierdimensionalen Aspekt aller Gegenstände zu sehen, doch selbst sie erkennen sie nicht vollkommen, da sie nur die in ihnen enthaltene Astralmaterie, nicht aber die physische erkennen, ebenso wie wir die physische und nicht die astrale Substanz sehen.

Wenn ein Gegenstand durch den anderen schreitet, handelt es sich dabei nicht um eine Frage der vierten Dimension, sondern um einen Auflösungsprozess, der der dritten Dimension zuzuordnen ist.

Die Zeit gehört in Wirklichkeit nicht der vierten Dimension an, das Problem aus der Sicht der Zeit zu betrachten, mag aber zum Verständnis beitragen. Wenn ein Tannenzapfen durch ein Blatt Papier dringt, erscheint dieser Vorgang einem auf dem Papier lebenden Wesen wie ein Kreis, der seine Größe ändert. Das Wesen vermag nicht zu erkennen, dass die einzelnen Kreise den gesamten Zapfen ausmachen. In ähnlicher Weise entspricht für uns das Wachstum eines Festkörpers, von buddhischer Ebene aus betrachtet, dem Anblick des gesamten Tannenzapfens und wirft ein wenig Licht auf unsere trügerische Vorstellung von Vergangenheit, Gegenwart und Zukunft und die Fähigkeit der Vorausschau.

Zwei interessante Gedanken zur Transzendenz der Zeit werden in H.P. Blavatskys *Geheimlehre* dargelegt.

Interessanterweise stellt unsere heutige Geometrie nur ein Bruchstück, eine exoterische Vorbereitung für die esoterische Wirklichkeit dar. Da wir das wahre Empfinden für den Raum verloren haben, müssen wir als erstes die vierte Dimension erkennen. Wir stellen uns die Monade am Beginn ihrer Evolution vor, als sie die Fähigkeit besaß, sich in unendlichen Räumen zu bewegen und diese zu schauen. Mit jeder Abwärtsstufe ging eine Dimension verloren, bis nur noch drei für das physische Gehirnbewusstsein übrigblieben. Durch den Eintritt in die Materie sind wir bis auf einen geringen Teil vom Wissen aller uns umgebenden Welten abgeschnitten worden, und selbst das wenige, das übriggeblieben ist, wird nur unvollkommen gesehen.

Mit vierdimensionalem Blick kann man beobachten, dass die Planeten, die in unserer dreidimensionalen Welt isoliert erscheinen, vierdimensional verbunden sind und die Punkte von Blütenblättern bilden, die zu einer riesigen Blume gehören. In der hinduistischen Vorstellung bildet das Sonnensystem daher eine Lotosblüte.

Über eine höhere Dimension gibt es eine direkte Verbindung zwischen dem Herzen der Sonne und dem Erdzentrum, so dass die Elemente in der Erde erscheinen, ohne die so genannte Oberfläche zu passieren.

Das Studium der vierten Dimension scheint unmittelbar zur Mystik zu führen. C.H. Hinton verwendet daher fortwährend den Ausdruck »das Selbst hinausstoßen« und weist darauf hin, dass die vierte Dimension nur gewürdigt werden kann, wenn sie nicht von einem einzigen Gesichtspunkt, sondern von allen Seiten gleichzeitig betrachtet wird. Der »eigene« oder besondere, isolierte Gesichtspunkt muss transzendiert und durch die allgemeine und selbstlose Sichtweise ersetzt werden.

Bei Paulus heißt es (Epheserbrief 3, 17-18): »Indem ihr in der Liebe verwurzelt und gegründet seid, damit ihr imstande seid, mit allen Heiligen inne zu werden, welches die Breite und Länge und Höhe und Tiefe sei.«

KAPITEL 19

Astralwesen: Menschen

Alle Arten der Astralwesen aufzählen zu wollen, wäre ein ebenso gewaltiges Unterfangen wie die Beschreibung aller physischen Wesen. Aus diesem Grunde soll eine Tabelle der Hauptklassen und deren kurze Beschreibung genügen.

ASTRALWESEN Mensch			
Physisch Lebendig	Physisch Tot	Nicht menschlich	Künstlich
1. Durch-schnittsmensch	1. Durchschnitts-mensch	1. Elementar-essenz	1. Unbewusst gebildete Elementale
2. Übersinnlich veranlagt	2. Schatten	2. Astralkör-per von Tieren	2. Bewusst gebildete Elementale
3. Adept oder sein Schüler	3. Hülle	3. Naturgeister	Menschliche Nachbildungen
4. Schwarzma-gier oder sein Schüler	4. Belebte Hülle		
	5. Selbstmörder und Opfer plötzli-chen Todes		
	6. Vampir und Werwolf		
	7. Schwarzmagier oder sein Schüler		
	8. Auf seine Wie-dergeburt wartender Schüler		
	9. Nirmânakaya		

Um die Einteilung zu vervollständigen, muss hinzugefügt werden, dass sehr hohe Adepten von anderen Planeten des Sonnensystems und sogar noch erhabenere Besucher aus weiter Entfernung gelegentlich erscheinen. Obwohl möglich, ist es fast unvorstellbar, dass sich solche Wesenheiten auf einer so niedrigen Ebene wie die astrale manifestieren. Wenn sie es wünschten, würden sie einen vorübergehenden Körper aus der Astralmaterie dieses Planeten bilden.

Zudem gibt es noch zwei weitere Evolutionslinien auf diesem Planeten, obwohl es nicht beabsichtigt ist, dass sie oder der Mensch sich einander bewusst sind. Sollten wir mit ihnen in Berührung kommen, würde dies wahrscheinlich auf physischer Ebene geschehen, da ihre Verbindung zu unserer Astralwelt sehr schwach ist. Die einzige Möglichkeit ihres Erscheinens hängt von einem höchst unwahrscheinlichen Missgeschick zeremonieller Magie ab, die nur einige wenige der fortgeschrittensten Hexenmeister beherrschen. Dennoch ist es zumindest einmal tatsächlich geschehen.

Die Menschenklasse

(a) Physisch lebendig.

1. *Der Durchschnittsmensch* – Diese Gruppe besteht aus Menschen, deren physischer Körper schläft und die auf der Astralebene in unterschiedlichen Bewusstseinsstufen dahingleiten, was in Kapitel IX über das *Leben im Schlaf* bereits ausführlich abgehandelt wurde.

2. *Übersinnlich* – Eine übersinnlich veranlagte Person wird außerhalb ihres physischen Körpers gewöhnlich voll bewusst sein, aber aus Mangel an entsprechender Schulung fällt sie der Täuschung anheim. Sie wird oft alle astralen Unterebenen durchlaufen können, sich manchmal aber auch besonders zu irgendeiner Unterebene hingezogen fühlen und deren Einflussbereich kaum verlassen. Die Erinnerung an das Erlebte reicht von völliger Klarheit bis zur äußersten Verzerrung oder völligen Vergessenheit. Vorausgesetzt sie befindet sich nicht unter der

Führung eines Meisters, wird sie stets in ihrem Astralkörper erscheinen, da sie in ihrem mentalen Träger nicht zu wirken weiß.

3. *Der Adept und sein Schüler* – Diese Gruppe bedient sich gewöhnlich nicht des Astral- sondern des Geistkörpers, der aus der Materie der vier unteren Ebenen der Mentalebene besteht. Der Vorteil dieses Trägers liegt in dem momentanen Übergang vom Mentalen zum Astralen und umgekehrt und erlaubt jederzeit, die größere Kraft und das feinere Empfinden der eigenen Ebene einzusetzen.

Da der Geistkörper dem astralen Blick unsichtbar bleibt, lernt der Schüler, der in ihm wirkt, sich vorübergehend mit einem Schleier aus Astralmaterie zu umgeben, falls er von Wesen dieser Ebene wahrgenommen werden möchte. Obwohl es sich bei einem solchen Träger um die genaue Wiedergabe der Erscheinungsform des Menschen handelt, enthält dieser keine Substanz des eigenen Astralkörpers, sondern entspricht ihm in der gleichen Weise, in der eine Materialisation dem physischen Körper entspricht.

Zu Beginn seiner Entwicklung wird der Schüler wie jeder andere in seinem Astralkörper wirken. Welchen Körper er benutzt, spielt keine Rolle. Unter der Führung eines fachkundigen Lehrers bewahrt er sein volles Bewusstsein und vermag mühelos auf allen Ebenen tätig zu sein.

4. *Der Schwarzmagier und sein Schüler* – Diese Gruppe entspricht in gewisser Weise der des Adepten und seines Schülers, mit dem Unterschied, dass die Entwicklung die Richtung des Bösen anstatt des Guten nahm und die gewonnenen Kräfte für selbstsüchtige und nicht für selbstlose Zwecke eingesetzt wird. Zu den niederen Stufen gehören diejenigen, die bestimmte Riten der Bön- oder Voodoo-Magie praktizieren sowie die Medizinmänner verschiedener Stämme.

Die Menschenklasse

(b) Physisch tot

1. *Der Durchschnittsmensch nach dem Tode* – Diese offensichtlich sehr große Gruppe setzt sich aus Personen unterschiedlichster Bewusstseinsstufen zusammen, wie in den Kapiteln XII bis XV über das *Leben nach dem Tod* ausführlich berichtet wurde.

2. *Der Schatten* – In Kapitel XXIII werden wir sehen, dass eine Person nach Abschluss ihres astralen Lebens auf der Astralebene stirbt und ihren sich auflösenden Astralkörper genauso zurücklässt wie nach dem irdischen Tod die zerfallende physische Hülle.

In den meisten Fällen gelingt es dem höheren Ego nicht, sein mentales Prinzip vollständig von seinen niederen Prinzipien zurückzuziehen. Folglich bleibt ein Teil seiner niederen Mentalmaterie mit dem Astralkörper verwickelt. Diese zurückbleibende Mentalsubstanz besteht aus den gröberen Arten jeder Unterebene, die der Astralkörper dem Mentalkörper erfolgreich abgerungen hat.

Bei diesem astralen Korpus, dem so genannten Schatten, handelt es sich um ein Wesen, das in keiner Weise das wahre Individuum ist, obwohl es genau dessen Erscheinungsbild entspricht, sein Gedächtnis und alle seine persönlichen Eigenarten besitzt. Aus diesem Grunde wird der Schatten oft fälschlicherweise für das Individuum selbst gehalten, was tatsächlich häufig bei Séancen geschieht. Er ist sich der Nachahmung nicht bewusst, denn im Hinblick auf seinen Intellekt muss er sich zwangsläufig für das Individuum halten. In Wirklichkeit aber stellt er nur ein seelenloses Bündel seiner niedrigsten Eigenschaften dar.

Die Lebensdauer eines Schattens schwankt entsprechend der jeweiligen Menge an niederer Mentalsubstanz, die ihn belebt. Da diese ständig weniger wird, verschwindet auch sein Intellekt in zunehmendem Maße, obwohl er über eine gewisse animalische Schlauheit verfügen mag und selbst gegen Ende seiner Existenz noch kommunikationsfähig ist, da er sich vom Medium vorübergehend Verstand ausborgt. Aufgrund seiner Natur unterliegt er allen möglichen üblen Einflüssen, und getrennt von seinem höheren Ego besitzt er nichts, das auf gute Einflüsse reagieren könnte. Er eignet sich daher hervorragend dazu, von gewissen niederträchtigen Schwarzmagiern für verschiedene niedere Zwecke eingesetzt zu werden. Seine Mentalsubstanz löst sich allmählich auf und kehrt in die allgemeine Materie ihrer eigenen Ebene zurück.

3. *Die Hülle* – Unter einer Hülle versteht man den in seinen letzten Auflösungsphasen begriffenen astralen Leichnam eines Menschen, von dem jedes geistige Teilchen gewichen ist. Sie besitzt demnach weder Bewusstsein noch Intelligenz und driftet teilnahmslos auf den astralen Strömungen dahin. Gerät sie in den Einflussbereich eines Mediums, kann sie für einige Minuten schlagartig aktiviert werden und sich in eine gespenstische Posse des Lebens verwandeln. Unter derartigen Umständen wird sie dem Erscheinungsbild der verstorbenen Person genau entsprechen und bis zu einem gewissen Grad sogar deren vertraute Ausdrucksweise oder ihre Handschrift nachahmen.

Sie besitzt ebenfalls die Eigenschaft, immer noch blindlings auf solche Schwingungen zu reagieren, gewöhnlich die niedrigsten, die oft während ihres letzten Stadiums als Schatten in ihr erzeugt wurden.

4. *Belebte Hülle* – Streng genommen, kann man dieses Wesen nicht als menschlich bezeichnen. Dennoch wurde es dieser Gruppe zugeordnet, da seine äußere Gewandung, die passive, empfindungslose Schale, einmal Merkmale der Menschheit aufgewiesen hat. Leben, Intelligenz, Verlangen und Wille, die es besitzen mag, gehören dem künstlichen Elemental, das es belebt und das selbst durch die bösen Gedanken des Menschen geschaffen wurde.

Eine belebte Hülle ist immer böswillig und ein wahrhaft dämonischer Versucher, dessen übler Einfluss nur durch das Ausmaß seiner Macht begrenzt wird. Ebenso wie der Schatten, bedient man sich ihrer oft bei den magischen Praktiken des

Bön- und des Voodoo-Kultes. In einigen Schriften wird sie »Elementarwesen« genannt.

5. *Selbstmörder und Opfer eines plötzlichen Todes* – Sie wurden bereits im XV. Kapitel über das *Leben nach dem Tode* beschrieben. Diese Gruppe sowie die Schatten und belebten Hüllen gehören zu den so genannten geringeren Vampiren. Wenn sich ihnen die Gelegenheit bietet, verlängern sie ihre Existenz, indem sie den Menschen, die sie beeinflussen können, die Vitalität entziehen.

6. *Vampire und Werwölfe* – Diese beiden Gruppen gibt es heute nur noch selten.

Es besteht die Möglichkeit, dass ein Mensch ein derartig unwürdiges, eigennütziges und brutales Leben führt, dass sich der gesamte niedere Geist in seinen Begierden verstrickt und schließlich vom höheren Ego trennt. Dies kann nur in solchen Fällen geschehen, in denen jeder Funke an Selbstlosigkeit oder Geistigkeit erstickt ist und es überhaupt kein versöhnendes Merkmal mehr gibt.

Ein solches Wesen stellt sehr bald nach seinem Tode fest, dass es unfähig ist, in der Astralwelt zu verweilen und wird unweigerlich bei vollem Bewusstsein an »seinen eigenen Platz« gezogen, in die geheimnisvolle »achte Sphäre«, in der es langsam zerfällt, was besser nicht beschrieben wird. Sollte der Mensch jedoch durch Selbstmord oder Unfalltod umkommen, mag er sich unter gewissen Umständen, besonders wenn er sich in schwarzmagischen Praktiken auskennt, diesem Schicksal durch die geisterhafte Existenz eines Vampirs entziehen.

Da die »achte Sphäre« nicht vor dem Tod des Körpers Anspruch auf ihn erheben kann, erhält er ihn in einer Art Totenstarre, indem er ihm Blut einflößt, das er durch seinen teilweise manifestierten Astralkörper aus anderen Menschen saugt und auf diese Weise sein unaufhaltsames Schicksal durch Massenmord hinauszögert. Als einzig wirkungsvolles Mittel hilft in einem solchen Fall, wie der bekannte »Aberglaube« zu Recht vermutet, eine Verbrennung des Körpers, um dem Wesen seinen Ausgangspunkt zu nehmen.

Öffnet man das Grab, sieht man einen recht frischen und gesunden Körper. Der Sarg ist gewöhnlich mit Blut gefüllt. Eine Verbrennung setzt einem derartigen Blutsaugen offensichtlich ein Ende.

Der Werwolf kann sich nur während des irdischen Lebens eines Menschen manifestieren, und es bedarf einer gewissen Kenntnis der schwarzen Magie, um den Astralkörper projizieren zu können.

Im Falle eines absolut grausamen und brutalen Menschen kann der Astralkörper unter bestimmten Umständen von anderen Astralwesen ergriffen und nicht in eine Menschengestalt, sondern in die eines wilden Tieres, gewöhnlich in einen Wolf, materialisiert werden. In diesem Zustand wird er die Umgebung durchstreifen, andere Tiere oder sogar Menschen töten und auf diese Weise nicht nur seine eigene Blutgier stillen, sondern auch die der Unholde, die ihn treiben.

Wie bei gewöhnlichen Materialisationen, schlägt sich eine dem Astralkörper zugefügte Wunde aufgrund des seltsamen Phänomens der Rückwirkung im physischen Körper nieder. Nach dem Tod der irdischen Hülle wird der Astralkörper, der wahrscheinlich auch weiterhin in derselben Form erscheinen wird, kaum verletzbar sein.

In diesem Zustand ist er weniger gefährlich und kann sich nicht vollständig manifestieren, es sei denn er findet ein passendes Medium. Solche Manifestationen enthalten einen großen Teil der Materie des ätherischen Doppels und unter Umständen sogar einige flüssige und gasförmige Bestandteile des physischen Körpers. In beiden Fällen scheint dieser fluidische Körper sich erheblich weiter von der Physis entfernen zu können, als es von einem Körper, der Äthersubstanz enthält, bekannt ist. Eine Manifestation des Vampirs und Werwolfs beschränkt sich gewöhnlich auf die unmittelbare Nachbarschaft des physischen Körpers.

7. *Der Schwarzmagier und sein Schüler* – Diese Gruppe entspricht, mit den bekannten Vorzeichenänderungen, dem Schüler, der auf seine Wiedergeburt wartet. In diesem Falle aber wehrt sich der Mensch gegen den natürlichen Evolutionsprozess, indem er sich durch oft schreckliche magische Praktiken auf der Astralebene hält.

Da der esoterische Schüler die einzelnen Unterebenen dieser Gruppe zu meiden sucht, erübrigt es sich, sie aufzuzählen und zu beschreiben. Alle Wesen, die ihr Leben auf der Astralebene in dieser Weise über die natürlichen Grenzen hinaus verlängern, gehen auf Kosten anderer vor, indem sie deren Leben in irgendeiner Form verschlingen.

8. *Der Schüler, der seine Wiedergeburt erwartet* – Auch diese Gruppe trifft man zur Zeit selten an. Einem Schüler, der beschlossen hat, »sein *Devachan* nicht zu nehmen«, also nicht in die himmlische Welt einzutreten, sondern weiterhin auf physischer Ebene zu wirken, wird manchmal dazu die Erlaubnis von höchster Stelle gegeben, und sein Meister bereitet die entsprechende Reinkarnation für ihn vor. Es heißt, dass der Schüler sich in einem solchen Falle streng auf die Astralebene beschränken muss. Berührt er die Mentalebene auch nur für einen Augenblick, kann es geschehen, dass ihn eine unwiderstehliche Kraft wieder in den normalen Evolutionsablauf zieht und er in die himmlische Welt übergeht.

Gelegentlich, doch höchst selten, mag der Schüler sofort in den Körper eines Erwachsenen, der nicht mehr gebraucht wird, eintreten. Es ist jedoch selten, dass ein passender Körper zur Verfügung steht.

Der Schüler, der in vollem Bewusstsein auf der Astralebene wartet, kann die ihm von seinem Meister übertragene Aufgabe wirkungsvoller erfüllen, als wenn ihn ein physischer Körper behindert.

9. *Der Nirmânakaya* – Es geschieht höchst selten, dass sich eine so erhabene Wesenheit wie ein *Nirmânakaya* auf der

Astralebene manifestiert. Sie hat das Recht erworben, in unsagbarer Glückseligkeit zu weilen, aber beschlossen, mit der Erde in Verbindung zu bleiben, sozusagen zwischen dieser Welt und dem Nirvana zu schweben, um geistige Kraftströme hervorzubringen, die den Evolutionsprozess unterstützen. Falls sie auf der Astralebene erscheinen möchte, wird sie wahrscheinlich aus der atomaren Substanz dieser Ebene einen vorübergehenden Astralkörper für sich erschaffen. Dies ist möglich, da ein *Nirmânakaya* seinen Kausalkörper und die dauerhaften Atome, die er durch seine gesamte Entwicklung getragen hat, zurückbehält, so dass er jederzeit einen Mental-, Astral- oder physischen Körper um sich herum materialisieren kann, falls er dies wünscht.

KAPITEL 20

Astralwesen nicht-menschlicher Natur

1. *Elementaressenz* – Der Begriff »Elemental« wurde von verschiedenen Schriftstellern für zahlreiche unterschiedliche Wesensgattungen benutzt. Hier bezeichnet er die monadische Essenz auf bestimmten Stufen ihrer Existenz und kann auch als die Ausgießung des Geistes oder der göttlichen Kraft in die Materie definiert werden.

Der Schüler sollte sich vergegenwärtigen, dass die Entwicklung dieser Elementaressenz auf der nach unten gerichteten Biegung des Bogens verläuft. Sie *nähert* sich der völligen Verstrickung mit der Materie, wie wir es im Mineralreich erkennen, anstatt sich von ihr zu *entfernen*. Ihr Fortschritt bedeutet folglich den *Abstieg* in die Materie und nicht den *Aufstieg* in die höheren Ebenen.

Bevor die »Ausgießung« die Stufe der Individualisierung erreicht, auf der sie den Menschen beseelt, hat sie bereits sechs frühere Evolutionsphasen durchlaufen und beseelt: Das erste Elementarreich (auf der höheren Mentalebene), das zweite Elementarreich (auf der niederen Mentalebene), das dritte Elementarreich (auf der Astralebene), das Mineral-, Pflanzen- und Tierreich. Man hat bisweilen auch von der Tier-, Pflanzen- oder Mineralmonade gesprochen, was aber irreführend ist, da sie, lange bevor sie diese Welten erreicht hat, nicht *eine*, sondern *viele* Monaden wurde.

An dieser Stelle beschäftigen wir uns natürlich nur mit der astralen Elementaressenz. Sie besteht aus der göttlichen Ausgießung, die sich auf ihrem Weg hinab zur atomaren Stufe der Mentalebene bereits in Materie gehüllt hat und dann direkt in die Astralebene tauchte, indem sie sich mit einem Körper aus *atomarer* Astralsubstanz umgab.

Eine solche Kombination bildet die Elementaressenz der Astralebene und gehört dem dritten Elementarreich an, das dem Mineralreich unmittelbar vorausgeht.

Im Verlaufe ihrer vielen Spezialisierungen auf astraler Ebene zieht sie zahlreiche unterschiedliche Materiekombinationen aus den verschiedenen Unterebenen an. Diese sind jedoch nur vorübergehender Natur, denn im Wesentlichen bleibt es ein Reich.

Im Hinblick auf die Gruppe, die wir betrachten, gibt es genau genommen nicht *ein* Elemental. Eine unermessliche Fülle an Elementaressenz reagiert höchst empfindlich auf die rasch dahineilenden Gedanken der Menschen und antwortet im winzigsten Bruchteil einer Sekunde mit unglaublicher Feinheit auf eine Schwingung, die völlig unbewusst durch das Verlangen oder den Willen eines Menschen erzeugt wurde.

In dem Augenblick, in dem sie durch den Einfluss eines solchen Gedankens oder Wunsches in eine lebendige Kraft umgewandelt wird, entsteht *ein* Elemental und gehört zu den »künstlichen« Elementalen, auf die wir im nächsten Kapitel eingehen werden. Selbst dann bleibt die gesonderte Existenz vergänglich, denn sobald sich sein Impuls erschöpft hat, sinkt das Elemental in die undifferenzierte Masse der Elementaressenz, aus der es kam, zurück.

Einen Besucher der Astralwelt werden die sich augenblicklich wandelnden Formen der unaufhörlichen Flut an Elementaressenz, die ihn oft drohend umwirbeln, sich aber stets vor einer entschlossenen Willensanstrengung zurückziehen, tief beeindrucken. Er wird die ungeheure Menge der Wesen, die vorübergehend aus diesem Meer durch die guten oder üblen Gedanken und Gefühle der Menschen ins Leben gerufen werden, staunend betrachten.

Die Elementaressenz lässt sich im Hinblick auf die Materieart in fest, flüssig, gasförmig und so fort einteilen. Dies sind die »Elementale« der mittelalterlichen Alchemisten. Sie vertraten die tatsächlich zutreffende Ansicht, dass ein »Elemental«, ein

Teil der entsprechenden lebendigen Elementaressenz, jedem »Element« oder Bestandteil der physischen Substanz innewohnt.

Jede dieser sieben Hauptgruppen der Elementaressenz lässt sich in sieben Untergruppen einteilen, was zu neunundvierzig Unterabteilungen führt.

Außer diesen sieben *horizontalen* Einteilungen gibt es sieben völlig gesonderte Typen von Elementaressenz, die sich nicht durch den Materiegrad, sondern durch Eigenschaft und Affinität unterscheiden. Diese Klassifikation wird dem Schüler unter dem Begriff der »Senkrechten« vertraut sein, die mit den »sieben Strahlen« in Zusammenhang steht.

Jeder Strahlentypus beinhaltet ebenfalls sieben Untereinteilungen, das bedeutet, es gibt neunundvierzig senkrechte Unterabteilungen. Die Gesamtsumme der Elementaressenzarten beträgt demnach neunundvierzig mal neunundvierzig oder 2401.

Die senkrechte Einteilung ist deutlich dauerhafter und grundlegender als die horizontale. Sie durchläuft in ihrem langsamen Entwicklungsgang nacheinander die unterschiedlichen horizontalen Gruppen, bleibt dabei aber immer in ihrer eigenen senkrechten Unterabteilung.

Bleibt irgendein Teil der Elementaressenz für einige Augenblicke von äußeren Einflüssen völlig unberührt – ein Zustand, der fast niemals eintritt – besitzt sie keine eigene, klar umrissene Gestalt. Bei der leichtesten Störung bewegt sie sich blitzartig in einem bestürzenden Wirrwarr ruheloser, sich ständig wandelnder Formen, die sich bilden, umherschießen und mit der Geschwindigkeit von Blasen auf der Oberfläche kochenden Wassers verschwinden.

Diese flüchtigen Formen in der Gestalt lebendiger Geschöpfe, wie Menschen und dergleichen, bringen die Existenz eigenständiger Wesen ebenso wenig in der Essenz zum Ausdruck wie die vergleichbaren wechselvollen und vielgestaltigen Wellen, die ein plötzlicher Windstoß in wenigen Augenblicken auf einem stillen See hervorruft. Es scheint sich eher um Widerspiegelungen aus dem unendlich großen Lagerhaus astralen Lichtes zu handeln, die aber in gewisser Weise der Eigenschaft des Gedankenstroms entsprechen, der sie ins Leben gerufen hat, obwohl fast immer eine groteske Verzerrung mit einhergeht und etwas Schreckliches und Unangenehmes an ihnen haftet.

Nimmt die Elementaressenz Formen an, die dem Strom halb bewusster, unwillkürlicher Gedanken entsprechen, die die meisten Menschen träge durch ihren Geist gleiten lassen, entspringt die Intelligenz, die die Gestalt auswählt, eindeutig nicht dem Geist des Denkers. Sie kann auch nicht von der Elementaressenz selbst stammen, da diese einem Reich angehört, das der Individualisation ferner steht als selbst das Mineral, und in dem die Mentalkraft nicht erwacht ist.

Dennoch verfügt die Essenz über eine wunderbare Anpassungsfähigkeit, die der Intelligenz oft sehr nahe zu kommen scheint. Zweifellos ist es diese Eigenschaft gewesen, die dazu führte, dass in frühen Schriften von »halb intelligenten Geschöpfen des Astrallichtes« gesprochen wird.

Die Elementarreiche selbst lassen Vorstellungen von Gut und Böse nicht zu. Dennoch herrscht eine fast alle Unterabteilungen durchdringende Tendenz, die sie dem Menschen eher feindselig als wohlwollend gegenübertreten lässt. Der Neophyt macht auf der Astralebene im Allgemeinen die Erfahrung, dass sich ihm Scharen von rasch wandelnden Gestalten drohend nähern, aber stets vor ihm zurückweichen und sich auflösen, wenn er ihnen mutig entgegentritt. Nach Auffassung mittelalterlicher Schriftsteller ist diese Tendenz allein dem Menschen zuzuschreiben und wird durch dessen Gleichgültigkeit oder Sympathie anderen Lebewesen gegenüber verursacht. In dem »Goldenen Zeitalter« der Vergangenheit gab es das ebenso wenig wie es in Zukunft der Fall sein wird, wenn aufgrund der geänderten Einstellung des Menschen die Elementaressenz und das Tierreich sich dem Menschen gegenüber wieder gefügig und hilfreich zeigen und nicht umgekehrt.

Das Elementarreich als Ganzes entspricht dem, was der Kollektivgedanke des Menschen daraus macht.

Die den vielfältigen Varianten der Elementaressenz innewohnenden Kräfte können von jemandem, der in ihrer Handhabung geschult ist, vielseitig eingesetzt werden. Die große Mehrzahl magischer Zeremonien hängt fast ausschließlich vom Umgang mit diesen Kräften ab, die entweder durch den Willen des Magiers oder ein bestimmtes Astralwesen gelenkt werden, das von ihm zu diesem Zwecke herbeigerufen wurde.

Nahezu alle physischen Phänomene in einem Séance-Raum entstehen auf solche Weise, ebenso das Steinewerfen oder Glockenschlagen in Spukhäusern, was auf den ungeschickten Bemühungen mancher erdgebundener Menschenwesen beruht, Aufmerksamkeit zu erregen, oder aber auf den schelmischen Spielen einiger niederer Naturgeister, die unserer dritten Kategorie angehören. Das »Elemental« darf niemals als der Urheber dieser Vorkommnisse betrachtet werden; es ist lediglich eine latente Kraft, die einer äußeren Macht bedarf, die sie in Bewegung setzt.

2. *Die Astralkörper der Tiere* – Dies ist eine ausgesprochen umfangreiche Gruppe, die aber keine besonders wichtige Stellung auf der Astralebene einnimmt, da ihre Mitglieder gewöhnlich nur für sehr kurze Zeit dort verweilen. Die Mehrzahl der Tiere hat sich noch nicht dauerhaft individualisiert. Wenn eines von ihnen stirbt, fließt die monadische Essenz, die sich durch dieses Tier manifestiert hat, wieder in die Gruppenseele zurück, aus der sie kam, und trägt die Fortschritte und Erfahrungen, die während des irdischen Lebens gemacht wurden, mit sich. Dies geschieht jedoch nicht sofort. Der Astralkörper des Tieres gestaltet sich, wie im Falle des Menschen, neu, so dass das Tier eine tatsächliche Existenz auf der Astralebene hat. Die Dauer des gewöhnlich nicht allzu langen Aufenthalts richtet sich nach der entwickelten Intelligenz. In den meisten Fällen verbringt es die Zeit in träumerischem Bewusstsein, scheint aber vollkommen glücklich zu sein.

Die verhältnismäßig wenigen Haustiere, die bereits Individualität erreicht haben und aus diesem Grunde in dieser Welt nicht mehr wiedergeboren werden, leben viel länger und lebendiger auf der Astralebene als ihre weniger fortgeschrittenen Mitbrüder.

Ein solches individualisiertes Tier hält sich gewöhnlich in der Nähe seines irdischen Zuhauses auf und bleibt mit seinem besonderen Freund und Beschützer in enger Verbindung. Auf diesen Zeitabschnitt folgt eine noch glücklichere Periode des so genannten Schlummerbewusstseins, das so lange anhält, bis irgendwann in der zukünftigen Welt dieses Wesen Menschengestalt annehmen kann. Während der gesamten Zeit befindet sich das Tier in einem ähnlichen Zustand wie der Mensch in der himmlischen Welt, nur auf einer etwas niedrigeren Stufe.

Eine Unterabteilung dieser Gruppe besteht aus den Astralkörpern der in der *Geheimlehre* erwähnten Menschenaffen, die bereits individualisiert sind und darauf warten, sich in der nächsten Runde oder vielleicht auch schon zu einem früheren Zeitpunkt als Mensch zu inkarnieren.

In den »zivilisierten« Ländern tragen diese tierischen Astralkörper stark zu dem allgemeinen Empfinden der Feindseligkeit auf der Astralebene bei, denn das vorsätzliche Abschlachten von Tieren in den Schlachthäusern und als »Sport« schickt Millionen in die Astralwelt, die entsetzt und voller Furcht vor dem Menschen zurückweichen. Die Vivisektion hat dieses Gefühl vertieft.

3. *Naturgeister aller Art* – Diese Gruppe ist so umfassend und vielgestaltig, dass an dieser Stelle nur ein kurzer Überblick über die gemeinsamen Merkmale gegeben werden kann.

Die Naturgeister gehören einer Evolutionslinie an, die sich von unserer recht deutlich unterscheidet. Sie sind und werden niemals Mitglieder einer Menschheit wie der unseren werden. Ihre einzige Verbindung zu uns besteht darin, dass wir vorübergehend denselben Planeten bewohnen. Sie scheinen den Tieren einer höheren Evolution zu entsprechen. Sie unterteilen sich in sieben große Gruppen, die dieselben sieben Materiezustände bewohnen, die von der jeweils entsprechenden Elementaressenz durchdrungen werden. Es gibt Naturgeister der Erde, des Wassers, der Luft und des Feuers (oder Äthers) – es sind eindeutig identifizierbare, intelligente Astralwesen, die in jedem dieser Elemente wohnen und tätig sind.

Nur die Luftgeister wohnen normalerweise in der Astralwelt; ihre Anzahl ist so gewaltig, dass sie dort überall zugegen sind.

In der mittelalterlichen Literatur nennt man die Erdgeister häufig Gnome, die Wassergeister Undinen, die Luftgeister Sylphen und die Feuergeister Salamander. In der Volkssprache heißen sie Feen, Elfen, Zwerge, Peris, Djinn, Trolle, Satyrn, Faune, Kobolde und so fort.

Ihre Formen sind zahlreich und verschiedenartig, meistens jedoch menschlich gestaltet und von kleiner Größe. Wie fast alle Astralwesen, können sie jede Erscheinungsform willentlich annehmen, obwohl sie bestimmten den Vorzug geben, in die sie sich gewöhnlich kleiden. Dem physischen Auge sind sie im Allgemeinen unsichtbar. Sie besitzen aber die Macht, sich zu materialisieren, wenn sie gesehen werden wollen.

An der Spitze jeder dieser Gruppen steht ein erhabenes Wesen, die höchstentwickelte und führende Intelligenz eines gesamten Naturbereiches, der durch die ihm unterstehende Gruppe von Wesen belebt wird. Bei den Hindus sind folgende bekannt: (1) *Indra*, Herr des Akasha oder des Äthers; (2) *Agni*, Herr des Feuers; (3) *Pavana*, Herr der Luft; (4) *Varuna*, Herr des Wassers; (5) *Kshiti,* Herr der Erde.

Diese umfangreiche Welt der Naturgeister liegt hauptsächlich im Astralreich, obwohl ein großer Bereich den Ätherebenen der physischen Welt angehört.

Es gibt unzählige Untergruppen oder Rassen, wobei die Intelligenz und Veranlagung des Einzelnen sich so unterschiedlich zeigt wie bei den Menschen. Die meisten gehen den Menschen vollkommen aus dem Weg. Sie empfinden seine Angewohnheiten und Ausstrahlungen als ekelerregend, und der ständige Andrang astraler Strömungen, die seine ruhelosen, ungeordneten Wünsche verursachen, verwirrt und langweilt sie. Gelegentlich jedoch freunden sie sich mit den Menschen an und helfen ihnen.

Die helfende Einstellung findet man selten; in den meisten Fällen zeigen sie Gleichgültigkeit oder Abneigung oder freuen sich spitzbübisch, wenn sie den Menschen getäuscht oder überlistet haben. Solche Vorkommnisse findet man gewöhnlich in abgelegenen Gebirgsgegenden oder in Séance-Räumen.

Ihre Ränke werden hervorragend unterstützt von der Zauberkraft, über die sie verfügen, so dass ihre Opfer nur das sehen und hören, was diese Kobolde ihnen einprägen, vergleichbar mit mesmerisierten Gegenständen. Die Naturgeister können aber nicht den menschlichen Willen beherrschen, außer bei äußerst willensschwachen Leuten oder solchen, die sich dermaßen erschrecken lassen, dass ihr Wille erstarrt. Die Naturgeister vermögen nur die Sinne zu täuschen und sind bekannt dafür, zahlreiche Menschen gleichzeitig zu verzaubern. Einige der großartigsten Leistungen indischer Fakire beruhen darauf, mit ihrer Hilfe eine Täuschung hervorzubringen.

Gewöhnlich zeigen sie wenig Sinn für Verantwortung, und ihr Wille ist im Allgemeinen schwächer ausgebildet als beim Durchschnittsmenschen. Daher fällt es leicht, sie zu mesmerisieren und zu beauftragen, den Willen des Magiers auszuführen. Man kann sie für viele Aufgaben gebrauchen, die sie im Rahmen ihrer Möglichkeiten treu und gewissenhaft erfüllen.

Sie sind es auch, die in bestimmten Gebirgsregionen einem verspäteten Wanderer Menschen und Häuser vorgaukeln, von denen er weiß, dass sie dort in Wirklichkeit nicht zu finden sind. Solche Täuschungen können sehr lange währen, und der Wanderer nimmt seinen Weg durch eine endlose Reihe von eingebildeten, aber verblüffenden Abenteuern, um plötzlich festzustellen, dass seine herrliche Umgebung verschwunden ist und er in einem einsamen Tal oder auf einer vom Wind gepeitschten Hochebene steht.

Um mit ihnen bekannt zu werden und Freundschaft zu schließen, muss der Mensch frei von physischen Ausstrahlungen sein, die sie ebenso verachten wie die von Fleisch, Alkohol, Tabak, allgemeiner Unreinheit oder solche, die sinnlicher Begierde, Ärger, Neid, Eifersucht, Geiz und Niedergeschlagenheit entströmen. Er muss sauber und weder physisch noch astral abstoßend sein. Hohe, reine Gefühle, die fortwährend und ohne emporzuschießen glühen, schaffen eine Atmosphäre, in der die Naturgeister entzückt baden. Fast alle lieben die Musik. Manchmal treten sie sogar in ein Haus, um sich daran zu erfreuen, indem sie in den Klangwellen baden und in Einklang mit ihnen schwingen und tanzen.

Ein großer Teil der so genannten physischen Phänomene bei spiritistischen Séancen ist ebenfalls den Naturgeistern zuzuschreiben; und so manche Séance wurde ausschließlich von diesen übermütigen Geschöpfen gehalten. Sie besitzen die Fähigkeit, Fragen zu beantworten, mittels Klopfzeichen und Umkippen von Gegenständen vorgetäuschte Botschaften zu übermitteln, »gespenstische« Lichter aufleuchten zu lassen, Dinge aus großer Entfernung herbeizubringen, die Gedanken irgendeines Anwesenden zu lesen, Schriften und Bilder nachzuahmen und sogar zu materialisieren. Sie könnten ihre Zauberkraft natürlich auch bei anderen Tricks einsetzen.

Ihre Absicht besteht nicht darin, jemandem Schaden zuzufügen oder ihn zu täuschen, sondern sich an dem Erfolg zu freuen, zu dem sie beigetragen haben und die ehrfurchtsvolle Hingabe und Zuneigung zu genießen, mit der man sie als »liebe Geister« und »Engelhelfer« überhäuft. Sie nehmen an der Freude der Anwesenden teil und haben das Gefühl, ein gutes Werk zu vollbringen, wenn sie die Trauernden trösten.

Manchmal kleiden sie sich in die vom Menschen gebildeten Gedankenformen und halten es für einen Riesenspaß, sich

Hörner wachsen zu lassen, mit einem gezackten Schwanz um sich zu schlagen und Flammen auszuatmen, während sie umhereilen. Ein leicht beeindruckbares Kind mag sich vor derartigen Erscheinungen fürchten. Dem Naturgeist muss allerdings zugestanden werden, dass er selbst keine Furcht kennt und daher die Schwere der Auswirkung nicht ermessen kann, da er wahrscheinlich annimmt, das Entsetzen des Kindes sei vorgetäuscht und gehöre zum Spiel.

Kein Naturgeist besitzt eine sich fortlaufend reinkarnierende Individualität. Es scheint, dass bei seinem Werdegang ein sehr viel höherer Prozentsatz an Intelligenz entwickelt wird, bevor die Individualisation stattfindet.

Die Lebensdauer der einzelnen Gruppen unterscheidet sich stark voneinander; bei manchen ist sie sehr kurz, während sie bei anderen weit über unsere menschlichen Lebenserwartungen hinausgeht. Insgesamt scheint ihr Dasein einfach, fröhlich und ohne Verantwortung abzulaufen, vergleichbar mit einem Fest, das glückliche Kinder in einer ungewöhnlich schönen irdischen Umgebung feiern.

Die Naturgeister kennen kein Geschlecht; es gibt keine Krankheit und keinen Existenzkampf. Sie sind sich sehr zugetan und können enge und dauerhafte Freundschaften schließen. Der Eifersucht und des Ärgers sind sie zwar fähig, doch diese Empfindungen verblassen rasch angesichts der überwältigenden Freude, die sie am Wirken der Natur finden und die ihre auffallendste Eigenschaft ist.

Ihre Körper besitzen keine innere Struktur, so dass sie weder entzwei gerissen noch verletzt werden können; Hitze und Kälte beeinflussen sie ebenfalls nicht. Sie scheinen völlig furchtlos zu sein.

Obwohl listig und schelmisch, zeigen sie sich selten böswillig, es sei denn, man hat sie eindeutig gereizt. In ihrer Gesamtheit misstrauen sie dem Menschen und ärgern sich über das Erscheinen eines Neuankömmlings auf der Astralebene, so dass er ihnen gewöhnlich in einer unangenehmen oder furchterregenden Gestalt begegnet. Lässt er sich jedoch nicht durch sie verängstigen, betrachten sie ihn bald als notwendiges Übel und beachten ihn nicht weiter, während einige ihm sogar freundlich gegenübertreten.

Besonders große Freude empfinden sie am Spiel mit so genannten »toten« Kindern auf der Astralebene, die sie in hundertfacher Weise unterhalten.

Einige weniger kindliche und würdevollere unter ihnen sind manchmal als Waldgottheiten oder örtliche Dorfgottheiten verehrt worden. Gewöhnlich fühlten sie sich dadurch geschmeichelt und waren zweifellos gewillt, als Gegenleistung jeden kleinen Dienst zu erweisen.

Der Adept weiß, wie er sich die Naturgeister dienstbar macht und vertraut ihnen gewisse Arbeiten an. Dem gewöhnlichen Magier gelingt dies nur aufgrund einer Invokation, indem er sie also anruft, ihre Aufmerksamkeit als Bittsteller auf sich lenkt und ein Abkommen mit ihnen schließt, oder durch eine Evokation, indem er ihren Gehorsam erzwingt. Beides ist höchst unerwünscht. Eine Evokation birgt außerdem große Gefahren, da der Ausführende eine Feindseligkeit heraufbeschwört, die sich für ihn als schicksalhaft erweisen könnte. Kein Meister würde es jemals seinem Schüler erlauben, einen derartigen Versuch zu unternehmen.

Die höchste Gruppe der Naturgeister umfasst die Sylphen und Luftgeister, deren Astralkörper ihre niedrigste Hülle bildet. Ihre Intelligenz gleicht der eines Durchschnittsmenschen. Der übliche Weg, Individualisation zu erreichen, besteht darin, sich mit den Angehörigen der nächsten Stufe über ihnen – den Astralengeln – zu verbinden und sie zu lieben.

Ein Naturgeist, der das menschliche Dasein erfahren möchte, mag eine in der physischen Welt lebende Person besetzen.

Es hat Zeiten gegeben, in denen eine bestimmte Gruppe von Naturgeistern sich auf physischer Ebene materialisiert hat und auf diese Weise in unerwünschte Beziehungen zu Männern und Frauen trat. Vielleicht sind aus diesem Umstand die Geschichten über Faune und Satyre entstanden, obwohl sie sich manchmal auch auf eine völlig andere sub-humane Evolution beziehen.

Obgleich das Reich der Naturgeister dem der Menschen in keiner Weise gleicht – geschlechts- und furchtlos sowie frei von Existenzkampf – führen die beiden Entwicklungswege schließlich zu genau demselben Ergebnis.

4. *Die Devas* – Jene Wesen, die im Hinduismus den Namen *Deva* tragen, werden in anderen Bereichen Engel, Gottesboten und dergleichen genannt. Sie gehören einer Evolutionslinie an, die sich von der menschlichen unterscheidet und als das nächste Reich über der Menschheit betrachtet werden kann.

In der orientalischen Literatur wird mit diesem Begriff in gewisser Weise auch jede Art nicht-menschlicher Wesen belegt. In dieser Abhandlung wird er im strengen, oben erwähnten Sinne gebraucht.

Die Devas werden niemals Menschen sein, da sich die meisten bereits jenseits dieser Stufe befinden, obwohl einige unter ihnen in der Vergangenheit als Menschen gelebt haben.

Da die Körper der Devas fließender sind als die des Menschen und sich das Gewebe der Aura sozusagen lockerer zusammensetzt, verfügen sie über die Fähigkeit, sich weiter auszudehnen und enger zusammenzuziehen. Außerdem besitzen sie eine gewisse feurige Eigenschaft, die sich von der des gewöhnlichen Menschen deutlich unterscheidet. Die innerhalb der Aura liegende Form, die fast immer menschliche Gestalt zeigt, tritt weniger deutlich als beim Menschen hervor. Der Deva lebt mehr im Gesamtbereich seiner Aura als dies beim Menschen der Fall ist. Devas erscheinen gewöhnlich als Menschen von gigantischer Größe. Ihre Farbensprache scheint nicht so klar wie unser Sprechen zu sein, vermag aber in gewisser Weise mehr zum Ausdruck zu bringen.

Devas sind oft nahe bei der Hand und gewillt, jedem genügend entwickelten Menschen, der sie anerkennt, in ihrem Bereich liegende Themen zu erklären und durch Beispiele zu verdeutlichen.

Obwohl sie mit der Erde in Verbindung stehen, entwickeln sich die Devas durch ein umfangreiches System von sieben »Ketten«, wobei sie die Gesamtheit unserer sieben Welten als eine Welt betrachten. Nur sehr wenige aus unserer Menschen-Evolutionslinie haben die Ebene erreicht, auf der es möglich ist, der Deva-Evolution beizutreten. Die meisten Neulinge des Deva-Reiches entstammen anderen Menschheiten unseres Sonnensystems, von denen einige auf höherer, andere auf niedrigerer Ebene als unsere stehen.

Ziel der Deva-Evolution ist es, ihre entwickeltsten Wesen zu einer Höhe zu erheben, die für die Menschheit in der entsprechenden Zeitperiode nicht beabsichtigt ist.

Die drei unteren Abteilungen der Devas sind:

(1) *Kâmadevas*, deren niedrigster Körper das Astrale ist.

(2) *Rûpadevas*, deren niedrigster Körper das niedere Mentale ist.

(3) *Arûpadevas*, deren niedrigster Körper das höhere Mentale oder Kausale ist.

Eine Manifestation von *Rûpadevas* und *Arûpadevas* auf der Astralebene gehört ebenso zu den Seltenheiten wie die Manifestation eines Astralwesens auf physischer Ebene.

Über diesen Klassen liegen vier weitere große Abteilungen, und über dem Deva-Reich sowie jenseits davon halten sich die Scharen der planetarischen Geistwesen auf.

An dieser Stelle beschäftigen wir uns hauptsächlich mit den *Kâmadevas*. Der allgemeine Durchschnitt liegt sehr viel höher als bei uns, denn alles eindeutig Böse wurde bereits vor langer Zeit aus ihnen entfernt. Ihre Veranlagungen unterscheiden sich stark voneinander. Ein wirklich geistiger Mensch mag in seiner Entwicklung höher stehen als einige unter ihnen.

Bestimmte magische Evokationen können ihre Aufmerksamkeit anziehen, doch die einzige menschliche Willenskraft, die ihren Willen beherrschen könnte, besitzt eine bestimmte hohe Stufe von Adepten.

In der Regel scheinen sie sich unserer physischen Welt kaum bewusst zu sein, obwohl gelegentlich einer der Devas Beistand gewährt, vergleichbar mit jemandem aus unserer Welt, der einem Tier in seiner Not hilft. Sie wissen, dass zum augenblicklichen Zeitpunkt jede Einmischung in menschliche Angelegenheiten wahrscheinlich mehr Schaden anrichtet als Gutes bringt.

Obwohl sie genau genommen zu keiner der vier Klassen gehören, sollen an dieser Stelle die vier *Devarâjas* erwähnt werden.

Sie haben einen Entwicklungsweg genommen, für den es mit Sicherheit keine Entsprechung in unserer Menschheit gibt. Man nennt sie die »Regenten der Erde«, die Engel der vier Kardinalpunkte oder die *Chatur Mahârâjas*. Sie herrschen nicht über die Devas, sondern über die vier »Elemente« Erde, Wasser, Luft und Feuer mit ihren sie bewohnenden Naturgeistern und Essenzen.

Name	***Himmelsrichtung***	***Elementale***	***Symbolische Farbe***
Dhritarâshtra	Osten	Gandharvas	Weiß
Virûdhaka	Süden	Kumbhandas	Blau
Virûpaksha	Westen	Nâgas	Rot
Vâishrâvana	Norden	Yakshas	Gold

In der *Geheimlehre* ist die Rede von »geflügelten Planeten und Feuerrädern«, und in der christlichen Bibel versucht Ezechiel sie mit sehr ähnlichen Worten zu beschreiben. In der Symbolik jeder Religion wird auf sie hingewiesen, und sie werden als die Schirmherrn der Menschheit hoch in Ehren gehalten.

Als wirkende Kraft menschlichen Karmas im Laufe seines Erdenlebens spielen sie im Schicksal des Menschen eine wesentliche Rolle. Die erhabenen karmischen Gottheiten des Kosmos, die *Lipika*, wägen die Taten jeder Persönlichkeit ab, wenn am

Ende ihres Astrallebens die endgültige Trennung der Prinzipien stattfindet, und stellen die Gussform eines ätherischen Doppels bereit, die ihrem Karma für die nächste Geburt genau entspricht. Aber es sind die *Devarâjas,* die über die »Elemente« herrschen, aus denen dieses ätherische Doppel zusammengesetzt werden muss und die das richtige Verhältnis zusammenstellen, um die Absicht der *Lipika* genau zu erfüllen.

Während des gesamten Lebens gleichen sie unaufhörlich Veränderungen aus, die der Mensch durch seinen eigenen freien Willen und den seines Umfelds hervorruft, damit sich jenes Karma genau und gerecht auswirkt. Ein wissenschaftlicher Bericht über diese Wesenheiten findet sich in der *Geheimlehre.* Sie können willentlich materielle Menschengestalt annehmen, was Berichten zufolge in einigen Fällen auch geschehen ist.

Alle höheren Naturgeister und die Scharen künstlicher Elementale betätigen sich als Werkzeuge an ihrer großartigen Arbeit. Doch alle Fäden laufen in ihren Händen zusammen, und sie übernehmen die gesamte Verantwortung. Sie manifestieren sich selten auf der Astralebene; sollte es dennoch geschehen, überragen sie mit Sicherheit alle anderen, nicht-menschlichen Bewohner.

In Wirklichkeit muss es sieben, nicht vier *Devarâjas* geben; aber außerhalb des Einweihungskreises ist wenig bekannt, und noch weniger kann über die drei höheren gesagt werden.

KAPITEL 21

Künstliche Astralwesen

Die künstlichen Wesen bilden die umfangreichste Gruppe und sind außerdem für die Menschen von größter Bedeutung. Sie bestehen aus einer riesigen rudimentären Masse halb intelligenter Wesen, die sich ebenso voneinander unterscheiden wie menschliche Gedanken und sich weder klassifizieren noch einordnen lassen. Als Geschöpfe des Menschen sind sie karmisch eng mit ihm verbunden und wirken unaufhörlich und direkt auf ihn ein.

1. *Unbewusst gebildete Elementale* – Wie diese Wunsch- und Gedankenformen ins Leben gerufen werden, wurde bereits in Kapitel VII besprochen. Das Verlangen und der Gedanke eines Menschen ergreifen die formbare Elementaressenz und gestalten sie sofort in ein entsprechendes lebendiges Wesen. Die Form ist keineswegs dem beherrschenden Willen des Schöpfers unterworfen, sondern lebt ihr eigenes Leben, dessen Dauer der Gedankenkraft entspricht, die sie geschaffen hat und die von wenigen Minuten bis zu vielen Tagen reichen kann.

2. *Bewusst gebildete Elementale* – Es leuchtet ein, dass bewusst und gekonnt ins Leben gerufene Elementale eine weitaus größere Macht besitzen als die unbewusst gebildeten. Schüler der weißen und schwarzen Magie bedienen sich bei ihrer Arbeit oft künstlicher Elementale. Es gibt nur wenige Aufgaben, die jenseits der Kräfte solcher Geschöpfe liegen, wenn diese wissenschaftlich vorbereitet und geschickt durchgeführt werden. Jemand, der sich darauf versteht, kann die Verbindung mit seinem Elemental aufrecht erhalten und es lenken, so dass es so handelt, als sei es mit der gesamten Intelligenz seines Meisters ausgestattet.

3. *Künstliche Geistführer* Zu dieser speziellen Gruppe gehören nur wenige Individuen. Ihre Bedeutung steht in keinem

Verhältnis zu den Zahlen, aber es besteht eine enge Verbindung zur spiritistischen Bewegung.

Zur Erklärung ihrer Entstehung ist es notwendig, auf das antike Atlantis zurückzugreifen. Unter den Logen zum Zwecke esoterischer Studien, die der Einweihung vorausgingen und die von Adepten des guten Gesetzes gegründet wurden, gibt es eine, die immer noch dieselben Rituale der alten Welt durchführt und dieselbe Sprache als heilige und heimliche Sprache lehrt wie einst in Atlantis.

Die Lehrer dieser Loge stehen nicht auf der Stufe eines Adepten, und die Loge selbst gehört nicht unmittelbar zur Bruderschaft der Himâlayas, obwohl es einige Adepten gibt, die mit ihr in früheren Inkarnationen verbunden waren.

Etwa in der Mitte des neunzehnten Jahrhunderts beschloss das Oberhaupt der Loge angesichts des überhand nehmenden Materialismus in Europa und Amerika, diesen mit neuen Methoden zu bekämpfen und Möglichkeiten zu bieten, aufgrund derer jeder vernünftige Mensch den Beweis für ein Leben außerhalb des physischen Körpers erhalten konnte.

Diese Bewegung erweiterte sich zu dem ungeheuren Gewebe des modernen Spiritismus, dem Millionen anhängen. Ungeachtet anderer Ergebnisse, haben unzählige Menschen auf diese Weise begonnen, an irgendeine Form zukünftigen Lebens zu glauben. Obwohl manche die Ansicht vertreten, der Preis sei zu hoch gewesen, ist dies zweifellos eine hervorragende Leistung.

Die Methode bestand darin, irgendeinen gewöhnlichen Menschen nach seinem Tode sorgfältig auf die Astralebene zu erheben, ihn bis zu einem gewissen Ausmaß über deren Kräfte und Möglichkeiten zu belehren und ihm dann die Aufsicht über einen spiritistischen Zirkel zu übertragen. Er »entwickelte« dann seinerseits andere verstorbene Persönlichkeiten in dieser Weise, und sie alle wirkten auf die Anwesenden einer Séance ein und »entwickelten« sie zu Medien. Die Anführer dieser Bewegung manifestierten sich zweifellos gelegentlich in astraler Form bei diesen Zirkeln; in den meisten Fällen aber wirkten sie nur richtungsweisend und lenkten sie, wenn sie es für nötig hielten. Die Bewegung nahm ein Ausmaß an, dass sich bald ihrer Kontrolle entzog, weshalb man sie für die spätere Entwicklung nur indirekt verantwortlich machen kann.

Die Intensivierung des Astrallebens der »Kontrollierenden«, die die Leitung der Zirkel übernommen hatten, verzögerten ihren natürlichen Fortschritt eindeutig. Obwohl man annahm, dass das gute Karma, andere zur Wahrheit zu führen, eine volle Entschädigung für diesen Verlust bedeutete, stellte man bald fest, dass man sich unmöglich längere Zeit eines »Geistführers« bedienen konnte, ohne ihm ernstlichen und dauerhaften Schaden zuzufügen.

In manchen Fällen wurden solche »Führer« zurückgezogen und durch andere ersetzt. In anderen hielt man einen Wechsel für unangebracht und führte ein Hilfsmittel ein, das zu der seltsamen Klasse von Geschöpfen führte, die wir die »künstlichen Geistführer« genannt haben.

Die höheren Prinzipien des ursprünglichen »Führers« durften ihren lange aufgeschobenen Entwicklungsweg in die himmlische Welt wieder aufnehmen. Der Schatten, den er zurückließ, wurde in Besitz genommen, gestärkt und in einer Weise auf ihn eingewirkt, dass er dem Kreis wie zuvor erschien.

Zunächst scheint dies von Mitgliedern der Loge durchgeführt worden zu sein. Schließlich beschloss man, dass die verstorbene Person den Schatten oder die Hülle des »Geistführers« und damit sein Erscheinungsbild übernehmen sollte. Dies sind die sogenannten »künstlichen Geistführer«.

In einigen Fällen scheint mehr als eine Veränderung vorgenommen worden zu sein, ohne Verdacht zu erregen. Einige Beobachter des Spiritismus haben jedoch festgestellt, dass nach einem beachtlichen Zeitraum plötzlich Unterschiede im Verhalten und im Zustand eines »Geistes« auftraten.

Keiner der Angehörigen der Himâlaya-Bruderschaft hat

jemals an der Bildung eines künstlichen Wesens dieser Art teilgenommen, obgleich sie nicht einschreiten durften, wenn jemand diesen Weg für den richtigen hielt.

Abgesehen von dem Täuschungsmanöver, liegt der Schwachpunkt des gesamten Unterfangens darin, dass es zur Nachahmung anregt und Schwarzmagier nicht daran gehindert werden können, sich mitteilende Geister zu beschaffen.

KAPITEL 22

Spiritismus

Unter dem Begriff »Spiritismus« versteht man heute verschiedenartige Formen der Kommunikation mit der Astralwelt mittels eines Mediums.

Über den Ursprung und die Anfänge dieser Bewegung wurde bereits im vorangegangenen Kapitel gesprochen.

Der ätherische Mechanismus, der die geistigen Phänomene ermöglicht, wird in *Der Ätherkörper* eingehend behandelt.

An dieser Stelle bleibt die Frage zu überdenken, welchen Wert, falls überhaupt, eine solche Art der Verbindungsaufnahme mit der unsichtbaren Welt besitzt und aus welchen Quellen diese Mitteilungen stammen.

In den Anfängen der Theosophischen Gesellschaft schrieb H.P. Blavatsky sehr leidenschaftlich über das Thema des Spiritismus, indem sie die Zweifelhaftigkeit des gesamten Unterfangens hervorhob und ausdrücklich auf das Überwiegen der scheinbaren gegenüber den wirklichen Erscheinungen hinwies. Zweifellos haben ihre Ansichten die weniger positive Einstellung der meisten Mitglieder der Theosophischen Gesellschaft gegenüber dem Spiritismus als Ganzes gefärbt und bestimmt.

Charles W. Leadbeater andererseits versicherte, dass seine persönlichen Erfahrungen positiver waren. Er experimentierte einige Jahre lang mit dem Spiritismus und konnte annehmen, fast alle Phänomene wiederholt selbst gesehen zu haben, die man in der Literatur zu diesem Thema fand.

Seiner Erfahrung zufolge stellte er fest, dass nahezu alle Erscheinungen echt waren. Die Botschaften, die sie übermitteln, sind uninteressant und ihre religiösen Lehren beschrieb er als

»verwässertes Christentum«. Trotzdem waren die Botschaften weitgehend liberal und der bigotten orthodoxen Einstellung weit voraus.

Leadbeater weist auf die Gemeinsamkeiten zwischen den Spiritisten und den Theosophen hin; (1) dass ein Leben nach dem Tode eine unbestreitbare Gewissheit ist, was (2) auch für den ewigen Fortschritt und das höchste Glück eines jeden gilt, egal ob er gut oder schlecht ist. Aufgrund dieser beiden ungeheuer wichtigen Auffassungen, die der üblichen orthodoxen Meinung weit voraus waren, scheint es in gewisser Weise bedauerlich zu sein, dass die Spiritisten und Theosophen sich in dieser umfassenden Frage nicht vorläufig die Hand reichen konnten und geringfügige Meinungsverschiedenheiten auf einen späteren Zeitpunkt verschoben, wenn die Welt zumindest im Allgemeinen zu einem großen Teil zu dieser Wahrheit bekehrt worden war. Diese Aufgabe lässt beiden wahrheitssuchenden Gemeinschaften genügend Raum.

Diejenigen, die Phänomene zu sehen wünschen, und solche, die nichts ohne sichtbaren Beweis glauben können, werden sich zum Spiritismus hingezogen fühlen. Jene aber, denen es hauptsächlich auf das Weltbild ankommt, werden sich der Theosophie zuwenden. Beide Bewegungen haben dem liberalen und aufgeschlossenen Menschen etwas zu bieten. Im Hinblick auf das Ergebnis scheint eine harmonische Einigung beider wünschenswert zu sein.

Es ist dem Spiritismus hoch anzurechnen, dass er sein Ziel in soweit erreicht hat, als er unzählige Leute zu der festen Überzeugung geführt hat, dass es in jedem Falle eine Form des Weiterlebens nach dem Tode gibt. Diese Tatsache allein spricht für sich, obwohl manche die Ansicht vertreten, sie hätte einen allzu hohen Preis gefordert.

Für emotionale, nervöse und leicht beeinflussbare Naturen birgt der Spiritismus gewisse Gefahren, auf die hier nicht näher eingegangen werden soll. Es gibt keinen einfacheren Weg, die

Annahme, dass es außerhalb der physischen Ebene nichts gibt, durch einige Experimente zu erschüttern. Vielleicht lohnt es sich, zu diesem Zweck einige Risiken einzugehen.

Leadbeater erklärte, dass trotz des Betrugs und der Täuschung, die in manchen Fällen zweifellos aufgetreten sind, große Wahrheiten hinter dem Spiritismus liegen, die jeder entdecken kann, der gewillt ist, die erforderliche Zeit und Geduld aufzubringen, sie zu untersuchen.

Häufig wurde durch den Einsatz eines Mediums oder eines Teilnehmers der Séance gute Arbeit geleistet, die sich mit dem Wirken der unsichtbaren Helfer vergleichen lässt. Allzu oft hat der Spiritismus aus diesem Grunde Seelen an ihrer raschen Befreiung gehindert, gleichzeitig aber anderen ein Entkommen ermöglicht und ihnen auf diese Weise den Weg zum Voranschreiten geebnet. In manchen Fällen ist es einem Verstorbenen gelungen, seinen Angehörigen und Freunden ohne die Unterstützung eines Mediums zu erscheinen und ihnen seine Wünsche darzulegen. Dies sind jedoch Ausnahmen. In den meisten Fällen kann sich eine erdgebundene Seele nur mit Hilfe eines Mediums oder eines bewussten »unsichtbaren Helfers« von ihren Ängsten befreien.

Es wäre demnach falsch, nur die dunkle Seite des Spiritismus zu betrachten. Man darf nicht vergessen, welchen großen Beitrag er geleistet hat, indem er den Verstorbenen die Möglichkeit bot, nach einem plötzlichen und unerwarteten Tod ihre Angelegenheiten zu regeln.

Man sollte sich nicht darüber wundern, dass es Spiritisten gibt, denen die Reinkarnation fremd ist, obwohl sie in manchen Schulen dieser Bewegung gelehrt wird. Wenn ein Mensch stirbt, gesellt er sich gewöhnlich zu denjenigen, die er auf der Erde gekannt hat; er bewegt sich zwischen derselben Art von Leuten wie im physischen Leben. Daher wird er die Tatsache der Wiedergeburt nach seinem Tode wahrscheinlich ebenso wenig erkennen wie vorher. Die meisten Menschen zeigen sich aufgrund ihrer Vorurteile für neue Ideen verschlossen; diese Vorurteile nehmen sie mit in die Astralwelt und sind für Vernunft und gesunden Menschenverstand dort genauso wenig zugänglich wie in der physischen Welt.

Ein wirklich aufgeschlossener Mensch kann auf der Astralebene viel lernen. Vielleicht eignet er sich sehr rasch das gesamte theosophische Wissen an, was tatsächlich geschehen ist. Aus diesem Grunde findet man bei den geistigen Übermittlungen oft Teilbereiche dieser Lehre.

Einer der schärfsten Einwände gegen die allgemeine Ausübung des Spiritismus gründet sich darauf, dass sich nach dem Tod eines Durchschnittsmenschen dessen Bewusstsein gleichbleibend von der niederen Stufe seiner Natur zu einer höheren erhebt; das Ego entzieht sich in zunehmendem Maße den niederen Welten. Daher mag es seiner Entwicklung wohl nicht förderlich sein, wenn der niedere Teil aus seiner natürlichen und wünschenswerten Unbewusstheit, in die er gleitet, wieder aufgeweckt und zur Erde zurückgezerrt wird, um durch ein Medium zu wirken.

Jemandem, dessen niederes *Manas* sich immer noch nach *kâmischer* Befriedigung sehnt, wird daher eine grausame Freundlichkeit erwiesen, wenn man ihn in die Erdsphäre zurückzieht, da es seine Vorwärtsentwicklung aufhält und einen an sich geordneten Ablauf unterbricht. Auf diese Weise wird der Aufenthalt im *Kâmaloka* verlängert und der Astralkörper genährt, der sich weiterhin an das Ego klammert. Die Freisetzung der Seele wird hinauszögert, und »die unsterbliche Schwalbe weiterhin vom Vogelleim der Erde festgehalten«.

Besonders im Falle von Selbstmord oder eines unerwarteten Todes wäre es keinesfalls wünschenswert, *Trishnâ*, das Verlangen nach einem sinnlichen Dasein, wieder zu wecken.

Die besondere Gefahr wird deutlich, wenn man bedenkt, dass das Ego aufgrund seines Rückzugs in sich selbst zunehmend die Fähigkeit verliert, den unteren Teil seines Bewusstseins zu beeinflussen oder zu lenken, der bis zur völligen Trennung die

Macht besitzt, Karma zu erzeugen und unter diesen Umständen seinem Register wahrscheinlich eher Negatives als Positives hinzufügen wird.

Menschen, die ein schlechtes Leben geführt haben und sich nach dem Erdendasein sehnen, dass sie zurücklassen mussten und das ihre animalische Natur nicht länger direkt genießen kann, halten sich gerne im Umfeld eines Mediums oder einer sensitiven Person auf, im Bestreben, diese für ihre eigene Befriedigung zu benutzen. Sie gehören zu den gefährlicheren Kräften, denen der Gedankenlose oder Neugierige in seiner Unwissenheit bald gegenübersteht.

Ein Astralwesen mag in seiner Verzweiflung Besitz von einem empfindsamen Teilnehmer ergreifen und ihn besetzen oder ihm sogar nach Hause folgen und Frau oder Tochter befallen. Solche Vorkommnisse sind bekannt, und es ist fast unmöglich, sich von einem solchen besitzergreifenden Wesen zu befreien.

Wie bereits erwähnt, können die tiefe Trauer und große Sehnsucht der auf Erden weilenden Freunde verstorbene Wesen in die Erdsphäre herunterziehen und dadurch dem Verstorbenen oft heftige Schmerzen zufügen und in den normalen Evolutionsablauf eingreifen.

Wesen, die sich über ein Medium mitteilen, lassen sich folgendermaßen einordnen:

Verstorbene Menschen auf der Astralebene
Verstorbene Menschen im Devachan
Schatten
Hüllen
Belebte Hüllen
Naturgeister
Das Ego des Mediums
Nirmânakâyas

Die meisten wurden bereits im XIV. Kapitel über die *Astralwesen* besprochen.

Jeder Verstorbene auf der Astralebene besitzt theoretisch die Möglichkeit der Kommunikation über ein Medium, was sich von den unteren Ebenen aus leichter bewerkstelligen lässt als von den zunehmend höheren Unterebenen, zu denen sich das Wesen allmählich erhebt. Die Mitteilungen, die bei Séancen zu erwarten sind, kommen demnach von den unteren Ebenen, von relativ unentwickelten Wesen.

Selbstmörder oder Opfer eines plötzlichen Todes, einschließlich der zum Tode Verurteilten, die in der Blüte ihres Lebens dahingerafft wurden, fühlen sich voraussichtlich am ehesten zu einem Medium in der Hoffnung hingezogen, ihre Lebensgier (*Trishnâ*) befriedigen zu können.

Das Medium ruft in ihnen eine neue Serie von *Skandhas* hervor, einen neuen Körper mit viel schlimmeren Neigungen und Leidenschaften, als sie der verlorene besaß. Dies könnte für das Ego von unsagbarem Übel sein und es zu einer Wiedergeburt in eine viel schlimmere Existenz drängen.

Die Verbindung zu einem Wesen im *Devachan*, dem Himmel, bedarf einer Erklärung. Das befreite Ego eines reinen und erhabenen Mediums oder einer übersinnlich veranlagten Person kann sich auf die Ebene des *Devachan* erheben und zu einem Wesen, das dort weilt, Kontakt aufnehmen. Meistens entsteht der Eindruck, dass das Wesen vom *Devachan* zu dem Medium gekommen ist, was sich in Wirklichkeit aber umgekehrt verhält: Das Ego des Mediums hat sich auf die Ebene des Wesens im *Devachan* erhoben.

Infolge der besonderen Bewusstseinsverfassung der Wesen im *Devachan* sind die auf diese Weise erhaltenen Botschaften nicht zuverlässig. Im besten Falle vermag das Medium oder die einfühlsame Person nur das zu wissen, zu sehen und zu fühlen, was dieses spezielle Wesen im *Devachan* weiß, sieht und fühlt. Eine Verallgemeinerung würde möglicherweise zur Fehlerquelle werden, da jedes Wesen im *Devachan* in seinem eigenen Bereich der himmlischen Welt lebt.

Hinzu kommt, dass die Gedanken, das Wissen und die Empfindungen des *Devachan*-Wesens die Substanz formen, die eigene Persönlichkeit des Mediums und seine bestehenden Vorstellungen die Kommunikationsform aber voraussichtlich bestimmen werden.

Bei einer Séance mag häufig ein *Schatten* erscheinen und sich mitteilen. Da er das genaue Erscheinungsbild des verstorbenen Wesens trägt, sein Gedächtnis, seine Mimik und dergleichen besitzt, wird er oft fälschlicherweise für das Wesen selbst gehalten, obwohl er sich keiner Nachahmung bewusst ist. In Wirklichkeit ist er nur ein »seelenloser Klumpen der niedrigsten Eigenschaften« des Wesens.

Eine *Hülle* gleicht dem verstorbenen Wesen ebenfalls haargenau, obwohl es sich nur um dessen astralen Leichnam handelt, aus dem jeder geistige Aspekt gewichen ist. Gerät sie in den Einflussbereich der Aura des Mediums, kann sie sich für einige Augenblicke schlagartig in eine lächerliche Nachbildung des wirklichen Wesens verwandeln.

Solche »Gespenster« sind gewissenlos, ohne positive Regungen, neigen zur Auflösung und können daher nur für das Böse wirken. Sie erhalten ihre Lebenskraft, indem sie sich diese bei Séancen holen, oder sie vergiften das Medium und die Teilnehmer durch unangenehme astrale Verbindungen.

Auch eine *belebte Hülle* mag sich durch das Medium mitteilen. Sie besteht aus einem astralen Leichnam, der von einem künstlichen Elemental belebt wird und ist immer böswillig. Offensichtlich bildet sie eine Quelle großer Gefahren bei Séancen.

Selbstmörder, Schatten und belebte Hüllen sind kleinere Vampire und entziehen den Menschen, die sie beeinflussen können, die Lebenskraft. Daher fühlen sich das Medium und die Teilnehmer nach einer *Séance* meistens erschöpft. Ein Schüler der Esoterik lernt, sich vor solchen Angriffen zu schützen. Ohne dieses Wissen lässt es sich kaum vermeiden, mehr oder weniger mit einbezogen zu werden.

Der Einsatz von Schatten und Hüllen bei Séancen brandmarkt zahlreiche spiritistische Kommunikationen mit gedanklicher Armut. Ihre scheinbare Intellektualität bringt nur Nachbildungen hervor; es fehlt an neuen, eigenständigen Gedanken.

Naturgeister. Ihre Rolle bei Séancen wurde bereits ausführlich beschrieben.

Zahlreiche Phänomene des Séance-Raumes lassen sich vernunftmäßig eher auf die launischen Kapriolen halbtierischer Kräfte zurückführen als auf das Tun von »Geistern«, die solcher Dummheiten sicherlich nicht fähig gewesen wären, als sie noch in ihrem Körper weilten.

Das Ego des Mediums. Strebt ein reines, aufrichtiges Medium nach dem Licht, wird sich die höhere Natur diesem Aufwärtsstreben von oben zuneigen, indem aus den höheren Bereichen Licht herabströmt und das niedere Bewusstsein erleuchtet. In diesem Augenblick hat sich der niedere Geist mit dem höheren vorübergehend vereinigt und übermittelt soviel vom Wissen des höheren Geistes, wie er zu fassen vermag. Auf diese Weise können einige Mitteilungen durch das Medium seinem höheren Ego entspringen.

Die Klasse von Wesen, die von einer Séance angezogen wird, richtet sich weitgehend nach dem Typ des Mediums. Medien niederer Art ziehen höchst unerwünschte Besucher an, deren schwindende Lebenskraft im Séance-Raum gestärkt wird. Sollte ein Mann oder eine Frau von entsprechend niedriger Entwicklung anwesend sein, wird sich das Gespenst zu dieser Person hingezogen fühlen und sich an sie heften. Dadurch werden zwischen dem Astralkörper der lebenden und dem sterbenden Astralkörper der verstorbenen Person Strömungen hervorgerufen, was zu beklagenswerten Folgen führt.

Ein *Adept* oder *Meister* teilt sich oft seinen Schülern mit, ohne sich der üblichen Kommunikationsmethoden zu bedienen.

Falls das Medium der Schüler eines Meisters wäre, könnte die Botschaft dessen »durchkommen« und irrtümlicherweise für die Botschaft eines gewöhnlichen »Geistes« angesehen werden.

Ein *Nirmânakâya* ist ein vervollkommneter Mensch, der seinen physischen Körper abgelegt hat, seine übrigen niederen Prinzipien aber beibehält und mit der Erde in Berührung bleibt, um den Menschen in ihrer Entwicklung zu helfen. Diese erhabenen Wesenheiten teilen sich nur in sehr seltenen Fällen über ein Medium mit, das aber von äußerst reiner und edler Natur sein muss.

Ohne weitreichende Erfahrungen mit Medien wird man kaum begreifen können, dass recht durchschnittliche Menschen auf der Astralebene den brennenden Wunsch verspüren, als Weltlehrer aufzutreten. Gewöhnlich sind ihre Absichten ehrlich, und sie glauben tatsächlich, eine Lehre verbreiten zu können, die die Welt retten wird. Nachdem sie die Wertlosigkeit rein materieller Dinge erkannt haben, fühlen sie, nicht ganz zu Unrecht, die ganze Welt werde augenblicklich ein anderer Ort sein, wenn sie der Menschheit ihre eigenen Vorstellungen einprägen könnten.

Ein solches Wesen, das ein Medium umschmeichelt und es glauben lässt, es sei der einzige Kanal für gewisse exklusive und transzendente Lehren und irgendeine Bedeutung der eigenen Person bescheiden abstreitet, wird von den Anwesenden oft zumindest für einen Erzengel oder sogar einen göttlichen Boten gehalten. Leider hat ein solches Wesen häufig vergessen, dass es selbst während seines irdischen Lebens Mitteilungen, die andere in ähnlicher Weise über verschiedene Medien gaben, nicht die geringste Beachtung geschenkt hat. Es erkennt nicht, dass andere, in weltliche Angelegenheiten verstrickte Leute, es ebenso wenig beachten und sich durch seine Mitteilungen nicht bewegen lassen.

Manchmal nehmen diese Wesen ganz bestimmte Namen an, wie George Washington, Julius Cäsar oder Erzengel Michael, aus dem sicher zu verzeihenden Beweggrund, dass die auf diese

Weise von ihnen gegebenen Lehren wohl eher angenommen werden, als wenn sie ein einfacher Hans Schmidt oder Thomas Braun verkündet hätte.

Wenn sie die tiefe Verehrung in anderen sehen, die sie den Meistern entgegenbringen, ahmen sie diese mitunter nach, um eine bereitwilligere Annahme ihrer Vorstellungen zu erzwingen, die sie verbreiten möchten.

Andere versuchen, die Arbeit des Meisters zu beeinträchtigen, indem sie seine Gestalt annehmen und so auf seinen Schüler einwirken. Obwohl es ihnen gelingen mag, ein nahezu vollkommenes physisches Erscheinungsbild zu schaffen, können sie seinen Kausalkörper nicht nachbilden. Jemand, der die Kausalebene zu erschauen vermag, wird sich von einer solchen Nachahmung nicht täuschen lassen.

Bei einigen Gelegenheiten haben die Mitglieder der Loge, die die spiritistische Bewegung ins Leben riefen, persönlich wertvolle Lehren zu höchst interessanten Themen durch ein Medium übermittelt. Dabei handelte es stets um eine Séance völlig selbstloser Natur, niemals um eine Schaustellung, für die Geld genommen wurde.

Die Stimme der Stille mahnt weise : »Suche nicht deinen Guru in den Gefilden der Mâyâ«. Keine Lehre eines selbst ernannten Lehrers sollte blindlings angenommen werden. Allen Mitteilungen und Ratschlägen, die von dort kommen, sollte man genauso gegenübertreten wie einem ähnlichen Rat auf der physischen Ebene. Man muss eine Lehre nach gewissenhafter und intellektueller Untersuchung ihrem wirklichen Wert entsprechend bemessen.

Der Tod macht einen Menschen nicht unfehlbar. Er mag viele Jahre auf der Astralebene zubringen und dennoch nicht mehr wissen als in dem Augenblick, da er die irdische Welt verließ. Man sollte daher den Mitteilungen aus der Astralwelt oder von einer höheren Ebene nicht mehr Bedeutung beimessen als einem Vorschlag auf physischer Ebene.

Ein sich manifestierender »Geist« ist oft genau das, zu dem er sich bekennt, manchmal aber auch etwas völlig anderes. Für den durchschnittlichen Teilnehmer gibt es keine Möglichkeit, Wahrheit und Lüge voneinander zu unterscheiden. Die Mittel der Astralebene können dazu dienen, die Leute auf der physischen Ebene bis zu einem solchen Ausmaß zu täuschen, dass man nicht einmal Vertrauen in den anscheinend überzeugendsten Beweis setzen kann. Es soll keineswegs abgestritten werden, dass ehrliche Wesen bei Séancen wichtige Mitteilungen überbrachten. Dennoch kann ein gewöhnlicher Teilnehmer nicht ganz sicher gehen, nicht in verschiedenster Weise getäuscht zu werden.

Dem Gesagten lässt sich etwas über die Vielfalt der Quellen entnehmen, aus denen die Mitteilungen der Astralwelt stammen mögen. H.B. Blavatsky meint dazu: »Die Mannigfaltigkeit der Ursachen für Phänomene ist gewaltig, und wir müssen ein Adept sein, um tatsächlich in das, was sich ereignet, hineinzuschauen und es zu untersuchen, um bei jedem Fall erklären zu können, was wirklich dahinter liegt.«

Abschließend soll darauf hingewiesen werden, dass die Dinge, die der Durchschnittsmensch auf der Astralebene nach dem Tode unternehmen kann, auch im physischen Leben zu vollbringen vermag. Kommunikationen lassen sich leicht durch Schreiben in Trance herstellen, mit Hilfe der entwickelten und geschulten Kräfte des Astralkörpers verkörperter oder nicht verkörperter Personen. Es wäre vernünftiger, die eigenen Seelenkräfte zu entfalten, anstatt sich aus Unwissenheit in gefährliche Experimente zu stürzen. Auf diese Weise könnte das Wissen sicher zusammengetragen und die Evolution beschleunigt werden. Der Mensch muss lernen, dass der Tod keine wirkliche Macht über ihn besitzt. Der Schlüssel zum Gefängnis des Körpers liegt in seinen Händen, und wenn er will, kann er lernen, ihn zu gebrauchen.

Nach sorgfältigem Abwägen aller verfügbaren Beweise für und gegen den Spiritismus hat es den Anschein, dass der vorsichtige Einsatz, allein zu dem Zweck, den Materialismus zu widerlegen, gerechtfertigt sein mag. Sobald dieses Ziel erreicht ist, scheint er für die Lebenden wie für die Verstorbenen Gefahren zu bergen, und es ist im Allgemeinen davon abzuraten. Nur in äußerst seltenen Fällen mag er sicher und vorteilhaft ausgeübt werden.

KAPITEL 23

Der Tod auf der Astralebene

Wir haben das Ende der Lebensgeschichte des Astralkörpers erreicht, und es bleibt nur wenig über seinen Tod und seine endgültige Auflösung zu sagen.

Der stete Rückzug des Egos bewirkt im Laufe der Zeit, dass die Teilchen des Astralkörpers ihre Tätigkeit allmählich einstellen, ein Prozess, der in den meisten Fällen schichtweise abläuft. Die einzelnen Ringe sind ihrer Dichte entsprechend angeordnet; der dichteste bildet den äußeren Rand.

Der Astralkörper verschleißt und zerfällt, wenn ihm das Bewusstsein durch das halb unbewusste Bemühen des Egos entzogen wird, und der Mensch befreit sich auf diese Weise von allem, was ihn von der himmlischen Welt trennt.

Während des Aufenthalts auf der Astralebene, im *Kâmaloka*, hat der mit den Leidenschaften, Emotionen und Begierden verwobene Geist diese geläutert, ihren reinen Anteil aufgenommen und alles verarbeitet, was des höheren Egos würdig ist, so dass der verbleibende Anteil des *Kâma* lediglich einen Rückstand bildet, von dem sich das Ego, die unsterbliche Triade von *Âtmâ-Buddhi-Manas*, rasch befreien kann. Langsam nimmt die Triade oder das Ego die Erinnerungen an das soeben beendete irdische Leben in sich auf, seine Liebe, seine Hoffnungen und sein geistiges Streben, und bereitet sich darauf vor, aus dem *Kâmaloka* in die Glückseligkeit des *Devachan*, der »Heimat der Götter«, der »himmlischen Welt«, zu gleiten.

Den Werdegang des Menschen im *Devachan* werden wir im dritten Band dieser Serie (Der Mentalkörper) ausführlich besprechen, da er den Rahmen vorliegender Abhandlung sprengen würde.

An dieser Stelle sei jedoch noch erwähnt, dass die im *Devachan* verbrachte Zeit der Verarbeitung von Lebenserfahrungen sowie der Wiedergewinnung des Gleichgewichts dient, bevor ein neuer Abstieg in die Inkarnation stattfindet. Es ist der Tag, der auf die Nacht des Erdenlebens folgt, der subjektive Aspekt im Vergleich zur objektiven Periode der Manifestation.

Wenn der Mensch aus dem *Kâmaloka* in das *Devachan* übergeht, kann er keine negativen Gedankenformen mitnehmen; die Astralmaterie vermag auf der *Devachan*-Ebene nicht zu existieren, da die Materie dieser Ebene nicht auf die groben Schwingungen übler Leidenschaften und Wünsche reagieren kann. Alles, was der Mensch behält, wenn er die Überreste seines Astralkörpers schließlich abgeschüttelt hat, werden die latenten Keime oder Tendenzen sein, die sich als böse Wünsche und üble Leidenschaften in der Astralwelt manifestieren, sollten sie Nahrung oder ein Ventil finden. Aber er nimmt sie nicht mit, und sie ruhen während seines gesamten Aufenthalts im *Devachan* in den »permanenten Astralatomen«. Am Ende des Lebens im *Kâmaloka* zieht sich das goldene Lebensgewebe vom Astralkörper zurück, überlässt ihn dem Zerfall und umhüllt die »permanenten Atome«, die sich dann in den Kausalkörper zurückziehen.

Der letzte Kampf mit dem Wunsch-Elemental findet am Ende des Astrallebens statt, da sich das Ego dann bemüht, alles in sich zurückzuziehen, was es zu Beginn des soeben beendeten Lebens in die Inkarnation einbrachte. Das Wunsch-Elemental, dass es selbst schuf und nährte, stellt sich diesen Bemühungen entschieden entgegen.

Bei den meisten Durchschnittsmenschen hat sich etwas von ihrer Mentalsubstanz so eng mit der Astralmaterie verwickelt, dass es ihnen unmöglich wird, sich völlig davon zu befreien. Der Kampf endet folglich damit, dass ein Teil der Mentalsubstanz und sogar etwas von der kausalen (höher mentalen) Materie im Astralkörper zurückbleibt, nachdem das Ego sich völlig von ihm gelöst hat. Hat andererseits ein Mensch seine niederen Wünsche im Laufe des Lebens vollständig besiegt und den niederen Geist von der Begierde völlig befreit, wird es kaum einen Kampf geben, und das Ego vermag nicht nur alles, was es in diese spezielle Inkarnation »investiert« hat, sondern auch die »Zinsen« zurückzunehmen, die Erfahrungen, Fähigkeiten und dergleichen. Es gibt Extremfälle, in denen das Ego alles verliert, das investierte »Kapital« und die »Zinsen«; man spricht dann auch von den »verlorenen Seelen« oder Elementaren.

Das Verlassen des Astralkörpers und der Astralebene ist ein zweiter Tod. Der Mensch hinterlässt einen astralen Leichnam, der zur gegebenen Zeit zerfällt und dessen Stoffe der Astralwelt zurückgegeben werden, wie die Substanzen des physischen Körpers der physischen Welt zurückgegeben wurden.

KAPITEL 24

Wiedergeburt

Nachdem sich die Aspekte, die das Ego ins *Devachan* trug, erschöpft haben und die angesammelten Erfahrungen vollkommen verarbeitet wurden, beginnt sich im Ego erneut der Wunsch nach dem empfindungsfähigen, materiellen Leben zu regen, der nur auf der physischen Ebene erfüllt werden kann. Dieses Verlangen nennen die Hindus *Trishnâ*.

Es kann erstens als der Wunsch, sich selbst zum Ausdruck zu bringen, betrachtet werden und zweitens als der Wunsch, äußere Eindrücke aufzunehmen, die ihm das Gefühl geben, lebendig zu sein. Dies ist das Evolutionsgesetz.

Trishnâ tritt auf, um durch *Kâma* zu wirken, der ersten Ursache der Reinkarnation für das Individuum wie auch für den Kosmos. Während seiner Ruhezeit im *Devachan* ist das Ego frei von Schmerz und Trauer gewesen, das Böse aber, das es in seiner letzten Inkarnation begangen hat, befand sich in einem Zustand des Scheintods. Die Samen vergangener übler Neigungen beginnen aufzukeimen, sobald sich die neue Persönlichkeit anschickt, für die erneute Inkarnation Gestalt anzunehmen. Das Ego muss sich die Last der Vergangenheit aufbürden, die Keime oder Samen als Ernte des vergangenen Lebens, die von den Buddhisten *Skandhas* genannt werden.

Kâma mit seinem Heer von *Skandhas* wartet an der Schwelle des *Devachan*, aus dem das Ego wieder hervortritt, um eine neue Inkarnation anzunehmen. Die *Skandhas* bestehen aus materiellen Eigenschaften, Empfindungen, abstrakten Vorstellungen, geistigen Neigungen und Kräften.

Der Prozess läuft ab, indem das Ego seine Aufmerksamkeit zunächst der mentalen Zelle zuwendet, die sofort ihre Aktivität wieder aufnimmt, und dann dem permanenten Astralatom, in das es seinen Willen legt.

Die alten Neigungen werden bei seiner Wiedergeburt vom Ego nach draußen geschleudert und umhüllen sich zunächst mit Mentalsubstanz und der Elementaressenz des zweiten großen Naturreichs und bringen den geistigen Entwicklungsstand zum Ausdruck, den der Mensch am Ende seines letzten Aufenthalts in der himmlischen Welt erreicht hatte. In dieser Hinsicht beginnt er genau an dem Punkt, an dem er aufgehört hat.

Als nächstes zieht das Ego Astralmaterie an, mit der es sich umgibt, sowie Elementaressenz aus dem dritten Naturreich. Aus diesen Stoffen wird sein neuer Astralkörper geformt. Im Verlauf dieses Geschehens werden die Gelüste, Emotionen und Leidenschaften, die er aus seinen letzten Leben mit herüber brachte, wieder aufbrechen.

Das zu seiner Wiedergeburt herabsteigende Ego sammelt die Astralmaterie nicht bewusst, sondern automatisch um sich herum an.

Dieses Material ist zudem eine genaue Reproduktion der Materie im Astralkörper des Menschen zum Zeitpunkt seines ausklingenden Astrallebens. Auf diese Weise nimmt der Mensch sein Leben in jeder Welt dort wieder auf, wo er es das letzte Mal verlassen hat.

Der Schüler wird darin die teilweise Auswirkung des karmischen Gesetzes erkennen. Jede Inkarnation ist zwangsläufig, automatisch und gerechterweise mit den vorangegangenen Leben verknüpft, so dass die ganze Reihe eine fortlaufende, ununterbrochene Kette bildet.

Die den Menschen umgebende Astralmaterie hat noch nicht die Form eines Körpers angenommen. Als erstes gestaltet sie sich nach jener Eiform, die den Kausalkörper am besten zum Ausdruck bringt. Sobald der kindliche physische Körper gebildet wird, übt dieser einen starken Anziehungsdruck auf die Astralmaterie aus, die sich vorher ziemlich gleichmäßig über der Hülle verteilte, und konzentriert den Großteil innerhalb des Umfangs des physischen Körpers.

Im Laufe seines Wachstums folgt die Astralmaterie jeder einzelnen Veränderung zu neunundneunzig Prozent innerhalb der Physis, und nur ein Prozent erfüllt die übrige Eiform und bildet die Aura.

Die Ansammlung von Materie um den astralen Kern kann sehr rasch, mitunter aber auch äußerst langsam geschehen. Nach Abschluss dieses Vorgangs befindet sich das Ego in der karmischen Gewandung, die es sich selbst angelegt hat, bereit, von den Vertretern der »Herrn des Karma« das ätherische Doppel zu empfangen, in das, wie in einer Gussform, der neue physische Körper gebildet wird.

Die Eigenschaften des Menschen treten zunächst nicht in Erscheinung; sie befinden sich noch im Keim, der für einen möglichen neuen Manifestationsbereich in der Materie gesorgt hat. Ob sie sich in diesem Leben in dieselben Neigungen entwickeln wie im letzten, hängt weitgehend von der Anregung ab, die aus dem Umfeld der frühen Kindheit kommt. Gute oder schlechte Eigenschaften können, je nachdem ob sie ermuntert werden oder nicht, aufblühen oder verkümmern. Werden sie angeregt, entwickeln sie sich in diesem Leben zu einem stärkeren Faktor als in der vergangenen Existenz. Verkümmern sie, gleichen sie einem unbefruchteten Samen, sterben mit der Zeit ab und treten in der folgenden Inkarnation überhaupt nicht in Erscheinung.

Das Kind besitzt also noch keinen definitiven Geist- oder Astralkörper, wird aber von der Materie, aus der diese gebildet werden, umgeben und von ihr erfüllt.

Nehmen wir an, ein Mensch ist in seinem letzten Leben ein Trunkenbold gewesen; im *Kâmaloka* hat er das Verlangen nach Alkohol ausgemerzt und sich davon befreit. Obwohl das Verlangen als solches ausgestorben ist, bleibt die Charakterschwäche, welche dafür ausschlaggebend war, bestehen. In seinem nächsten Leben wird der Astralkörper Materie enthalten, die demselben Verlangen Ausdruck verleihen kann; er ist aber nicht gezwungen, die Materie in derselben Weise zu gebrauchen. In den Händen liebevoller und fähiger Eltern, die ihn lehren, dass solche Begierden von Übel sind, könnte er lernen, sie zu beherrschen und zu verdrängen, wenn sie auftauchen, so dass die Astralmaterie nicht belebt wird und folglich verkümmert. Die Substanz des Astralkörpers verbraucht sich langsam aber stetig und wird ausgewechselt, wie dies beim physischen Körper der Fall ist. Die verkümmerte Substanz verschwindet und wird durch eine feinere ersetzt. Auf diese Weise werden Laster besiegt und für die Zukunft außer Gefecht gesetzt, da die entgegengesetzte Eigenschaft der Selbstkontrolle eingeführt wurde.

Während der ersten Lebensjahre eines Menschen besitzt das Ego wenig Macht über seine Träger, weshalb es auf seine Eltern schaut, damit sie ihm helfen, einen festeren Halt zu gewinnen und für die entsprechenden Voraussetzungen sorgen.

Die Formbarkeit dieser unfertigen Vehikel kann nicht stark genug betont werden. Obwohl vieles in den ersten Jahren mit dem physischen Körper gemacht werden kann, zum Beispiel Kinder zu Akrobaten auszubilden, ist die Einflussnahme auf den Astral- und Mentalkörper weitaus größer. Diese reagieren ungestüm auf jede Schwingung und nehmen begierig alle guten und schlechten Einflüsse auf, die von den Menschen ihrer Umgebung ausgehen. Obwohl sie in früher Jugend äußerst empfänglich und leicht formbar sind, nehmen sie bald Gewohnheiten an, in die sie sich so versteigern, dass sie sich kaum noch ändern lassen. Selbst die liebevollsten Eltern erkennen nicht, bis zu welchem Ausmaß die Zukunft ihrer Kinder in ihrer Hand liegt.

Nur ein Hellseher weiß, wie stark und rasch sich ein kindlicher Charakter bessern könnte, wenn nur der Charakter der Eltern besser wäre.

Es gibt eindrückliche Fälle, in denen die Brutalität eines Lehrers die kindlichen Körper in einer Weise verletzte, dass sie nicht mehr wiederhergestellt werden konnten, weshalb das

Kind es in diesem Leben nicht schaffte, den zu erwarteten Fortschritt voll zu erreichen. Das frühe Umfeld des Kindes spielt eine derartig bedeutende Rolle, dass das Leben, das zur Adeptschaft führen soll, in der Kindheit absolut vollkommene Bedingungen erfordert.

Im Falle von Monaden der niederen Klasse, die sehr starke Astralkörper besitzen und sich in recht kurzen Abständen wieder inkarnieren, kommt es manchmal vor, dass der vom letzten Leben übriggebliebene Schatten oder die Hülle noch besteht und wahrscheinlich von der neuen Persönlichkeit angezogen wird. Wenn dies geschieht, drängen sich die alten Gewohnheiten und Gedankengänge und bisweilen auch die Erinnerung an das vergangene Leben durch.

Im Falle eines Menschen, der ein solch übles Leben geführt hat, dass sein Astral- und Mentalkörper nach dem Tod dem Ego entrissen werden und dieses keine Hüllen besitzt, in denen es in der Astral- und Mentalwelt leben kann, muss es rasch neue bilden. Nach ihrer Entstehung setzt sich die Affinität zwischen ihnen und den noch nicht aufgelösten alten Körpern durch, und letztere werden zur schrecklichsten Form des so genannten »Hüters der Schwelle«.

Wird ein Mensch wiedergeboren, dessen Laster ihn an irgendein Tier gebunden haben, kann er durch die magnetische Affinität an den Astralkörper des Tieres, dessen Eigenschaften er bestärkte, gebunden sein und ist als Gefangener an den Tier körper gekettet. Dieser Zustand behindert seine tatsächliche Wiedergeburt. Er besitzt astrales Bewusstsein und seine menschlichen Fähigkeiten, vermag aber weder den Tierkörper, an den er gebunden ist, zu beherrschen noch sich durch diesen auf der physischen Ebene zum Ausdruck zu bringen. Der Tierorganismus ist daher eher ein Kerkermeister als ein Träger. Die Tierseele, die nicht hinausgestoßen wurde, bleibt der eigentliche Bewohner und Beherrscher seines Körpers.

Eine solche Gefangenschaft kann man nicht Wiedergeburt

nennen, obwohl sie den in manchen orientalischen Ländern vorzufindenden Glauben erklärt, dass der Mensch unter gewissen Umständen in einem Tierkörper wiedergeboren werden kann.

Wenn das Ego nicht zur vollkommenen Gefangenschaft erniedrigt wurde, der Astralkörper aber starke animalische Eigenschaften aufweist, mag es sich in der üblichen Weise als Mensch wiederverkörpern, wobei sich die tierischen Merkmale zum größten Teil im physischen Körper nachbilden, was häufig in der Gesichtsform zu erkennen ist. Das bewusste, vorübergehend von seiner Weiterentwicklung und dem Ausdruck der eigenen Persönlichkeit abgeschnittene Menschenwesen leidet unsagbar, obwohl Besserung natürlich bereits am Werke ist. Dieser Zustand ähnelt in gewisser Weise der Verfassung, in der sich andere Egos befinden, die an Menschen mit kranken Gehirnen gebunden sind, wie Schwachsinnige oder Geisteskranke, obwohl Schwachsinn und Geisteskrankheit durch andere Laster hervorgerufen werden können.

KAPITEL 25

Die Beherrschung der Emotionen

Dieses Buch wäre umsonst verfasst worden, wenn der Schüler nicht die Notwendigkeit erkannt hätte, den Astralkörper zu beherrschen, ihn allmählich zum Bewusstseinsträger zu erziehen, der sich dem Willen des wahren Menschen, des Ego, vollkommen beugt, und zur gegebenen Zeit seine verschiedenen Fähigkeiten fortlaufend zu entwickeln und zu vervollkommnen.

Eine durchschnittlich weltliche Person weiß wenig von solchen Dingen und kümmert sich auch nicht darum. Für den Schüler der Esoterik ist es von grundlegender Bedeutung, alle seine Träger, den physischen, astralen und mentalen, vollkommen zu beherrschen. Obwohl diese drei Körper zum Zwecke der Analyse und des Studiums voneinander getrennt und einzeln betrachtet werden müssen, können sie im praktischen Leben weitgehend gleichzeitig geschult werden, wobei jede in einem von ihnen gewonnene Kraft zur Ausbildung der anderen beiden unterstützend eingesetzt wird.

Die Reinigung des physischen Körpers durch Nahrung, Getränke, Hygiene und dergleichen erleichtert die Beherrschung des Astralkörpers. Das gleiche Prinzip lässt sich mit noch größerem Nachdruck auf den Mentalkörper anwenden, denn letztlich können nur durch den Einsatz von Verstand und Willen die Begierden, Emotionen und Leidenschaften des Astralkörpers völlig unterworfen werden.

Zumindest eine Untersuchung der Psychologie der Emotionen mag für viele Temperamente höchst sinnvoll sein, da man eine Kraft, deren Ursprung und Wesen man gründlich versteht, leichter beherrschen kann.

Jedes manifestierte Leben kann zergliedert werden in das Selbst, das Nicht-Selbst und die Beziehung zwischen beiden.

Die Beziehung unterteilt sich in (1) Wahrnehmung (*Jnânam*); (2) Verlangen (*Ichchâ*); (3) Handeln (*Kriyâ*). Zu wissen, zu verlangen und sich zu bemühen oder zu handeln – diese drei Aspekte beinhalten das gesamte bewusste Leben.

Es gibt zwei Arten von Gefühlen oder Emotionen – eine angenehme oder eine schmerzliche. Freude, im Grunde genommen ein Empfinden von »Mehr«, erzeugt Anziehung und Liebe (*Râga*); Schmerz, eigentlich ein Empfinden von »Weniger«, erzeugt Abstoßung und Hass (*Dvesha*).

Der Anziehung entspringen alle Liebesgefühle; der Abstoßung entspringen alle Hassgefühle. Alle Emotionen in ihren unterschiedlichen Stärken entstehen aus Liebe oder Hass oder aus beiden.

Die genaue Natur einer bestimmten Emotion wird auch durch die Beziehung zwischen demjenigen, der die Emotion erlebt, und dem Objekt, also dem Anlass der Emotion, festgelegt. Derjenige, der die Erfahrung der Emotion macht, mag, was die mit der bestimmten Emotion zusammenhängenden Umstände betrifft, (1) größer als; (2) gleich wie oder (3) geringer als das Objekt sein.

Diese Zergliederung verfolgend, gelangen wir zu sechs möglichen Arten von Emotionselementen, die in der dritten Reihe der Tabelle aufgezählt sind. In der vierten Reihe stehen Unterabteilungen der Urelemente in verschiedenen Stärkegraden, die heftigsten an der Spitze und die schwächsten am Ende jeder Gruppe.

Alle menschlichen Emotionen bestehen aus einem dieser sechs Emotionselemente oder häufiger der Kombination aus zwei oder mehr von ihnen. Die erwähnte Abhandlung wird dem Schüler Einblick in die Einzelheiten dieser Grundprinzipien gewähren.

URSPRUNG DER EMOTIONEN

Beziehung zum Objekt			
Qualitativ 1	Quantitativ 2	Uremotions-element 3	Grad der 4 Emotion
	Höher	Ehrfurcht	Anbetung Innige Liebe Ehrerbietung Achtung Respekt Bewunderung
Liebe (zu) —	Gleich	Zuneigung	Zuneigung Kameradschaft Freunddschaftlichkeit Höflichkeit
	Niedriger	Wohlwollen	Mitgefühl Zärtlichkeit Freundlichkeit Mitleid
	Höher	Furcht	Entsetzen Furcht Angst Verhaftung
Hass (gegen) —	Gleich	Ärger	Feindseligkei Grobheit Abneigung Kälte Zurückhaltung
	Niedriger	Stolz oder Tyrannei	Hohn Verachtung Geringschätzung Hochmut

Die Analyse des Kollektiv- oder Massenbewusstseins hilft dem Schüler, der Selbsterkenntnis anstrebt, um zur Selbstbeherrschung zu gelangen, ebenfalls. Die aufschlussreichste Abhandlung zu diesem Thema verfasste Sir Martin Conway unter dem Titel »The Crowd in Peace and War«. Darin werden folgende grundlegende Tatsachen ausführlich dargelegt:

(1) Die meisten Menschen wachsen in bestimmten psychologischen »Massen« auf und gehören ihnen an, Menschenmengen, die in gleicher Weise denken und vor allem fühlen. Es sind Familie, Freunde und Bekannte, Schulen und Universitäten, Berufsgruppen, Religionsgemeinschaften, politische Gruppen, Gedankenschulen, Nationen, Rassen und dergleichen. Selbst diejenigen, die die gleiche Zeitung lesen oder demselben Klub angehören, bilden eine psychologische »Masse«.

(2) Solche Gruppen werden hauptsächlich durch Gefühle oder Emotionen – nicht Gedanken – gebildet, genährt und von ihnen beherrscht. Eine Menschenmasse besitzt alle Emotionen, aber keinen Verstand; sie kann fühlen, aber nicht denken. Die Ansichten einer Masse sind selten oder niemals durch Vernunft entstanden, sondern es sind nur ansteckende Leidenschaften, die wie eine elektrische Strömung die gesamte Menge durchziehen und häufig einem einzigen Gehirn entspringen. Wenn das Individuum erst einmal in der Masse verwickelt ist, verliert es rasch sein eigenständiges Denken und Fühlen, wird eins mit der Menge und teilt sein Leben, seine Meinungen, Einstellungen, Vorurteile und dergleichen mit ihr.

(3) Nur sehr wenige besitzen den Mut und die Kraft, sich von den verschiedenen Gruppen, zu denen sie gehören, zu trennen. Die meisten verharren ein Leben lang im Sog der Massen. Anhand der Auflistung und Beschreibung der einzelnen Eigenschaften einer Menschenmenge lässt sich erkennen, dass sich diese von den Eigenschaften eines Individuums unterscheiden und insgesamt auf einer niedrigeren und primitiveren Ebene liegen. Jede Menschenmenge, die nicht imstande ist, sich selbst

zu lenken, braucht und findet einen Anführer. Diese unterteilen sich in drei Haupttypen.

(a) Der Massenbezwinger. Er beherrscht und führt die Menschenmasse, indem er ihr seine eigenen Ideen durch die bloße Kraft seiner Persönlichkeit aufzwingt. Beispiele dieses Typs sind Napoleon, Disraeli, Cäsar und Karl der Große.

(b) Der Massenverfechter. Dieser sich vollkommen vom Massenbezwinger unterscheidende Typ erspürt, was die Menge fühlt oder fühlen wird. Er bringt in klaren und gewöhnlich anschaulichen Worten die Emotionen der Massen zum Ausdruck, die sie selbst nicht zu artikulieren verstehen. Solche Menschen denken sich nur selten selbst etwas aus, um es dann als ihr Evangelium zu verkünden. Sie warten eher darauf, dass die Emotionen der Masse Gestalt annehmen. Dann stürzen sie sich mitten in den Kampf und äußern sehr beredt, machtvoll und begeistert das, was die Leute um sie herum schwach und verschwommen fühlen. Diesen Typ trifft man überall an, besonders in der Politik.

(c) Der Massenvertreter. Anführer dieses Typs sind eher malerische Aushängeschilder als individuelle Kräfte. Typische Beispiele sind ein verfassungsmäßiger König, ein Konsul, ein Botschafter, ein Richter (jedenfalls in England). Diese Männer sind die personifizierte »öffentliche Meinung«. Sie sprechen mit der Stimme des Volkes, handeln statt seiner und vertreten es vor der Welt. Ihre eigenen Meinungen müssen sie unterdrücken oder verschweigen, und sie scheinen wie das Volk zu fühlen und in Übereinstimmung mit den öffentlichen Wünschen und Empfindungen zu handeln.

Dies sind nur die Grundzüge des angesprochenen Buches, das der Schüler sorgfältig studieren sollte. Es wird ihm nicht nur helfen, die Kräfte, von denen die »Öffentlichkeit« gepeitscht wird, richtiger zu werten, sondern auch seine eigenen Überzeugungen, Ansichten und Einstellungen in Bezug auf seinen Alltag zu hinterfragen.

Es ist äußerst wichtig, dass ein Schüler der Esoterik alle

seine Gefühle und Gedanken besonnen und bewusst abwägt. Der griechische Ausspruch »Gnothi seauton« (Erkenne dich selbst) ist ein weiser Rat, denn jeder geistige Sucher bedarf für seine Weiterentwicklung der Selbsterkenntnis. Der Schüler darf sich nicht von einer kollektiven Emotion oder Gedankenform mitreißen lassen, die eine Atmosphäre schafft, durch die alles betrachtet und von der alles gefärbt wird und die so offensichtlich die Massen, in denen er sich bewegt, beherrscht und mitzieht. Es fällt nicht leicht, sich einer starken öffentlichen Tendenz zu widersetzen, da die Gedankenformen und -ströme, die die Atmosphäre erfüllen, unaufhörlich auf die Menschen einhämmern. Aber der Schüler der Esoterik muss Unterscheidungskraft entfalten.

Außerdem sollte er die verschiedenen Typen der Massenanführer erkennen können und darf sich weder dominieren, noch überreden oder dazu verleiten lassen, Ideen zu übernehmen oder Handlungsweisen zu folgen, es sei denn es geschieht ganz bewusst und aus eigenem Antrieb.

Der psychologische Einfluss von Massen und Massenführern in der heutigen Zeit – und wahrscheinlich zu allen Zeiten – ist sehr groß, und die Kräfte sind subtil und weitreichend, so dass der nach Selbstbeherrschung trachtende Schüler, der sein eigenes emotionales und intellektuelles Leben führen möchte, vor diesen heimtückischen Einflüssen stets auf der Hut sein muss.

Ein weiteres Thema, mit dem sich der Schüler beschäftigen sollte, ist das des unterbewussten Geistes, des so genannten »Unterbewusstseins«. Es schlummern große Möglichkeiten im Unterbewussten des Menschen, die, sorgfältig eingesetzt, dem Schüler helfen, seine Astralnatur zu beherrschen und seinen eigenen Charakter zu läutern und zu bilden.

T.Y. Hudson führt dazu aus:

(1) Die Mentalität des Menschen kann eindeutig in zwei Bereiche eingeteilt werden, von denen jeder seine eigenen Kräfte und Funktionen besitzt. Er spricht vom objektiven und subjektiven Geist.

(2) Der objektive Geist nimmt die objektive Welt wahr, bedient sich der physischen Sinne als Beobachtungsmittel und seine höchste Funktion ist der Verstand.

(3) Der subjektive Geist nimmt seine Umgebung unabhängig von den physischen Sinnen wahr. Er ist der Sitz der Emotionen und das Lagerhaus der Erinnerungen. Befinden sich die objektiven Sinne in der Schwebe, im Zustand der Hypnose oder des Schlafwandelns, ist er auf seiner höchsten Stufe tätig. Viele der anderen Fähigkeiten, die Hudson dem subjektiven Geist zuschreibt, wie die Reise zu entfernt gelegenen Orten oder das Gedankenlesen, gehören zum Astralkörper.

Während der objektive Geist sich nicht von »Eingebungen« leiten lässt, die gegen die Vernunft, tatsächliches Wissen oder die Beweisaufnahme der Sinne sprechen, ist der subjektive Geist der Suggestionskraft anderer Menschen oder des objektiven Geistes seines Besitzers ständig unterworfen.

Anhand des heutigen Wissens in Bezug auf unseren Astral- und Mentalkörper sowie die Natur und den Gebrauch von Gedanken- und Emotionsformen wird der Schüler hier vieles bestätigt finden, was er bereits in der Theosophie gelernt hat. Er wird die praktisch unbegrenzten Kräfte, die in seiner psycho-logischen Natur schlummern, besser erkennen können und lernen, sie mittels bestimmter Methoden, wie der Meditation, zu nutzen. Er wird vielleicht einen tieferen Einblick in die Verstrickung zwischen *Kâma* (Verlangen) und *Manas* (Geist) gewinnen sowie die Möglichkeiten erkennen, sie zu ihrem eigenen Vorteil zu entwirren.

Der Gedanke vermag das Verlangen umzuwandeln und schließlich zu meistern. Sobald der Geist seine Macht durchsetzt, wird das Verlangen zum Willen, und es sind nicht mehr die äußeren Dinge, die durch Anziehung oder Abstoßung regieren, sondern es ist der Geist des Menschen, das Ego, der innere Herrscher.

Es leuchtet ein, dass der Schüler bestrebt sein sollte, bestimmte Mängel, wie emotionale Schwächen und Untugenden, zu beherrschen und auszumerzen. Dabei ist es wichtig zu wissen, dass schlechte Angewohnheiten, wie Reizbarkeit, denen man sich wiederholt hingegeben hat, nicht im Ego als innewohnende Eigenschaft gelagert werden, sondern in dem permanenten Astralatom. Wie groß die angestaute Energie auch sein mag, es ist wissenschaftlich bewiesen, dass Ausdauer letztlich zum Erfolg führen wird. Auf seiten des Egos liegt die Kraft des eigenen Willens und dahinter die unendliche Macht des Logos selbst, denn Fortschritt, im Sinne von Evolution, ist sein Wille. Die Vorstellung der Einheit motiviert den Menschen für die zweifellos harte und bisweilen unangenehme Arbeit der Charakterbildung. Wie groß der Kampf auch sein mag, mit den Kräften der göttlichen Wesenheiten an seiner Seite wird er letztlich die menschlichen Kräfte zum Üblen, die er in seinen vergangenen Leben angesammelt hat, mit Sicherheit überwinden.

Jemand, der danach strebt, seine Begierden abzutöten, um sein Karma auszugleichen und sich von sich selbst zu befreien, mag dieses Ziel erreichen. Aber er kann dem Evolutionsgesetz nicht entfliehen, dessen nicht zu widerstehender Druck ihn früher oder später erneut in den Strom spülen und in die Wiedergeburt zwingen wird. Das Abtöten der Begierden ist nicht der Pfad des wahren Esoterikers.

Die persönliche Liebe soll nicht abgetötet, sondern bis zur Universalliebe erweitert werden. Liebe muss man nach oben, nicht nach unten angleichen. Unwissenheit und die großen Schwierigkeiten der Lebensaufgaben haben die Liebe manchmal erstickt, anstatt sie erblühen zu lassen. Überströmende Liebe, nicht Lieblosigkeit, wird die Welt retten – der Mahâtmâ, der Ozean des Mitgefühls, nicht der kühle Eisberg. Der Versuch, die Liebe zu töten, gehört zum linken Pfad.

Andererseits ist es notwendig, die niedrigen und groben Begierden auszurotten, deren Überreste geläutert und in Bestrebungen und Entschlossenheit umgewandelt werden müssen.

Zu begehren oder zu wünschen, ist Kraftverschwendung; der Esoteriker *will* statt dessen. Der Wille ist ein höherer Aspekt des Begehrens.

Es heißt auch, wir sollen die »lunare Form«, den Astralkörper, erschlagen. Das bedeutet nicht, alle Gefühle und Emotionen zu zerstören, sondern vielmehr, den Astralkörper vollkommen zu beherrschen, so dass wir die lunare Form willentlich erschlagen können. Im Laufe seiner Entwicklung lässt der Mensch seinen Willen eins werden mit dem des Logos, und der Logos will Evolution. Es erübrigt sich, darauf hinzuweisen, dass dieses Einssein naturgemäß alle Begierden, auch den Wunsch nach geistigen Erfahrungen und dergleichen, beseitigt.

Die »Stimme der Stille« mahnt, dass sich in der Astralwelt unter jeder Blume, so schön sie sein mag, die aufgerollte Schlange der Begierde verbirgt. Im Falle der Zuneigung muss alles Besitzergreifende vollkommen transzendiert werden. Hohe, reine und selbstlose Zuneigung kann niemals transzendiert werden, da sie eine Eigenschaft des Logos selbst ist und eine notwendige Voraussetzung für den Fortschritt auf dem Pfad, der zu den Meistern und der Einweihung führt.

KAPITEL 26

Die Entwicklung astraler Kräfte

Ebenso wenig wie physische Stärke, bringt der Besitz übersinnlicher Kräfte zwangsläufig einen tugendhaften Charakter mit sich. Sie sind weder ein Zeichen von großer Entwicklung noch von überragender Intelligenz.

Obwohl es nicht zutrifft, dass ein paranormal veranlagter Mensch unbedingt eine spirituelle Person sein muss, ist eine geistig hoch stehende Person immer paranormal begabt.

Jeder, der sich der Mühe unterzieht, kann diese Kräfte entwickeln und Hellsichtigkeit und Mesmerismus genauso erlernen wie er sich das Klavierspielen aneignet, falls er die harte Arbeit nicht scheut.

Die Astralsinne existieren in allen Menschen, schlummern aber bei den meisten und müssen gewöhnlich künstlich aufgebrochen werden, will man sie zum gegenwärtigen Zeitpunkt der Evolution einsetzen. Bei wenigen Personen bedarf es keiner künstlichen Anregung; in sehr vielen können sie künstlich geweckt und entfaltet werden. In allen Fällen benötigt eine Aktivität der Astralsinne die Passivität des physischen Körpers. Je vollkommener die physische Passivität, desto größer die Möglichkeit astraler Aktivität.

Hellsichtigkeit findet man oft bei einfachen Leuten. Man spricht auch vom »niederen Psychismus«. Es handelt sich dabei keineswegs um dieselbe Fähigkeit, die ein entsprechend geschulter und fortgeschrittenerer Mensch besitzt, und sie wurde auch nicht in derselben Weise erlangt.

Das gelegentliche Auftreten von Psychismus in einer unentwickelten Person gleicht eher einer wuchtigen Empfindung, die nur undeutlich das gesamte Vehikel erfasst, als einer genauen und eindeutigen Wahrnehmung besonders entwickelter Organe. Dies war vor allem bei den Einwohnern von Atlantis verbreitet. Es geschieht nicht durch die astralen Chakras, sondern durch die Astralzentren, die mit den physischen Sinnen verbunden sind. Diese sind nicht rein astraler Natur, obwohl es sich um Anhäufungen von Astralsubstanz im Astralkörper handelt. Sie entsprechen den verbindenden Brücken zwischen der Astral- und der physischen Ebene und sind keine im Sinne des Wortes entfalteten Astralsinne. »Das zweite Gesicht« gehört zu dieser Art der Sensitivität. Es ist oft symbolischer Natur, da der Wahrnehmende sein Wissen in dieser seltsam symbolischen Weise übermittelt. Die Zentren, die Brücken sind, anzuregen, anstatt die Chakras, die Astralorgane, zu entfalten, ist völlig unbesonnen. Dieser niedere Psychismus steht mit dem sympathischen Nervensystem in Verbindung, während der höhere Psychismus mit dem Gehirn und dem Rückenmark verknüpft ist. Die Herrschaft über das sympathische Nervensystem wiedererlangen zu wollen, bedeutet einen Rückwärts-, keinen Vorwärtsschritt.

Mit der Zeit verschwindet der niedere Psychismus, um zu einem späteren Zeitpunkt, wenn er dem Willen unterstellt wird, erneut aufzutauchen.

Hysterische und übernervöse Leute können gelegentlich Hellsichtigkeit erlangen, ein Symptom ihrer Krankheit, das auf die Schwächung des physischen Trägers bis zu einem Grad zurückzuführen ist, dass er für ein gewisses Maß an ätherischer und astraler Schau keinerlei Hindernis bedeutet. Das *Delirium tremens* stellt ein außergewöhnliches Beispiel dieser Klasse des Psychismus dar. Die Opfer dieser Krankheit können oft vorübergehend bestimmte abscheuliche Elementale und ätherische Wesen wahrnehmen.

Diejenigen, die den astralen Blick noch nicht entwickelt haben, sollten die Wirklichkeit der Astralwelt intellektuell anerkennen und begreifen, dass ihre Phänomene der fachkundigen Beobachtung ebenso offen stehen wie die der physischen Welt.

Es gibt bestimmte Yoga-Praktiken, durch die die Astralsinne in einer vernünftigen und gesunden Weise entfaltet werden können. Dies ist aber nicht nur sinnlos, sondern kann sogar gefährlich sein, solange die vorbereitende Stufe der Läuterung nicht zuerst durchgeführt wurde. Sowohl der physische als auch der Astralkörper müssen geläutert werden, indem man die Bindungen an üble Angewohnheiten, wie Maßlosigkeit im Essen und Trinken, wie Hassgefühle und dergleichen, durchtrennt.

Es ist nicht wünschenswert, die Entwicklung des Astralkörpers mit künstlichen Mitteln zu erzwingen, denn ohne geistige Stärke kann das Öffnen für astrale Visionen und Klänge sowie andere Phänomene verwirrend und sogar beunruhigend wirken.

Dem Karma der Vergangenheit entsprechend, wird jemand, der dem »uralten und königlichen« Pfad folgt, früher oder später das Wissen über die astralen Phänomene allmählich erhalten. Sein scharfer Blick wird erwachen, und neue Ausblicke in ein umfassenderes Universum werden sich ihm auftun. »Suchet zuerst das Himmelreich, und alle diese Dinge werden euch hinzugegeben werden.«

Das Erlangen von Astralkräften zum Selbstzweck führt unweigerlich zu der im Osten als *Laukika* bezeichneten Entwicklungsmethode. Die erlangten Kräfte dienen nur der augenblicklichen Persönlichkeit, und da es keine Vorsichtsmaßnahmen gibt, wird der Schüler sie voraussichtlich falsch anwenden. Zu diesen Methoden gehören die Ausübung von Hatha-Yoga, *Prânayama* oder Atemkontrolle, die Anrufung von Elementalen und alle Systeme, die die Betäubung der physischen Sinne in irgendeiner Weise mit einbeziehen. Aktiv geschieht dies durch Drogen, Selbsthypnose oder wie bei den Derwischen, die, von wilder, religiöser Leidenschaft getrieben, so lange im Tanze herumwirbeln, bis Schwindel und Gefühllosigkeit sie übermannen; passiv tritt dies durch Mesmerisierung ein, so dass die Astralsinne an die Oberfläche treten. Andere Methoden sind der Blick in die Kristallkugel (was zu nichts anderem führt als der niedrigsten

Art des Hellsehens), die Wiederholung von Anrufungen oder die Verwendung von Zauberformeln oder Zeremonien.

Jemand, der sich durch die Wiederholung von Worten oder Zauberformeln selbst in Trance versetzt, wird wahrscheinlich in seinem nächsten Leben als Medium, zumindest aber mit medialen Fähigkeiten zurückkehren. Medialität sollte in keiner Weise als übersinnliche Kraft verstanden werden, da ein machtloses Medium die Kontrolle über seine eigenen Körper zugunsten eines anderen Wesens aufgibt. Sie ist demnach keine Kraft, sondern ein Zustand.

Es gibt viele Geschichten über eine geheimnisvolle Salbe oder Droge, die es jemandem, der sie auf die Augen streicht, ermöglicht, Feen und dergleichen zu sehen. Das Einsalben der Augen könnte das ätherische Schauen anregen, aber unter keinen Umständen den astralen Blick öffnen, obwohl bestimmte Salben, die man über den ganzen Körper streicht, den Astralkörper stark unterstützen, den physischen bei vollem Bewusstsein zu verlassen – ein Wissen, das wohl bis zum Mittelalter überlebt hat, wie die Hexenprozesse bezeugen.

Die »Lokottara-Methode« besteht aus Râja-Yoga oder geistigem Fortschritt und ist zweifellos die beste. Obwohl langsamer, gehören die durch sie erworbenen Kräfte zu der dauerhaften Individualität und gehen niemals mehr verloren. Die Führung des Meisters bürgt für die vollkommene Sicherheit, solange seine Anweisungen gewissenhaft befolgt werden.

Ein anderer großer Vorteil, von einem Meister geschult zu werden, besteht darin, dass egal welche Kräfte der Schüler erlangen mag, diese in jedem Fall seinem Befehl unterstehen und je nach Bedarf immer wieder voll einsatzfähig sind. Bei einer ungeschulten Person hingegen manifestieren sich solche Kräfte nur sehr vereinzelt und sprunghaft und scheinen zu kommen und zu gehen, wie es ihnen beliebt.

Der umfassende Blick in die Astralwelt ist keine reine Freude, da er Kummer und Elend, das Böse und die Gier der Welt enthüllt. Bei Schiller heißt es: »Warum hast du mich in die Stadt der ewig Blinden geworfen, um deine Weissagung mit wachen Sinnen zu verkünden? Nimm dieses traurige Klarsehen zurück; nimm von meinen Augen dieses grausame Licht! Gib mir meine Blindheit zurück – die glückliche Dunkelheit meiner Sinne; nimm dein schreckliches Geschenk zurück!«

Wenn die Kraft des Hellsehens sorgfältig und einfühlsam eingesetzt wird, kann sie zum Segen und zur Hilfe gereichen; ihr Missbrauch mag ein Hindernis und ein Fluch sein. Die Hauptgefahren entspringen dem Stolz, der Unwissenheit und Unreinheit. Es wäre töricht, von einem Hellseher anzunehmen, er alleine sei mit dieser Gabe betraut und der einzig Auserwählte, der unter himmlischer Führung eine neue Regel begründen müsse. Es gibt genügend schelmische und mutwillige Astralwesen, die nur darauf warten, solche Täuschungen zu fördern und jede Rolle, mit der man sie beauftragt, zu spielen.

Ein Hellseher sollte einiges über die Geschichte dieses Themas wissen und ein wenig von den Zuständen auf den höheren Ebenen verstehen sowie den wissenschaftlichen Aspekt kennen.

Jemand mit einem unreinen Lebenswandel und entsprechend negativer Motivation wird unweigerlich die schlimmsten Elemente in der unsichtbaren Welt anziehen. Ein Mensch mit einem sauberen Lebenswandel und reinen Gedanken wird gerade dadurch vor dem Einfluss unerwünschter Wesen aus anderen Ebenen geschützt.

In manchen Fällen mag jemand gelegentlich astrale Bewusstseinsblitze haben, ohne dass der ätherische Blick überhaupt erwacht ist. Diese Unregelmäßigkeit in der Entwicklung stellt eine der Hauptursachen für die außerordentliche Anfälligkeit für Irrtümer dar, vor allem zu Beginn der Hellsichtigkeit.

Im normalen Ablauf der Dinge erwachen die Menschen sehr langsam für die Wirklichkeiten der Astralebenen, vergleichbar mit Säuglingen, die für die Realität der physischen Ebene erwachen. Diejenigen, die bewusst und sozusagen verfrüht diesen

Pfad betreten, entwickeln solche Kenntnisse nicht auf normalem Wege und sind folglich Irrtümern eher unterlegen.

Es könnten sich leicht Gefahren und Verletzungen einstellen, würden nicht alle angemessen ausgebildeten Schüler von erfahrenen Meistern unterstützt und geführt werden, denen die Astralebene bereits vertraut ist. Aus diesem Grunde werden dem Neophyten alle Arten von schrecklichen Anblicken gezeigt, so dass er sie zu verstehen lernt und sich an sie gewöhnt. Würde man ihn dieser Prüfung nicht unterziehen, könnte er einen Schock erleiden, der ihn nicht nur davon abhielte, nutzbringende Arbeit zu leisten, sondern auch seinem physischen Körper ernsthaften Schaden zufügen könnte.

Die erste Einführung in die Astralwelt mag recht unterschiedlich sein. Manche Menschen sind nur einmal im Leben feinfühlig genug, um die Anwesenheit eines Astralwesens oder irgendeines anderen astralen Phänomens zu erleben. Einige sehen und hören immer häufiger Dinge, für die andere blind und taub sind; wieder andere beginnen, sich an ihre Erlebnisse während des Schlafes zu erinnern.

Wenn jemand beginnt, für die astralen Einflüsse empfänglich zu werden, wird er sich mitunter von einer unerklärlichen Furcht übermannt fühlen. Diese entspringt teilweise der natürlichen Feindseligkeit der Welt der Elementale gegenüber dem Menschen, wegen dessen zahlreicher Verwüstungen auf physischer Ebene, die auf das Astrale einwirken, und zum Teil auf die vielen unfreundlichen künstlichen Elementale, die aus dem menschlichen Geist geboren wurden.

Einige Leute werden sich vorübergehend der leuchtenden Farben der menschlichen Aura bewusst; andere sehen vielleicht Gesichter, Landschaften oder Farbwolken im Dunkeln vor ihren Augen dahin gleiten, bevor sie in den Schlaf sinken.

Manchmal nimmt jemand einmal in seinem ganzen Leben vielleicht die Erscheinung eines Freundes zum Zeitpunkt seines Todes wahr. Dies mag auf zwei Gründe zurückzuführen sein, wobei in beiden der starke Wunsch des Sterbenden die beschwörende Kraft bildet. Diese mag den Sterbenden befähigt haben, sich einen Moment lang zu manifestieren, in welchem Falle natürlich kein Hellseher benötigt wird. Wahrscheinlich aber hat sie auf den Wahrnehmenden in mesmerischer Weise eingewirkt, seinen physischen Körper vorübergehend abgestumpft und sein höheres Feingefühl angeregt.

Für jemanden mit entfaltetem Astralblick bedeutet die physische Materie kein Hindernis mehr. Er schaut durch alle irdischen Körper hindurch, und die physisch undurchsichtige Substanz ist für ihn transparent wie Glas. Bei einem Konzert nimmt er herrliche Farbsymphonien wahr; bei einem Vortrag sieht er die Gedanken des Redners in Farbe und Form und vermag ihn daher besser zu verstehen als jemand ohne astrales Schauen.

Bei näherer Untersuchung wird man feststellen, dass viele Leute vom Redner mehr empfangen als die bloßen Worte übermitteln und sie sich an mehr erinnern, als er gesagt hat. Solche Erfahrungen zeigen, dass sich der Astralkörper entfaltet, feinfühliger wird und auf die vom Redner erzeugten Gedankenformen reagiert.

Einige Orte fördern geistiges Wirken stärker als andere. So besitzt Kalifornien ein sehr trockenes Klima mit sehr viel Elektrizität in der Luft, das eine Entwicklung der Hellsichtigkeit begünstigt.

Einige Hellseher bedürfen einer hohen Temperatur, um gute Arbeit zu leisten; andere arbeiten besser bei niedrigeren Temperaturen.

Wenn ein geschulter Hellseher den Astralkörper eines Menschen wahrzunehmen vermag, bedeutet dies, dass sich auf der Astralebene niemand verstecken oder tarnen kann. Jedem unvoreingenommenen Beobachter erscheint er so, wie er wirklich ist. Die Betonung liegt auf unvoreingenommen, denn ein Mensch sieht den anderen durch seine eigenen Körper, vergleichbar mit einer Landschaft, die man durch farbiges Glas betrachtet. Wenn er nicht gelernt hat, diese Beeinflussung mit einzubeziehen, wird er diejenigen Eigenschaften in einem anderen hervortreten sehen, die ihn am stärksten ansprechen. Es bedarf der Übung, um sich von einer solchen Verzerrung, die durch diesen persönlichen Aspekt entsteht, frei zu machen, um klar und eindeutig beobachten zu können.

Die meisten gelegentlich in die Astralwelt blickenden, hellseherisch begabten Menschen sowie die Mehrheit der sich mitteilenden Wesen bei spiritistischen Sitzungen versäumen es, über die Vielgestaltigkeit der Astralebene zu berichten. Dies liegt daran, dass nur wenige Leute nach langer Erfahrung die Gegebenheiten der Astralwelt so sehen, wie sie in Wirklichkeit sind. Selbst diejenigen, denen es gelingt, sind oft allzu benommen und verwirrt, um zu verstehen oder sich zu erinnern, und kaum jemand vermag die Erinnerung in die Sprache der irdischen Welt zu übertragen. Viele unerfahrene Hellseher untersuchen das Geschaute nicht genau. Sie nehmen nur einen Eindruck auf, der korrekt, aber auch nur halb wahr oder sogar völlig irreführend sein kann.

Hinzu kommt, dass schelmische Bewohner der Astralebene gerne ihre Possen treiben, gegen die der unerfahrene Hellseher machtlos ist.

Die feineren Astralsinne eines Astralwesens, das fortwährend durch ein Medium wirkt, mögen sogar so grob werden, dass sie für die höheren Stufen der Astralmaterie unempfindlich werden.

Nur der erfahrene Besucher aus der physischen Welt, der auf beiden Ebenen vollkommenes Bewusstsein besitzt, kann sich darauf verlassen, beide Ebenen gleichzeitig klar zu erkennen.

Echte, voll ausgebildete und absolut zuverlässige Hellsichtigkeit erfordert Fähigkeiten, die einer höheren als der astralen Ebene angehören. Die Fähigkeit genauer Vorausschau gehört ebenfalls zu dieser höheren Ebene. Dennoch eröffnen sich dem rein astralen Blick flüchtige Einblicke oder Widerspiegelungen, die sich meistens bei sehr einfachen Leuten, die in der entsprechenden Umgebung leben, einstellen und das zweite Gesicht genannt werden, wie dies bei den Hochländern Schottlands der Fall ist.

Es gibt viele astral blinde Menschen, so dass sich zahlreiche Phänomene dieser Ebene dem gewöhnlichen Astralblick entziehen. Am Anfang unterlaufen Fehler, vergleichbar mit einem Kind, das lernt, seine physischen Sinne zu gebrauchen, obwohl es mit der Zeit gelingt, auf der Astralebene ebenso wie in der physischen Welt zu sehen und zu hören.

Eine andere, von allen Religionen gleichermaßen empfohlene Methode, um Hellsichtigkeit zu entfalten, die, sorgfältig und ehrfürchtig angewandt, niemandem schaden kann, ist die der Meditation, durch die manchmal eine sehr reine Form der Hellsichtigkeit entwickelt werden kann. Eine kurze Beschreibung des Meditationsprozesses findet man in C.W. Leadbeaters Buch »Das Leben im Jenseits« sowie im Verlauf zahlreicher anderer Abhandlungen zu diesem Thema.

Mit Hilfe der Meditation kann außergewöhnliche Feinfühligkeit und gleichzeitig vollkommenes Gleichgewicht sowie körperliche und geistige Gesundheit entwickelt werden.

Die Ausübung zielgerichteter Meditation baut höhere Materiearten in die Körper ein. Erhabene Gefühle, die der buddhischen Ebene entspringen, spiegeln sich im Astralkörper wider. Um ein Gleichgewicht herzustellen, müssen aber auch der Mental- und der Kausalkörper entwickelt werden. Der Mensch kann nicht vom astralen in das buddhische Bewusstsein springen, ohne die dazwischen liegenden Träger zu entwickeln. Mit Gefühl allein können wir niemals vollkommenes Gleichgewicht und Beständigkeit erreichen. Erhabene Gefühle, die uns die Richtungen gewiesen haben, können leicht ein wenig verzerrt werden und uns in weniger wünschenswerte Bahnen lenken. Emotionen stellen die motivierende Macht zur Verfügung, die richtungsweisende Kraft aber entspringt der Weisheit und Beständigkeit.

Die zwischen der astralen und der buddhischen Ebene bestehende enge Beziehung zeigt sich in der christlichen Messfeier. In dem Augenblick, in dem die Hostie geweiht wird, strahlt ein Kraft aus, die in der buddhischen Welt am stärksten, obgleich auch auf mentaler Ebene vertreten ist. Ihr Wirken wird außerdem in der ersten, zweiten und dritten astralen Unterebene bemerkbar, obwohl es sich dabei um eine Widerspiegelung des Mentalen oder eine Auswirkung der Sympathieschwingung handeln kann. Selbst Leute, die sich weit von der Kirche entfernt aufhalten, spüren den Einfluss, da sich eine Woge geistigen Friedens und geistiger Kraft über das Land ergießt, obwohl viele dies nicht mit der Messfeier in Verbindung bringen mögen.

Der Intensität des bewussten Gefühls der Hingabe entsprechend, das jeder Einzelne während der Messfeier empfindet, wird eine weitere Wirkung hervorgebracht. Eine Art Feuerstrahl zuckt aus der erhobenen Hostie und lässt den oberen Teil des Astralkörpers erglühen. Aufgrund der engen Verknüpfung wird auch der buddhische Träger stark beeinflusst. Auf diese Weise wirken das buddhische und das astrale Feld aufeinander ein.

KAPITEL 27

Hellsehen in Raum und Zeit

Es gibt vier Möglichkeiten, Ereignisse zu beobachten, die in der Entfernung stattfinden.

1. Mittels einer Astralströmung. Diese Methode gleicht in gewisser Weise dem Magnetisieren einer Eisenstange und besteht sozusagen aus der durch den Willen gesteuerten Polarisation einer Anzahl von parallel verlaufender Reihen astraler Atome vom Beobachter auf die zu beobachtende Szene. Die in ihrer Mittellinie fest parallel ausgerichteten Atome bilden eine Art Kanal für den Blick des Hellsehers. Durch eine genügend kräftige Astralströmung, die zufällig des Weges kommt, könnte er gefährdet oder sogar zerstört werden, was aber selten geschieht.

Die Bildung der Linie erfolgt entweder durch Energieübertragung von einem Teilchen auf das andere oder mittels einer Kraft aus einer höheren Ebene, die auf die gesamte Linie gleichzeitig einwirkt. Letzteres bedarf einer sehr viel weiteren Entwicklung, angesichts der Kenntnis und des Einsatzes von Kräften aus einer beachtlich höheren Ebene. Jemand, der zum Aufbau einer solchen Linie fähig wäre, würde sie nicht für seine eigenen Zwecke verwenden, da es ihm seine höheren Fähigkeiten erlaubten, leichter und umfassender zu sehen.

Der Strom oder Kanal mag sogar unbewusst und unabsichtlich gebildet werden und beruht auf der Projektion eines starken Gefühls oder Gedankens von der einen oder anderen Seite – entweder vom Schauenden oder der Person, die er sieht. Zwischen zwei aufgrund starker Zuneigung verbundenen Menschen fließt wahrscheinlich ein steter Gedankenstrom. Eine plötzlich auftretende Notwendigkeit oder extreme Situation auf Seiten des einen oder anderen mag diesen Strom vorübergehend polarisieren und das astrale Teleskop schaffen.

Das auf diese Weise aufgefangene Bild ähnelt dem, das man durch ein Teleskop erhalten würde. Menschliche Gestalten erscheinen gewöhnlich sehr klein, aber äußerst deutlich. Es kann gelegentlich geschehen, dass man auf diese Weise nicht nur sieht, sondern auch hört.

Das astrale Teleskop beleuchtet die Szene aber nur von einer Seite. Der auf diesem Weg erlangte astrale Blick ist also ebenso eingeschränkt wie dies unter ähnlichen Umständen bei der physischen Sicht der Fall wäre.

Dieser Vorgang könnte dadurch erleichtert werden, dass man einen physischen Gegenstand als Ausgangspunkt zur Hilfe nimmt – als Brennpunkt für die Willenskraft. Die Kristallkugel ist die gebräuchlichste und wirkungsvollste, da sie aufgrund der besonderen Anordnung der Elementaressenz Eigenschaften besitzt, die die hellseherische Fähigkeit anregt. Auch andere Gegenstände werden zu diesem Zecke verwandt, wie eine Schale, ein Spiegel, ein Teich, Wasser in einer Glasschüssel oder fast jede glänzende, aber auch tiefschwarze Oberfläche, die man dadurch erhält, dass man eine Handvoll Kohlenstaub in eine Untertasse gibt.

Einige können willentlich bestimmen, was sie sehen, das heißt, sie können ihr Teleskop je nach Wunsch einstellen. Die Mehrheit aber bildet einen Kanal und sieht, was sich zufällig am anderen Ende zeigt.

Einige Hellseher sind nur imstande, diese Methode unter Einfluss von Hypnose anzuwenden. Es gibt zwei Typen: (1) diejenigen, die den Kanal selbst bauen; (2) diejenigen, die durch einen von dem Hypnotiseur geschaffenen Kanal blicken.

In seltenen Fällen lassen sich auch Vergrößerungen auf diese Weise herbeiführen, obwohl dies wahrscheinlich mit anderen Kräften zu tun hat.

2. Durch die Projektion einer Gedankenform. Diese Methode besteht aus einer Projektion eines eigenen, von Astralmaterie umgebenen Mentalbildes. Wird die Verbindung zu diesem Bild willentlich aufrechterhalten, dient es als Mittel zur

Aufnahme von Eindrücken. Die Form stellt eine Art Außenposten für das Bewusstsein des Sehers dar. Die Eindrücke werden dem Denker aufgrund von Sympathieschwingungen übermittelt. Im günstigsten Fall ist es ihm möglich, ebenso deutlich zu sehen, als ob er sich selbst am Ort der Gedankenform befände. Der Blinkwinkel kann beliebig verlagert werden. Hellhören scheint mit dieser Methode weniger häufig verbunden zu sein als mit der ersten. In dem Moment, in dem die gespannte Aufmerksamkeit des Gedankens nachlässt, verschwindet die Vision, und es müsste eine völlig neue Gedankenform aufgebaut werden, um sie wieder aufnehmen zu können. Diese Art des Hellsehens ist seltener, da sie mentale Kontrolle erfordert und feinere Kräfte eingesetzt werden.

3. Durch Reisen im Astralkörper, entweder im Schlaf oder im Trancezustand. Dieser Vorgang wurde bereits in vorangegangenen Kapiteln beschrieben.

4. Durch Reisen im Mentalkörper. In diesem Fall wird der Astral- zusammen mit dem physischen Körper zurückgelassen. Will man sich auf der Astralebene zeigen, wird eine vorübergehende Astralhülle oder *Mâyâvirûpa* gebildet.

Durch Invokation oder Evokation eines Astralwesens, wie eines Naturgeistes, lassen sich ebenfalls Informationen über entfernte Ereignisse einholen, indem man es auffordert oder beschwört, diese zu untersuchen. Das hat aber nichts mit Hellsehen zu tun, sondern gehört in den Bereich der Magie.

Um auf der Astralebene eine Person finden zu können, muss man mit ihr Verbindung aufnehmen. Der leiseste Hinweis, wie ein Foto, ein Brief oder irgendein Gegenstand, der ihr gehörte, genügt gewöhnlich. Der Ausführende lässt den Grundton der Person erklingen, auf den sofort eine Reaktion erfolgt, falls sie sich auf der Astralebene aufhält.

Der Grundton des Menschen auf der Astralebene ist eine Art Durchschnittston, der aus den verschiedenen üblichen Schwingungen des Astralkörpers hervorgeht. Einen ähnlichen

Durchschnittston gibt es für jeden einzelnen Körper; zusammengenommen bilden sie den Akkord des Menschen, oft auch der mystische Akkord genannt.

Der erfahrene Seher stimmt seine eigenen Träger für den Moment genau auf die Note der Person ein und lässt mittels Willensanstrengung den Ton erklingen. Wo immer in den drei Welten die gesuchte Person sein mag, wird sie augenblicklich darauf reagieren. Diese Reaktion wird für den Seher sofort sichtbar, was es ihm ermöglicht, eine magnetische Verbindungslinie herzustellen.

Eine andere Form des Hellsehens lässt den Seher Geschehnisse der Vergangenheit wahrnehmen. Es gibt zahlreiche Abstufungen dieser Fähigkeit, vom erfahrenen Hellseher, der nach Belieben die Akâsha-Chronik aufsuchen kann, bis zu der Person, die nur flüchtige Einblicke erhascht. Der übliche Psychometrist benötigt einen Gegenstand, der physisch mit der in der Vergangenheit liegenden Szene, die er zu betrachten wünscht, in Verbindung steht, oder er bedient sich einer Kristallkugel.

Die Akâsha-Chronik stellt das göttliche Welten-Gedächtnis dar. Die auf der Astralebene wahrgenommenen Aufzeichnungen, die nur die Widerspiegelung einer Widerspiegelung aus sehr viel höherer Ebene sind, zeigen sich äußerst unvollkommen, bruchstückhaft und häufig stark verzerrt. Man hat sie mit den Widerspiegelungen einer vom Wind aufgewühlten Wasseroberfläche verglichen. Auf der Mentalebene zeigen sich die Aufzeichnungen vollständig und klar und können genau gelesen werden, was natürlich Fähigkeiten erfordert, die zur Mentalwelt gehören.

KAPITEL 28

Unsichtbare Helfer

Die Beispiele des »Eingreifens« in menschliche Angelegenheiten durch unsichtbar wirkende Kräfte, die vom rein materialistischen Gesichtspunkt aus unerklärbar sind, können von jemandem, der die Astralebene und ihre Möglichkeiten ein wenig versteht, ohne weiteres vernunftmäßig und einfach erläutert werden.

Die Existenz der »unsichtbaren Helfer« ist im Osten stets anerkannt gewesen. Selbst in Europa gibt es die alten griechischen Mythen vom Eingreifen der Götter oder die römische Legende, die davon berichtet, dass Kastor und Pollux die Legionen der jungen Republik in der Schlacht am See Regillus führten. Im Mittelalter gab es zahlreiche Geschichten über Heilige, die in kritischen Momenten erschienen und das Kriegsglück zu Gunsten des Christenheeres entschieden, wie der Hl. Jakob, der die spanischen Truppen führte, sowie von Schutzengeln, die manchmal den Reisenden vor ernster Gefahr oder sogar vor dem Tode bewahrten.

Der Mensch mag von unterschiedlichen Bewohnern der Astralebene Beistand erhalten. Dieser kann von Naturgeistern kommen, von Devas, von verstorbenen oder von solchen Menschen, die zwar noch auf der Erde leben, aber frei in der Astralwelt wirken können.

Die Naturgeister helfen dem Menschen nur selten. Sie halten sich von ihm fern, da sie seine Ausstrahlungen, sein geschäftiges Treiben und seine Unruhe verabscheuen. Abgesehen von einigen ihrer höheren Ränge, verhalten sie sich im Allgemeinen unlogisch und gedankenlos und benehmen sich eher wie glückliche Kinder beim Spiel, als wie ernste und verantwortungsbewusste Wesen. In der Regel kann man sich auf eine beständige Zusammenarbeit mit ihnen in dieser Hinsicht nicht verlassen, obwohl sich mancher Naturgeist einem Menschen zugesellt und ihm viel Gutes tut.

Die Arbeit des Adepten oder Meisters liegt hauptsächlich auf den *Arûpa*-Ebenen der Mentalebene, auf denen er die wahre Individualität des Menschen zu beeinflussen vermag und nicht bloß die Persönlichkeit, die er nur auf der astralen und physischen Ebene erreichen kann. Aus diesem Grunde erachtet er es sehr selten als notwendig oder wünschenswert, auf einer solch niedrigen Stufe wie der Astralebene zu wirken.

Das Gleiche gilt für die Devas, jene Wesen, die bisweilen der Sehnsucht des Menschen oder seinem Ruf entgegenkommen. Sie sind auf der Mental-, weniger auf der Astral- oder physischen Ebene tätig und nehmen mehr während der Perioden zwischen den Inkarnationen Einfluss als im Verlauf des irdischen Lebens.

Hilfe wird manchmal auch von den kürzlich Verstorbenen gewährt, die noch mit den irdischen Angelegenheiten verknüpft sind. Ein solcher Beistand ist von Natur aus stark begrenzt, denn je selbstloser und hilfreicher eine Person ist, desto weniger wird sie sich wohl nach dem Tode auf den unteren Astralebenen, die der Erdsphäre am nächsten liegen, aufhalten.

Damit ein Verstorbener einem Lebenden beistehen kann, muss Letzterer entweder ungewöhnlich empfindsam sein oder der zukünftige Helfer über ein bestimmtes Wissen und Können verfügen, Voraussetzungen, die nur sehr selten erfüllt werden.

Gegenwärtig ruht die helfende Arbeit auf der Astral- und den unteren Mentalebenen in den Händen von Schülern des Meisters sowie jedem, der genügend weit fortgeschritten ist, um bewusst auf diesen Ebenen wirken zu können.

Das vielseitige Wirken auf der Astralebene dient ausschließlich der Evolutionsförderung. Vereinzelt ist sie mit der Entwicklung der niederen Reiche, dem der Elemente, Pflanzen und Tiere, verknüpft, die unter bestimmten Umständen beschleunigt werden kann. In einigen Fällen kann dies nur über den Menschen geschehen. Ein Tier vermag sich nur durch bestimmte Tiergruppen zu individualisieren, die beim Menschen als Haustier leben.

Der größte und wichtigste Teil dieser Arbeit ist in irgendeiner Form mit der Menschheit verbunden, hauptsächlich im Hinblick auf ihre geistige Entwicklung, obwohl in sehr seltenen Fällen auch rein physischer Beistand gewährt wird.

In seinem Buch über die *Unsichtbaren Helfer* gibt Leadbeater einige typische Beispiele irdischen Eingreifens. Manchmal vermag ein unsichtbarer Helfer durch seine umfangreichere Sichtweise eine Gefahr wahrzunehmen, in der sich jemand befindet, und so der betroffenen Person oder einem Freund diesen Gedanken einzugeben. Auf diese Weise sind manchmal Schiffbrüche vermieden worden. In anderen Fällen mag sich der Helfer genügend materialisieren oder von einem erfahreneren Helfer materialisiert werden, um jemanden aus der Gefahr herauszuführen, wie etwa ein Kind aus einem brennenden Haus zu holen oder jemanden davor zu bewahren, in den Abgrund zu stürzen. Er ist fähig, Kinder heimzuführen, die ihren Weg verloren haben oder ähnliche Hilfe zu bringen. Es wird von einem Fall berichtet, in dem ein Helfer materialisiert wurde, um einem Jungen, der von einer Klippe gestürzt war und sich die Ader aufgeschlitzt hatte, die Wunde verbinden und das Blut stillen zu können, damit er nicht verblutete. Unterdessen ließ ein anderer Helfer die Mutter des Jungen diese Gefahr spüren und führte sie zu ihm.

Es mag sich die Frage erheben, wie es möglich sein kann, dass sich ein Astralwesen eines physischen Hilfeschreis oder einer irdischen Gefahr bewusst wird. Jeder Schrei, der ein starkes Gefühl oder eine heftige Emotion in sich trägt, wirkt sich auf die Astralebene aus und überträgt dasselbe Empfinden. Bei einem Unfall wird der durch Schmerz oder Angst ausgelöste Gefühlsausbruch mit Sicherheit ein in der Nähe weilendes Astralwesen anziehen.

Es bedarf der genauen Kenntnis der Methode, um die erforderliche Materialisation des Astralkörpers herbeizuführen, damit ein rein physischen Eingreifen möglich wird.

Es gibt drei bestimmte Materialisationsformen: (1) Eine, die fühlbar, dem gewöhnlichen Blick aber nicht sichtbar ist; eine der üblichsten Formen bei einer Séance. Man bedient sich ihrer, um kleine Gegenstände fortbewegen zu können und bei der »direkten Stimme«. Die verwendete Substanz kann Licht weder reflektieren noch blockieren, unter bestimmten Umständen aber einen Klang hervorbringen. Eine Variante dieser Klasse vermag die ultravioletten Strahlen dahingehend zu beeinflussen, dass »Geist-Fotos« aufgenommen werden können. (2) Eine Materialisationsform, die sichtbar, aber nicht fühlbar ist. (3) Die vollkommene Materialisation, die sowohl sichtbar als auch fühlbar ist. Vielen Spiritisten sind alle drei Arten vertraut.

Sie kommen aufgrund einer Willensanstrengung zustande. Da sie darauf ausgerichtet ist, Materie aus ihrem natürlichen Zustand in einen anderen zu verändern, wirkt sie dem kosmischen Willen vorübergehend sozusagen entgegen. Sie muss während der gesamten Zeit aufrechterhalten werden, denn sobald sich der Geist auch nur für eine halbe Sekunde abwendet, schnellt die Substanz wie ein Blitzstrahl in ihren ursprünglichen Zustand zurück.

Bei spiritistischen Séancen führt man eine vollkommene Materialisation dadurch herbei, dass dem ätherischen und physischen Körper des Mediums und auch der Anwesenden die entsprechende Substanz entnommen wird. In einem solchen Fall entsteht eine äußerst enge Verknüpfung mit dem Medium.

Ein erfahrener Helfer, der eine vorübergehende Materialisation für erforderlich hält, wendet eine völlig unterschiedliche Methode an. Kein Schüler eines Meisters würde jemals die Erlaubnis erhalten, den Körper eines anderen so stark zu beanspruchen, wie es die Entnahme von Materie verlangt, damit eine Materialisation möglich wird. Es wäre auch unnötig.

Eine weitaus gefahrlosere Methode besteht darin, die erforderliche Substanzmenge dem umgebenden Äther oder sogar der physischen Luft zu entnehmen. Dieses Vorgehen, das die Kraft eines durchschnittlichen, sich bei Séancen manifestierenden Wesens übersteigt, bedeutet für einen Schüler der »esoterischen Chemie« keine Schwierigkeit.

In diesem Fall liegt eine genaue Wiedergabe des physischen Körpers vor, der mittels einer mentalen Anstrengung einer dem Körper völlig fremden Substanz gebildet wurde. Das Phänomen der so genannten Rückwirkung entfällt.

Man spricht von einer Rückwirkung, wenn sich eine der materialisierten Form zugeführte Verletzung auf dem entsprechenden Körperteil des Mediums exakt niederschlägt. Sie kann ebenfalls auftreten, wenn Kreide auf eine materialisierte Hand gestrichen wurde, die nach dem Verschwinden der Hand auf der des Mediums sichtbar wird.

Eine Verletzung, die eine Form davonträgt, die von einem Helfer aus dem Äther oder der Luft gestaltet wurde, könnte sich ebenso wenig auf den physischen Körper auswirken wie die einer Marmorstatue.

Wenn auf der Astralebene jemand unklug genug ist, um anzunehmen, dass eine Gefahr, die in den physischen Bereich gehört, wie ein herunterfallender Stein, jemanden verletzt, wird eine Verletzung des physischen Körpers aufgrund von Rückwirkung möglich.

Es handelt sich hierbei um ein schwer verständliches und schwieriges Thema. Um es vollkommen erfassen zu können, müsste man wohl die Gesetze der Sympathieschwingung auf mehr als einer Ebene begreifen.

Es besteht kein Zweifel an der ungeheuren Macht, die der Wille auf allen Ebenen über die Materie besitzt. Ist die Willenskraft stark genug, vermag der unmittelbare Einsatz *jedes* Ergebnis herbeizuführen, ohne dass derjenige, der sie ausübt, weiß oder daran denkt, *wie* sie wirkt.

Die Willensentfaltung kennt keine Grenzen.

Bei der Materialisation macht sie sich geltend, obwohl es sich dabei eigentlich um eine Kunst handelt, die wie jede andere erlernt werden muss. Ein Durchschnittsmensch auf der Astralebene könnte sich ebenso wenig materialisieren, ohne es vorher gelernt zu haben, wie ein Durchschnittsmensch auf dieser Ebene fähig wäre, die Violine ohne Unterricht zu spielen.

Es gibt Ausnahmefälle, in denen es starke Sympathie und Entschlossenheit einer Person ermöglichen, eine vorübergehende Materialisation zu bewirken, obwohl sie bewusst nicht weiß, wie es vor sich geht.

Diese wenigen Fälle physischen Eingreifens von seiten eines astralen Helfers werden häufig aufgrund karmischer Verbundenheit zu dem Bedürftigen möglich. Auf diese Weise werden alte Gefälligkeiten anerkannt, und die in einem Leben gewährte Freundlichkeit findet in einem zukünftigen Leben ihre Erwiderung, selbst wenn es auf diese ungewöhnliche Art geschieht.

Bei großen Katastrophen, in denen viele Menschen getötet werden, dürfen manchmal ein oder zwei Personen auf »wundersame« Weise gerettet werden, da es nicht ihr »Karma« ist, gerade in diesem Augenblick bereits zu sterben, das heißt, sie schulden dem göttlichen Gesetz nichts, das in dieser speziellen Weise zurückgezahlt werden könnte.

In äußerst seltenen Fällen steht sogar ein Meister einem Menschen physisch bei.

Leadbeater beschreibt ein Ereignis, das ihm selbst widerfuhr. Eine Straße entlang gehend, vernahm er plötzlich die Stimme seines indischen Lehrers, der sich zu diesem Zeitpunkt physisch meilenweit von ihm entfernt aufhielt, rufen: »Spring zurück!« Er schnellte zurück, und in diesem Augenblick sauste ein schwerer Metallschornstein vor ihm auf das Pflaster.

Bei einer anderen Begebenheit wurde eine Dame, die mitten in einen gefährlichen Straßenaufruhr geraten war, plötzlich hinausgewirbelt und unverletzt in einer angrenzenden ruhigen Straße niedergelassen. Ihr Körper muss wohl über die dazwischen liegenden Häuser hinweggehoben und in der Nachbarstrasse niedergesetzt worden sein, wobei ein ätherischer Schleier sie umhüllte und auf ihrem Weg durch die Luft unsichtbar machte.

Für unsichtbare Helfer gibt es unter den Verstorbenen einen großen Wirkungsbereich. Die meisten wissen nichts über ein Leben nach dem Tod, und zumindest in den westlichen Ländern entsetzt viele die Vorstellung von einer »Hölle« und »ewigen Verdammnis«. Sie müssen über ihren Zustand und die Natur der Astralwelt, in der sie sich befinden, aufgeklärt werden.

Die Hauptarbeit besteht darin, die Neuankömmlinge zu beruhigen und zu trösten und sie möglichst von der schrecklichen, doch unnötigen Furcht zu befreien, die sie nur allzu oft ergreift und ihnen nicht nur großes Leid bringt, sondern ihr Voranschreiten in die höheren Sphären verzögert und ihnen ihre Zukunft vorenthält.

Es heißt, dass diese Arbeit in früheren Perioden allein einem hohen Rang nicht-menschlicher Wesen vorbehalten gewesen ist. Seit einiger Zeit dürfen Menschen, die bewusst auf der Astralebene zu wirken vermögen, diesen Liebesdienst erweisen.

In solchen Fällen, in denen das Wunsch-Elemental eine Neubildung des Astralkörpers vorgenommen hat, mag ein astraler Helfer diese aufbrechen und die Astralhülle in ihrer alten Form wiederherstellen, damit der Verstorbene die ganze Astralwelt und nicht nur eine Unterebene wahrnehmen kann.

Anderen, die schon längere Zeit auf der Astralebene weilen, wird vielleicht in Form von Erklärungen und Ratschlägen geholfen, was ihre weiteren Schritte betrifft. Auf diese Weise werden sie möglicherweise vor der Gefahr und Verzögerung gewarnt, die der Versuch mit sich bringt, über ein Medium Kontakt zu den Lebenden aufzunehmen. Sehr selten kann es sogar geschehen, dass ein bereits in die spiritistischen Zirkel hineingezogenes Wesen zu einem höheren und gesünderen Leben geführt wird. Die Erinnerung an diese Lehre wird natürlich nicht in ein nächstes Leben mitgenommen, aber das wahre, innere Wissen bleibt, weshalb sie in dem neuen Leben bereitwillig aufgenommen wird, wenn sie man sie wieder hört.

Einige sehen sich kurz nach dem Tode in der Astralwelt so, wie sie tatsächlich sind, was sie mit tiefer Reue erfüllt. In diesem Fall kann der Helfer erklären, dass die Vergangenheit der Vergangenheit angehört und die einzig sinnvolle Reue in dem Entschluss besteht, sich in Zukunft zu bessern. Jeder muss sich so nehmen, wie er ist und ständig daran arbeiten, in Zukunft ein wahreres Leben zu führen.

Wieder andere beunruhigt der Wunsch, irgendein Unrecht, das sie auf der Erde begingen, wiedergutzumachen. Sie erleichtern ihr Gewissen, indem sie ein schändliches Geheimnis, das sie eifersüchtig gehütet haben, enthüllen, um das Versteck wichtiger Papiere oder von Geld zu offenbaren. In manchen Fällen vermag der Helfer in irgendeiner Weise auf physischer Ebene einzugreifen, um ihn zufriedenzustellen. Meistens aber bleibt ihm nur die Aufklärung, dass es dafür jetzt zu spät und daher sinnlos ist, darüber nachzugrübeln. Er versucht ihn zu überzeugen, die Gedanken an die Erde, die ihn nur in ihrer Nähe halten, loszulassen und das Beste aus seinem neuen Leben zu machen.

Eine ungeheure Mühe wird auch auf die Lebenden verwendet, indem gute Gedanken in die Mitte derer gesenkt werden, die bereit sind, sie aufzunehmen.

Es wäre für einen Helfer sehr leicht – leichter als es sich diejenigen vorstellen können, die mit der Materie nicht vertraut sind – den Geist eines Durchschnittsmenschen zu beherrschen und ihm nach Gutdünken Gedanken einzuflößen, ohne Verdacht zu erregen. Ein solches Vorgehen wird unter keinen Umständen erlaubt. Es ist höchstens zulässig, den guten Gedanken zwischen all die anderen zu werfen, die den Geist des Menschen ständig durchziehen und zu hoffen, dass er ihn aufnimmt und entsprechend handelt.

Auf diese Art kann in unterschiedlichster Weise Beistand gewährt werden. Die Kranken und Bekümmerten erhalten Trost, und man bemüht sich, diejenigen wieder zu versöhnen, die im Streit auseinandergegangen sind. Es ist oft möglich, die Lösung irgendeiner geistigen oder metaphysischen Frage in den Geist eines Menschen zu senken, der sich intensiv damit beschäftigt. Vorträge werden unterstützt, indem sich Anregungen und Darstellungen in feinerer Materie vor dem Redner manifestieren oder seinem Gehirn eingeprägt werden.

Ein richtiger Helfer erhält bald viele »Patienten«, die er jede Nacht aufsucht, vergleichbar mit einem Arzt, der auf der Erde seine tägliche Visite absolviert. Auf diese Weise bildet jeder Helfer den Mittelpunkt einer kleinen Gruppe, den Anführer einiger Helfer, die er immer mit Arbeit versieht. In der Astralwelt gibt es genug Arbeit, und jeder, der es wünscht, kann sich daran beteiligen.

Ein Schüler mag oft als bewirkende Kraft dienen, sozusagen als Antwort auf ein Gebet. Obwohl es zutrifft, dass jeder ernsthafte geistige Wunsch, wie er im Gebet zum Ausdruck kommen mag, eine Kraft darstellt, die automatisch gewisse Ergebnisse herbeiführt, bietet eine solche geistige Anstrengung den Kräften des Guten die Möglichkeit der Einflussnahme. Ein bereitwilliger Helfer kann auf diese Weise zum Kanal werden, durch den Energie geströmt wird. Das trifft in noch größerem Maße auf die Meditation zu. In manchen Fällen wird der Helfer für den Heiligen gehalten, zu dem der Bittsteller flehte, was zahlreiche Erzählungen verdeutlichen.

Schüler, die sich für die Arbeit eignen, flößen Schriftstellern, Künstlern und Musikern schöne und wahre Gedanken ein.

Seltener ist es möglich, Menschen auf die Gefahren für ihre moralische Entwicklung aufmerksam zu machen, die eine bestimmte Richtung, die sie eingeschlagen haben, mit sich bringt. Es ist auch schwierig, bösen Einfluss von Menschen oder Orten zu beseitigen oder den Machenschaften von Schwarzmagiern entgegenzuwirken.

Auf der Astralebene gibt es so viel Arbeit für die unsichtbaren

Helfer, dass sich jeder Schüler verpflichtet fühlen sollte, dieses Wirken zu unterstützen. Die Arbeit der unsichtbaren Helfer könnte nicht ausgeführt werden, gäbe es keine Schüler, die ihr Bestes geben. Sobald sie eine höhere Stufe erklimmen, wird ihnen mit Sicherheit eine umfassendere Aufgabe übertragen.

Ausbildung und Macht werden dem Helfer nur unter bestimmten Bedingungen zuteil. Er darf sie niemals selbstsüchtig oder zur Befriedigung von Neugier einsetzen, sich ihrer nie bedienen, um in die Angelegenheiten anderer einzugreifen oder als Beweisführung für physische Phänomene benutzen. Er kann einem Verstorbenen eine Botschaft zukommen lassen, aber nur auf unmittelbare Anweisung des Meisters den Lebenden eine Antwort von dem Verstorbenen zurückbringen. Die Gruppe der unsichtbaren Helfer ist weder ein Detektiv- noch ein astrales Informationsbüro, sondern soll nur still und einfach die anfallende Arbeit verrichten.

Im Laufe seiner Entwicklung lernt der Schüler der Esoterik, anstatt Einzelnen zu helfen, vorrangig Gruppen, Nationen und Völker zu unterstützen. Sobald er die erforderliche Macht und die Kenntnisse erworben hat, beginnt er, die mächtigen Kräfte des *Âkâsha* und des Astrallichts zu handhaben und wird gelehrt, jeden günstigen, zyklischen Einfluss bis zum Äußersten zu nutzen. Er wird mit den edlen *Nirmânakâyas* in Verbindung treten und als einer ihrer Helfer die Kräfte, die ihrer erhabenen Selbsthingabe entspringen, verteilen.

Die Eigenschaften, die jemand, der ein Helfer werden möchte, besitzen muss, sind kein Geheimnis.

(1) *Zielstrebigkeit*, manchmal auch Zielbewusstheit genannt; der zukünftige Helfer muss seine Hilfsbereitschaft als seine erste und höchste Pflicht betrachten. Die Arbeit, die sein Meister ihm überträgt, muss das Hauptinteresse seines Lebens bilden.

Es wird verlangt, dass er nicht nur zwischen sinnvoller und sinnloser Arbeit zu unterscheiden versteht, sondern auch zwischen den verschiedenen Arten sinnvoller Arbeit. Gezielte

Anstrengung ist das höchste Gesetz der Esoterik; jeder Schüler sollte sich der größten Aufgabe, derer er fähig ist, widmen. Auch auf physischer Ebene muss er seinen Mitmenschen helfen.

(2) *Selbstbeherrschung.* Sie umschließt vollkommene Beherrschung des Temperaments, so dass nichts Gesehenes oder Gehörtes ihn wirklich erregen kann, da sich die Folgen einer solchen Erregung auf der Astralebene weitaus ernsthafter als auf physischer Ebene auswirken. Falls jemand, der die Astralebene voll bewusst erlebt, Ärger einer Person gegenüber empfindet, würde er sie ernstlich oder sogar tödlich verletzen. Jede Manifestation der Erregung, Reizbarkeit oder Ungeduld in der Astralwelt würde einen Helfer zu einem gefürchteten Objekt machen, vor dem diejenigen, denen er helfen möchte, entsetzt die Flucht ergriffen.

Es wird von einem Fall berichtet, in dem eine unsichtbare Helferin sich derartig erregte, dass ihr Astralkörper an Größe zunahm, in wilde Schwingung versetzt wurde und feurige Farben hinausschossen. Die soeben verstorbene Person, der sie hoffte, helfen zu können, war beim Anblick dieser riesigen blitzenden und flammenden Kugel, die auf sie zukam, derartig erschrocken, dass sie diese, theologisch gesehen, für den Teufel persönlich hielt und entsetzt floh. Ihr Entsetzen wurde noch verstärkt, da die Möchtegernhelferin sie beharrlich verfolgte.

Die Nervenbeherrschung ist ebenfalls unerlässlich, damit der Schüler beim Anblick der fantasievollen und schrecklichen Dinge seinen unerschrockenen Mut nicht verliert. Heute wie in der Vergangenheit muss der Kandidat lernen, seine Nerven zu beherrschen und sich für die anstehende Arbeit zu stählen, um die so genannten Prüfungen der Erde, des Wassers, des Feuers und der Luft zu bestehen.

Der Schüler muss erkennen, dass im Astralkörper der härteste Felsen seine Bewegungsfreiheit nicht behindert und er ungestraft von den höchsten Höhen mit absolutem Vertrauen in das Herz eines tobenden Vulkans oder den tiefsten Abgrund eines unergründlichen Ozeans springen kann. Sich diese Tatsache genügend vergegenwärtigend, kann er instinktiv und vertrauensvoll reagieren.

Geist und Wunschnatur müssen ebenfalls beherrscht werden; der Geist, weil es ohne Konzentrationskraft unmöglich wäre, inmitten all der aufgewühlten Astralströmungen gute Arbeit zu leisten; die Wunschnatur, da Wünschen auf astraler Ebene oft gleichbedeutend mit Haben ist. Ohne die Beherrschung seiner Wünsche könnte sich der Schüler eigenen Schöpfungen gegenüber sehen, derer er sich zutiefst schämen müsste.

(3) *Gelassenheit.* Dies bedeutet die Abwesenheit von Sorgen und Niedergeschlagenheit. Ein Helfer, dessen Aura in ständiger Unruhe und Sorge schwingt oder sich vor Niedergeschlagenheit grau verdüstert, könnte die Bekümmerten nicht trösten und aufmuntern. Nichts wirkt sich auf geistigen Fortschritt oder Nützlichkeit vernichtender aus, als sich Sorgen über Nichtigkeiten zu machen. Die optimistische Sichtweise gegenüber allem steht der göttlichen Sichtweise am nächsten und somit der Wahrheit, denn nur das Gute und Schöne kann dauerhaft sein, während das Böse von Natur aus vorübergehend ist. Völlige Gelassenheit führt zu einer fröhlichen Heiterkeit, die Depressionen unmöglich macht.

Letztere wirkt höchst ansteckend und muss von jemandem, der ein Helfer zu werden beabsichtigt, vollkommen ausgemerzt werden. Man wird ihn dann an seiner gleichbleibenden Gelassenheit und der Freude, anderen zu helfen, erkennen.

(4) *Wissen.* Je mehr Wissen ein Mensch in jeder Hinsicht besitzt, desto nützlicher ist er. Er sollte sich alle Kenntnisse über die Astralwelt und die astrale Arbeit, die er in der esoterischen Literatur findet, sorgfältig aneignen, denn er kann nicht von anderen, deren Zeit bereits voll ausgefüllt ist, erwarten, dass sie ihm erklären, was er auf physischer Ebene bereits in Büchern hätte finden können. Es gibt wohl kaum ein Wissensgebiet, das in der Arbeit eines Esoterikers nicht Anwendung finden könnte.

(5) *Liebe.* Diese letzte und größte der Eigenschaften ist

auch diejenige, die am meisten missverstanden wird. Sie hat bestimmt nichts mit rückgratloser Empfindsamkeit zu tun, die mit verschwommener Überschwenglichkeit hervorquillt oder sich fürchtet, für die Gerechtigkeit einzustehen. Noch weniger darf sie als »unbrüderlich« gebrandmarkt werden. Erwünscht ist eine Liebe, die stark genug ist, um wortlos zu handeln. Der tiefe Wunsch, dienen zu dürfen und nach jeder Möglichkeit Ausschau zu halten, obwohl man lieber anonym wirkt. Dies ist das Gefühl, das im Herzen desjenigen emporwallt, der die erhabene Arbeit des Logos erkannt hat und weiß, dass es für ihn in den drei Welten keinen anderen Weg gibt, als sich damit bis zum Rande seiner Kraft zu identifizieren, um, wenn auch in ganz bescheidenem Maße und ungeachtet der Entfernung, ein winziger Kanal zu werden für diese wunderbare Gottesliebe, die wie der Friede Gottes menschliches Verständnis übersteigt.

Damit auf der Astralebene zwei Personen miteinander in Kontakt treten können, sollten sie eine gemeinsame Sprachgrundlage besitzen; je mehr Sprachen ein Helfer der Astralebene kennt, desto nützlicher ist er.

Der erforderliche Maßstab für einen unsichtbaren Helfer kann von jedem erreicht werden, obwohl es eine Weile dauern mag. Jeder kennt jemanden unter den Lebenden oder Verstorbenen, der Kummer und Sorgen hat. Beim Einschlafen sollte er sich vornehmen, während des Schlafes auf der Astralebene sein Möglichstes zu unternehmen, um dieser Person zu helfen. Es spielt keine Rolle, ob er sich in seinem Wachbewusstsein daran erinnert. Er kann gewiss sein, etwas erreicht zu haben, was sich früher oder später zeigen wird.

Bei einem Menschen mit astralem Bewusstsein hat dieser letzte Gedanke vor dem Einschlafen nicht eine solche Bedeutung, da er die Macht besitzt, in der Astralwelt von einem Gedanken zum anderen überzugehen. In seinem Falle wäre die allgemeine Tendenz seiner Gedankengänge, die ihn Tag und Nacht begleiten, von größerer Bedeutung.

SCHLUSSWORT

Obwohl es zu diesem Zeitpunkt relativ wenige Menschen gibt, die über unmittelbare persönliche Kenntnisse im Hinblick auf die Astralwelt, ihr Leben und ihre Phänomene verfügen, gibt es zahlreiche Gründe, die dafür sprechen, dass diese kleine Gruppe wächst und in naher Zukunft noch umfangreicher sein wird.

Übersinnliche Fähigkeiten, besonders bei Kindern, werden immer weniger zur Ausnahme und nicht länger als ungesund oder »tabu« erklärt, was sie fördern wird. Kürzlich veröffentlichte Bücher haben großen Anklang gefunden, in denen von Naturgeistern und deren Arbeit im Naturhaushalt die Rede ist und die sogar Fotos dieser zierlichen Geschöpfe zeigen. Jeder aufgeschlossene Fragesteller wird kaum Schwierigkeiten haben, junge und alte Leute zu finden, die oft Feen oder andere Wesen und Phänomene der Astralwelt wahrnehmen.

Millionen von Menschen überall auf der Welt sind durch den Spiritismus auf die Astralwelt mit ihren Erscheinungsformen aufmerksam geworden und haben sich gründlich mit ihr vertraut gemacht.

Die moderne Physik steht an der Schwelle der Astralwelt, während die Forschungen von Einstein und anderen die Vorstellung einer vierten Dimension, die den Studenten der Astralebene bereits seit langem vertraut ist, immer wahrscheinlicher machen.

Im psychologischen Bereich versprechen moderne Methoden, die wahre Natur, zumindest von Teilen der psychischen Struktur des Menschen, aufzudecken, um so einige der alten Aussagen und Lehren des Ostens und der Theosophie zu bestätigen. Ein bekannter Autor psychologischer und psychoanalytischer Bücher erklärte, dass seiner Ansicht nach der »Komplex« mit dem »*Skandhâra*« der Buddhisten identisch sei, während ein anderer weltweit anerkannter Psychologe mitteilte, dass seine psychologischen – *nicht* übersinnlichen – Untersuchungen ihn unwiderstehlich zu der Tatsache der Reinkarnation geführt hätten.

Dies sind nur einige Hinweise dafür, dass die Methoden der orthodoxen westlichen Wissenschaft zu Ergebnissen führen, die sich mit denjenigen decken, die in bestimmten Teilen des Ostens seit jeher zum Allgemeinwissen gehören und die im 20. Jahrhundert von einer kleinen Gruppe von Menschen wieder entdeckt worden sind, die unter Anleitung östlicher Lehren in sich selbst die erforderlichen Fähigkeiten entwickelten, um die Astralebene und auch die höheren Welten zu erforschen und zu beobachten.

Wenn die Welt im Allgemeinen die Existenz der Astralebene mit ihren Erscheinungsformen annimmt, wird dies dazu beitragen, die Vorstellung des Menschen von sich selbst und seinem eigenen Schicksal zu vertiefen und unsagbar zu erweitern und seine Einstellung gegenüber den anderen Naturreichen, den sichtbaren und unsichtbaren, grundlegend zu verändern. Sobald jemand seine eigene Erkenntnis von der Astralwelt gewonnen hat, wird er sich selbst neu orientieren und neue Werte für sein Leben und dessen Ablauf festsetzen wollen.

Die Vorstellung, dass die rein irdischen Dinge im Leben der Seele und des Geistes des Menschen eine untergeordnete Rolle spielen und er in erster Linie ein Geistwesen ist, das seine schlummernden Kräfte mit Hilfe der verschiedenen Träger entwickelt, die er von Zeit zu Zeit erneut annimmt, wird alle anderen Ansichten verdrängen und den Menschen zu einer völlig neuen Ausrichtung seines Lebens führen.

Die Erkenntnis seiner eigenen wahren Natur, der Tatsache, dass er im Laufe vieler Leben auf dieser Erde, die sich mit anderen, feinstofflicheren Welten überschneidet, sich ständig entwickelt und vergeistigt, führt ihn unweigerlich zu der Überlegung, dass er die Wahl hat, sich entweder vom breiten Strom der Evolution tragen zu lassen oder aber seine Lebensreise selbst in die Hand zu nehmen. Von diesem Punkt seiner »Bewusstheit« an wird er zur nächsten Stufe emporsteigen, auf der er sich dem »uralten und schmalen« Pfad nähert, auf dem er jene finden wird, die die höchste Stufe rein *menschlicher* Entwicklung erreicht haben. Sie sind es, die gespannt, aber mit unendlicher Geduld darauf warten, dass ihre jüngeren Brüder das Kinderzimmer des normalen, weltlichen Lebens verlassen und einem höheren zustreben, in dem sie sich unter ihrer Führung, ihrem mitfühlenden Beistand und ihrer Macht zu den überragenden Geisteshöhen aufschwingen, die sie selbst bereits erreicht haben, damit jene ihrerseits der Menschheit helfen, sie erlösen und so den gewaltigen Evolutionsplan beschleunigen können.

Arthur E. Powell
Der Ätherkörper
Das feinstoffliche Energiesystem des Menschen
Taschenbuch, 160 Seiten
ISBN 978-3-89427-643-0

Der Mentalkörper
Die Gedanken und ihre Auswirkungen
Taschenbuch, 376 Seiten
ISBN 978-3-89427-644-7

Der Kausalkörper
Die unsterbliche Individualität und ihre Lebensfelder
Taschenbuch, 378 Seiten
ISBN 978-3-89427-642-3

Franz Hartmann
TAO – Die Weisheit des Laotse
Das Tao-te-King
Hardcover, 180 Seiten
ISBN 978-3-89427-652-2

Ein inspirierender Kommentar zu einem der größten spirituellen Meisterwerke der Menschheitsgeschichte. Die einfühlsamen und tiefsinnigen Erklärungen erschließen neue Wege zum Verständnis der Weisheit von Laotse.

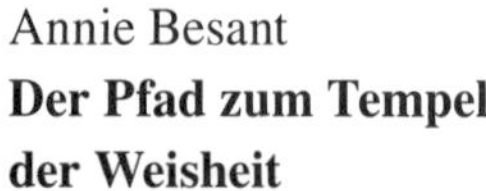

Annie Besant
Der Pfad zum Tempel der Weisheit
Hardcover, 198 Seiten
ISBN 978-3-89427-238-8

Annie Besant beschreibt in ihrer kraftvollen und bildreichen Sprache die Stationen des inneren Weges, welchen die geistig strebende Seele durchlaufen muss, ehe sie am Portal zum „Tempel der Weisheit" anklopfen darf. Sie durchschreitet die Stufen der Läuterung, der Gedankenbeherrschung und der Charakterbildung, bis sie nach einer gleichsam alchemistischen Verwandlung reif geworden ist, um in die zeitlosen göttlichen Geheimnisse eingeweiht zu werden.

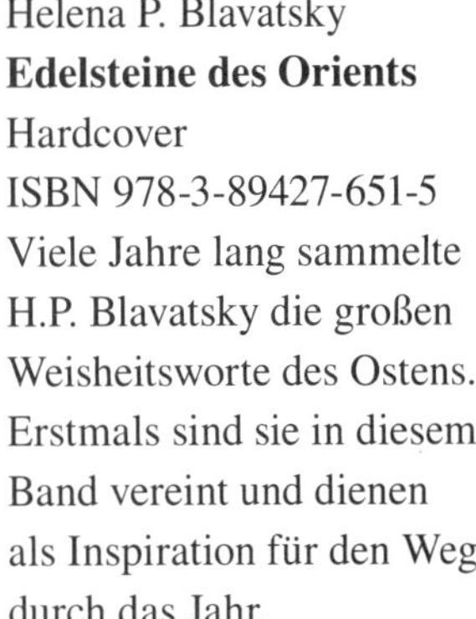

Helena P. Blavatsky
Edelsteine des Orients
Hardcover
ISBN 978-3-89427-651-5
Viele Jahre lang sammelte H.P. Blavatsky die großen Weisheitsworte des Ostens. Erstmals sind sie in diesem Band vereint und dienen als Inspiration für den Weg durch das Jahr.

Annie Besant
Initation
Hardcover
ISBN 978-3-89427-649-2
Der spirituelle Weg wird eines Tages den ernsthaft suchenden Menschen an das „Tor der Einweihung" bringen. Dort erwarten ihn die „Hüter der Menschheit", um ihm jenes Wissen zu offenbaren, das ihn zu einem bewussten Mitarbeiter am Göttlichen Plan des Lebens machen wird.

Perlen der Weisheit